Der kleine Strickladen in den Highlands

Maighreads Strickbuch

SUSANNE OSWALD

Der kleine Strickladen in den Highlands

Maighreads Strickbuch

Mit über 30 Anleitungen

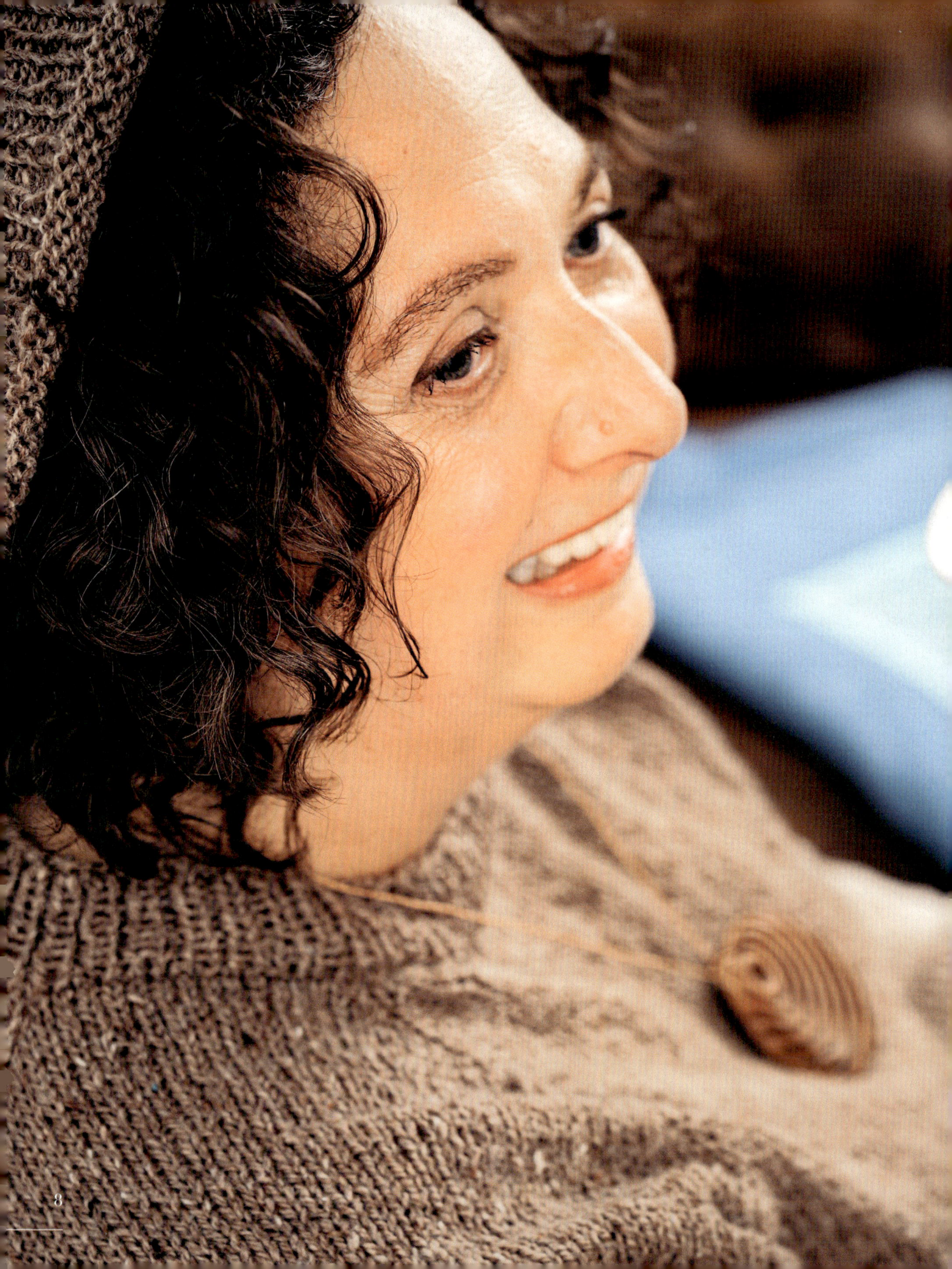

Hallo und herzlich willkommen in meinem kleinen Strickladen »Wolle & Zeit«. Ich bin Maighread und ich freue mich, dass du mich besuchst.

Wenn du magst, führe ich dich ein bisschen herum und zeige dir mein Paradies. Für mich gibt es kaum etwas Schöneres als Wolle zu kuscheln. Ich kann gar nicht genau erklären, was das mit mir macht. Aber wenn die Welt um mich herum sturmumtost ist, dann geben mir Wolle und meine Stricksachen Halt. Kennst du das?

Jetzt könnte man natürlich sagen, dass meine Welt hier am Loch Lomond gar nicht so aufregend ist, dass ich Halt bräuchte. Ich habe alles, was ich mir wünschen könnte. Eine wunderbare Familie, meine zauberhafte Hündin Molly, Freunde, den kleinen Strickladen und natürlich Joshua. Doch glaube mir, bei uns kann es hin und wieder ziemlich nervenaufreibend werden. Wenn ich nur an den Sturm denke, der Joshua auf dem See erwischt hat. Damals wäre ich ohne Wolle und Strickzeug vermutlich durchgedreht. Es war ein emotionaler Ausnahmezustand. Zum Glück ist alles gut gegangen. Ich weiß nicht, was ich ohne Joshua täte.

Und wenn gerade kein Sturm tost, dann sorgen Chloe und ich – und inzwischen auch Amely – eben selbst für Aufregung. Das können wir ziemlich gut. Uns fällt immer etwas ein, um die Welt ein bisschen auf den Kopf zu stellen. Wenn ich nur an das jährliche Callwell Yarn Festival denke, das wir ins Leben gerufen haben. Himmel, was war das im ersten Jahr für eine Aufregung. Beinahe wäre ich vor lauter Nervosität in Ohnmacht gefallen, als ich live im Radio sprechen sollte.

Aber entschuldige bitte, du bist ja nicht bei mir, um dir meine Abenteuer anzuhören – die liest du lieber in Ruhe selbst –, sondern um mit mir zusammen ein Wollbad zu nehmen.

Und dann zeige ich dir auch direkt, dass ich inzwischen sogar eigene »Der kleine Strickladen«-Wolle habe. Oh, ich bin ganz aufgeregt.

Auf dem Foto seht ihr übrigens Susanne Oswald. Sie ist mein verlängerter Arm in Sachen Schreiben und Stricken. Aber jetzt mal los.

Tücher

Schals & Stolen

Stulpen, Söckchen und Kollektionen

Etwas Warmes für drüber

Raglan von oben

Baby- und Wohnaccessoires

TÜCHER

Fangen wir mit meiner Leidenschaft für Tücher an. Ich liebe sie! Halbrund, dreieckig, rechteckig, mit Zacken und Wellen, symmetrisch oder asymmetrisch, riesig oder kompakt – für den Sommer, Herbst, Winter und Frühling. Ich finde, Tücher kann man nie genug haben.

Manche sind ganz einfach und anfängertauglich. Während man daran arbeitet, kann man sich unterhalten oder nachdenken. Andere sind ein bisschen knifflig, da muss man sich konzentrieren, um sich nicht zu verstricken. Genau diese Unterschiede machen es für mich so spannend. Meistens habe ich mehrere Tücher gleichzeitig auf den Nadeln und stricke sie abwechselnd. So habe ich für jede Gelegenheit das passende Strickzeug zur Hand.

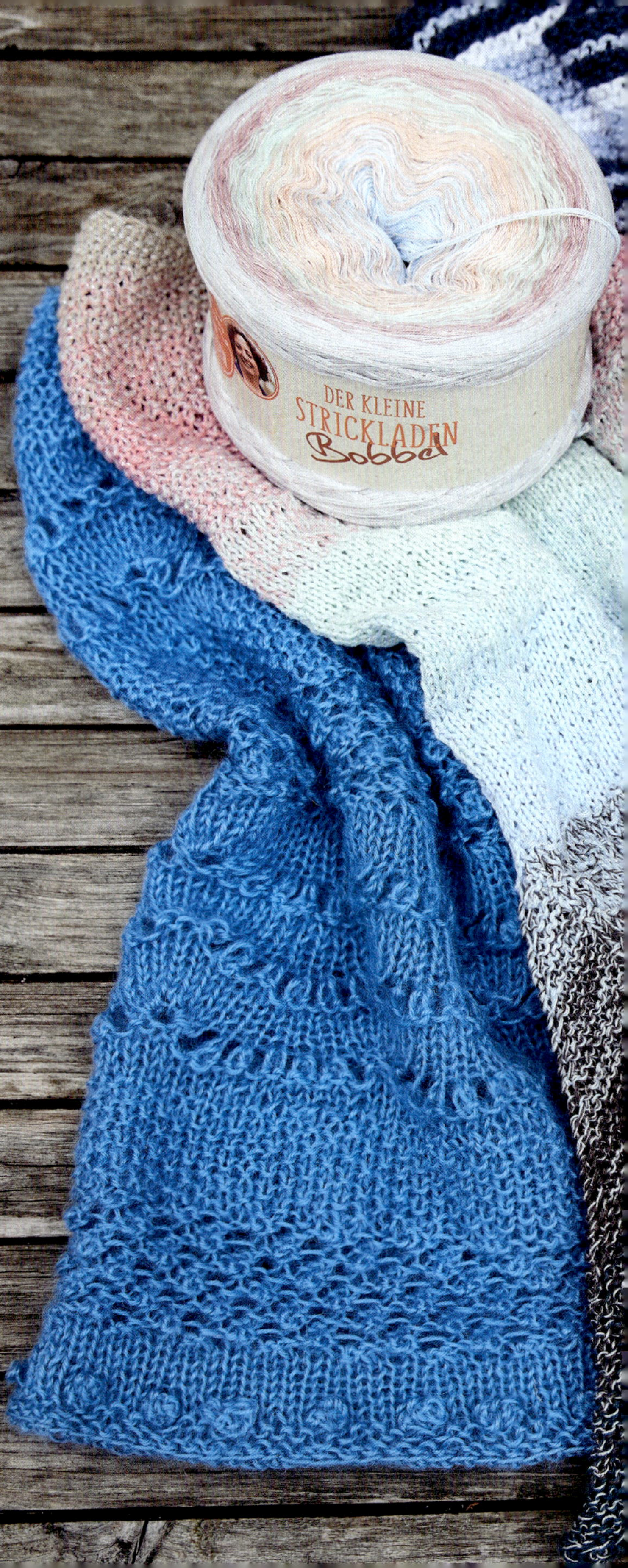

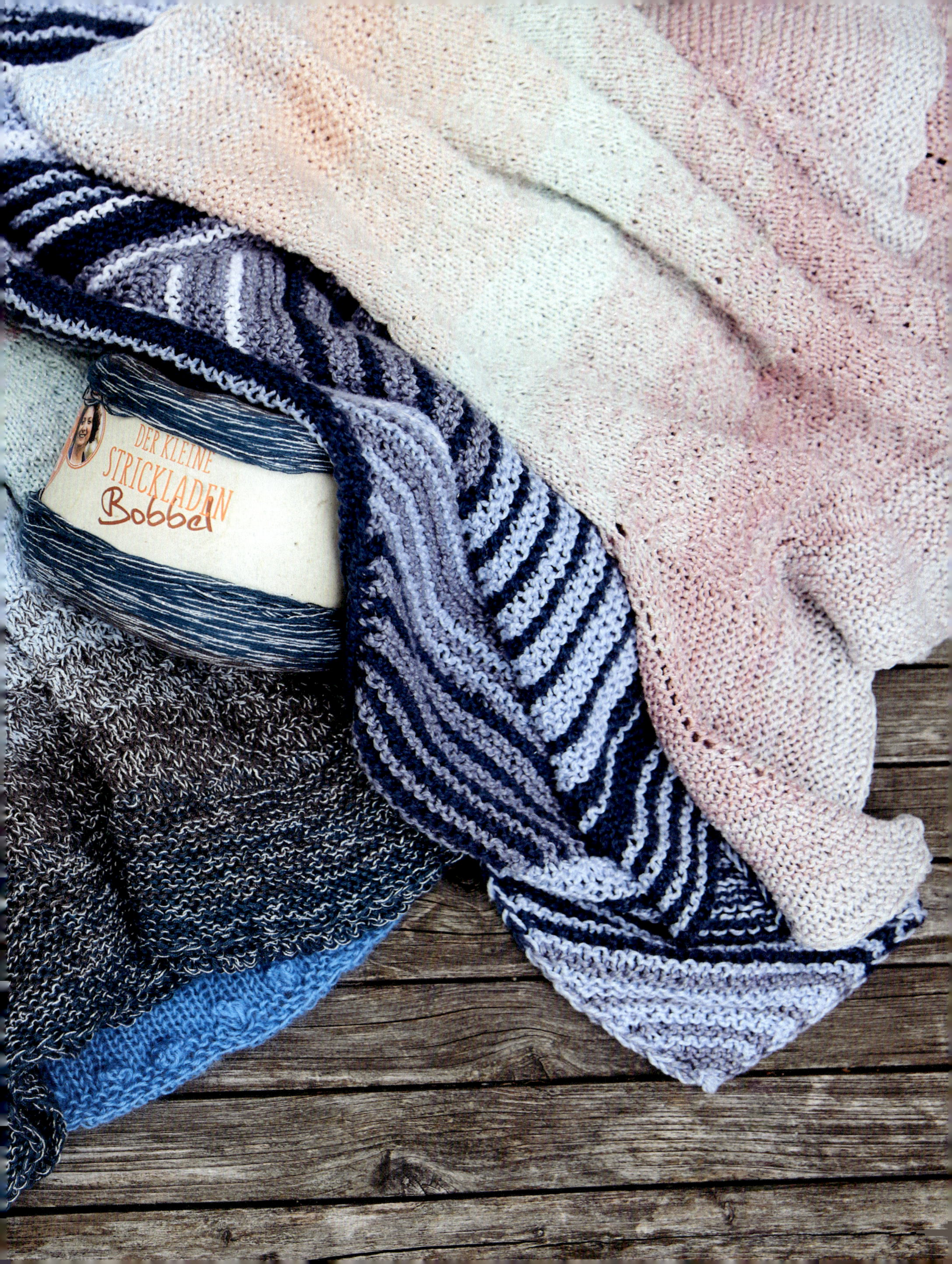
DER KLEINE
STRICKLADEN
Bobbel

Frühlingsglück

TUCH

Die Schafe drängten sich dicht an mich heran. Ich lachte und verteilte Leckereien. Zwischendurch streichelte ich die Lämmer und freute mich an der Ausgelassenheit der Tiere. Frühlingsglück – das empfand ich heute und so hatte ich auch das Tuch genannt, das ich gerade trug.

GRÖSSE
Höhe ca. 60 cm,
Spannweite ca. 2 m

FORM
Halbrund

MATERIAL

- Schachenmayr Regia Premium Silk (LL 400 m/100 g) in Teal (Fb 65), Leaf Green (Fb 71), Apricot (Fb 32), Leinen (Fb 5), je 100 g
- Rundstricknadel 3,0 mm, 120 cm lang
- 2 Maschenmarkierer

ALTERNATIV-MATERIAL

- woolhouse.de Der kleine Strickladen Frühlingsglück-Set (LL 365 m/100 g) in Rose, Azure, Weiß, Olive, je 100 g
- Rundstricknadel 4,0 mm, 120 cm lang
- 2 Maschenmarkierer

MASCHENPROBE
Glatt rechts mit Regia Premium Silk und Nd 3,0 mm oder Frühlingsglück und Nd 4,0 mm sind 22 M und 33 R = 10 cm x 10 cm.

MUSTER

KRAUS RECHTS
In Hin- und Rückr rechte M str.

GLATT RECHTS
In Hinr rechte M, in Rückr linke M str.

HINWEISN: Den Rapport der Muster so oft wiederholen, wie es zur aktuellen M-Zahl passt.

LOCHSTREIFEN (Muster 1)
Über 4 M und 6 R.

1. R: 1 U, 3 M rechts zusammenstr, 1 U, 1 M rechts.
2. R: Alle M links str.
3. R: 1 U, 3 M rechts zusammenstr, 1 U, 1 M rechts.
4. R: Alle M links str.
5. R: 1 U, 3 M rechts zusammenstr, 1 U, 1 M rechts.
6. R: Alle M links str.

STILISIERTE BLÜTEN (Muster 2)
Über 10 M und 16 R.
In den Rückr alle M links str.

1. R: 1 M rechts, 1 U, 2 M rechts zusammenstr, 5 M rechts, 2 M überzogen zusammenstr, 1 U.

3. R: 2 M rechts, 1 U, 2 M rechts zusammenstr, 3 M rechts, 2 M überzogen zusammenstr, 1 U, 1 rechts.

5. R: 3 M rechts, 1 U, 2 M rechts zusammenstr, 1 M rechts, 2 M überzogen zusammenstr, 1 U, 2 rechts.

7. R: 4 M rechts, 1 U, 3 M überzogen zusammenstr, 1 U, 3 M rechts.

9. R: 1 M rechts, 2 M überzogen zusammenstr, 2 M rechts, 1 U, 1 M rechts, 1 U, 2 M rechts, 2 M rechts zusammenstr.

11. R: 1 M rechts, 2 M überzogen zusammenstr, 2 M rechts, 1 U, 1 M rechts, 1 U, 2 M rechts, 2 M rechts zusammenstr.

13. R: 1 M rechts, 2 M überzogen zusammenstr, 2 M rechts, 1 U, 1 M rechts, 1 U, 2 M rechts, 2 M rechts zusammenstr.

15. R: 1 M rechts, 2 M überzogen zusammenstr, 2 M rechts, 1 U, 1 M rechts, 1 U, 2 M rechts, 2 M rechts zusammenstr.

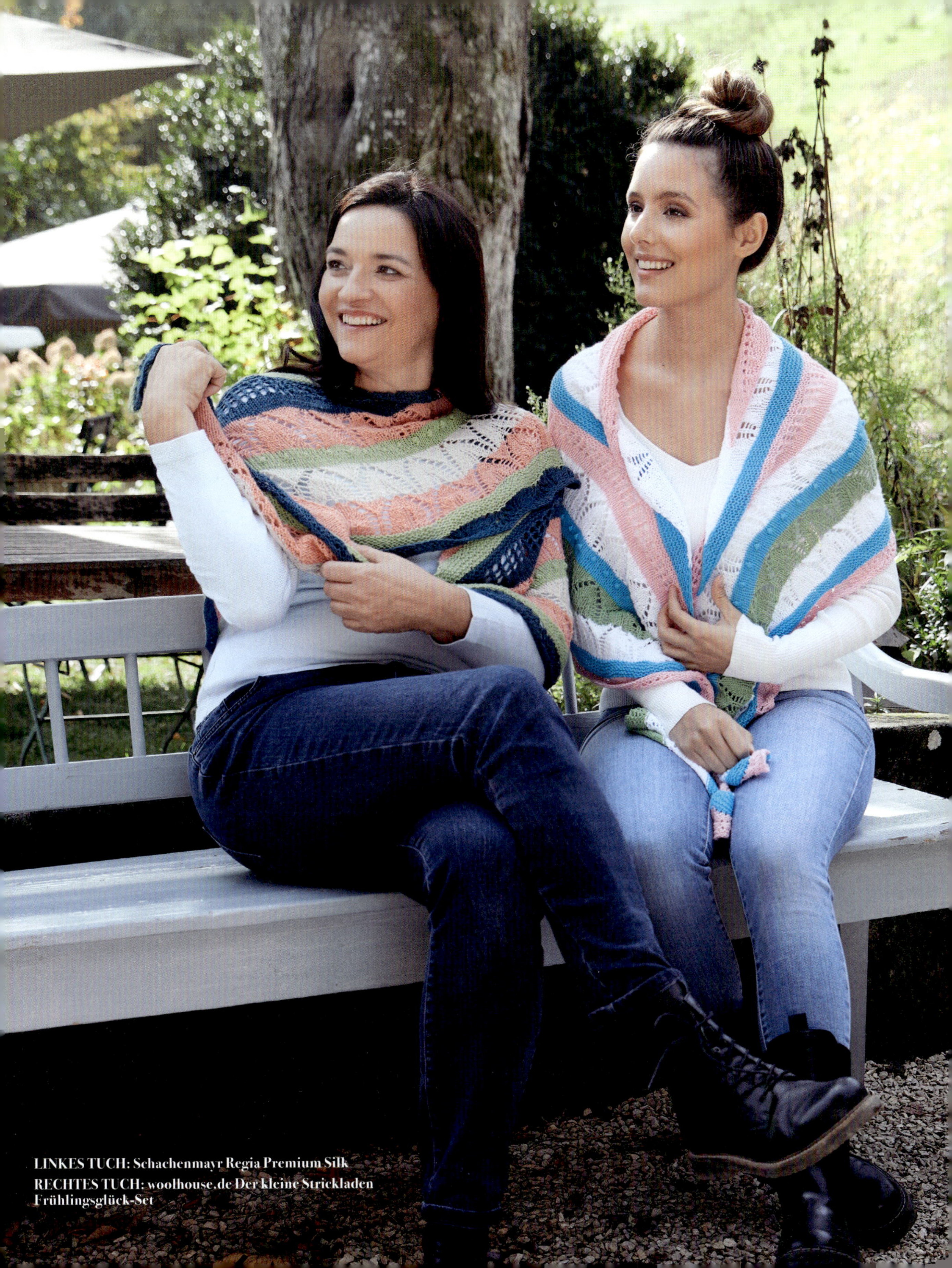

LINKES TUCH: Schachenmayr Regia Premium Silk
RECHTES TUCH: woolhouse.de Der kleine Strickladen Frühlingsglück-Set

BOBBLE

Hinr: * [1 kfbfb, Arbeit wenden, 4 M links zusammenstr, Arbeit wenden, 1 M rechts] in 1 M, 3 M rechts, ab * fortlaufend wdh.

Rückr: Alle M links str.

Beim Zusammenstr der 4 M muss man aufpassen, dass man nicht versehentlich eine 5. M erwischt. Immer schön kontrollieren ☺.

Man kann Bobble auch ohne zu wenden str. Dazu findest du ein Video auf dem Youtube-Kanal »Der kleine Strickladen«: www.frech.de/27032NoppenStrickenOhneWenden

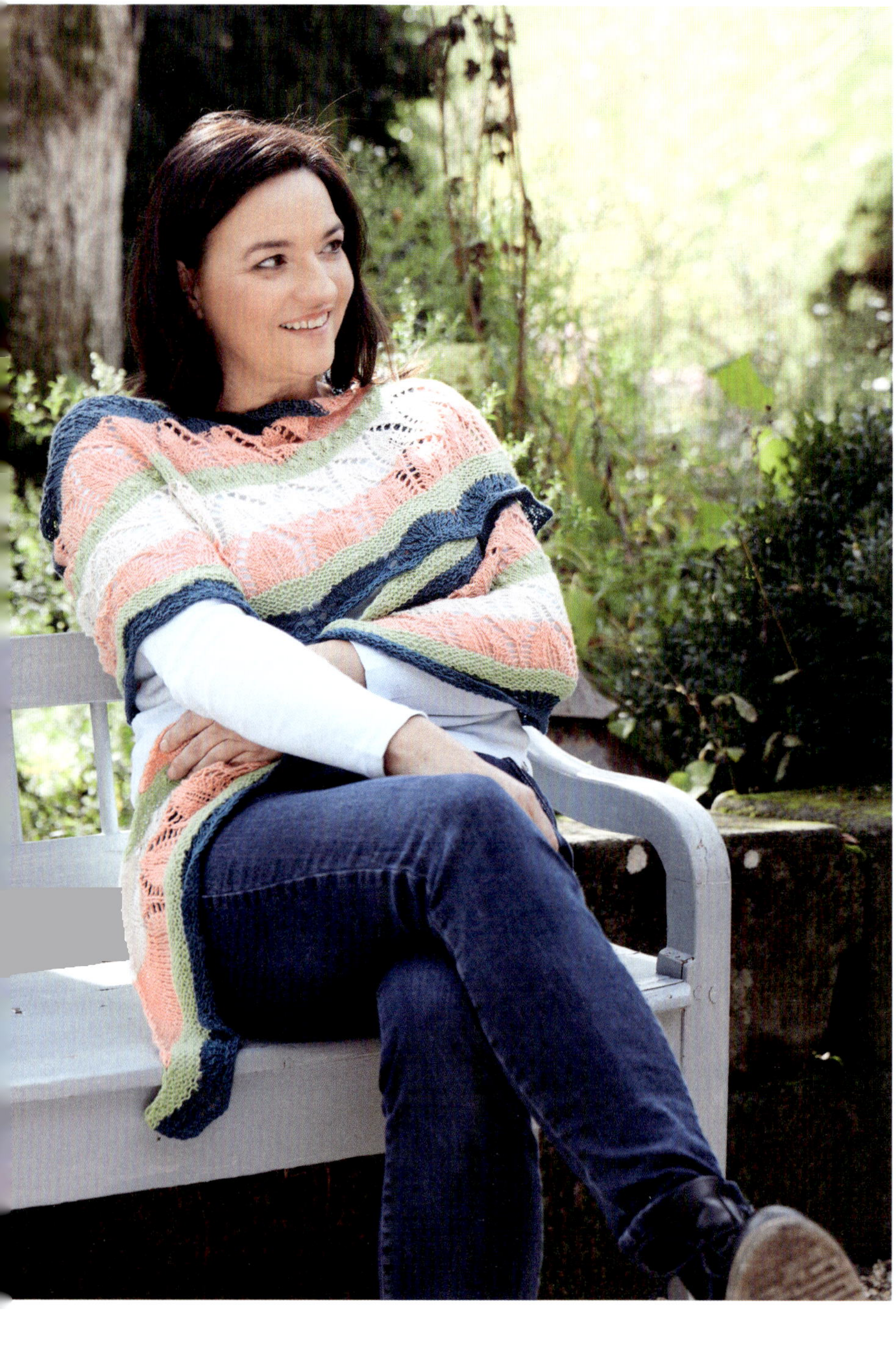

ABSCHLUSSWELLE

Über 14 M und 13 R.

1. R: 2 M rechts zusammenstr, 2 M rechts zusammenstr, 2 M rechts zusammenstr, 1 U, 1 M rechts, 1 U, 1 M rechts, 1 U, 1 M rechts, 1 U, 1 M rechts, 1 U, 2 M rechts zusammenstr, 2 M rechts zusammenstr.

2. R: Alle M links str.

3. R: Alle M rechts str.

4. R: Alle M links str.

5. R: 2 M rechts zusammenstr, 2 M rechts zusammenstr, 2 M rechts zusammenstr, 1 U, 1 M rechts, 1 U, 1 M rechts, 1 U, 1 M rechts, 1 U, 1 M rechts, 1 U, 2 M rechts zusammenstr, 2 M rechts zusammenstr,

6. R: Alle M links str.

7. R: Alle M rechts str.

8. R: Alle M links str.

9. R: 2 M rechts zusammenstr, 2 M rechts zusammenstr, 2 M rechts zusammenstr, 1 U, 1 M rechts, 1 U, 1 M rechts, 1 U, 1 M rechts, 1 U, 1 M rechts, 1 U, 2 M rechts zusammenstr, 2 M rechts zusammenstr.

10. R: Alle M rechts str.

11. R: Alle M rechts str.

12. R: Alle M rechts str.

13. R: Alle M elastisch abk.

RAND

In jeder R (Hin- und Rückr): 1 Rdm, 1 kfb, Mittelteil mit Muster, 1 kfb, 1 Rdm.

Die durch die Zunahmen hinzukommenden M rechts und links des Musters werden glatt rechts gestrickt.

Die letzte Zunahme erfolgt in der 173. R.

JETZT GEHT ES LOS

Die Angaben zum Alternativ-Garn stehen in den Klammern.

Das Tuch wird von der oberen Mitte aus gestrickt.

In Farbe Teal (Rose) str.

6 M anschl.

An die Zunahmen am Anfang und Ende jeder R denken!

1.-40. R: Kraus rechts str.

41.-46. R: Lochstreifen (Muster 1) str.

Zum Verständnis hier die 1. R mit Muster 1, das so oft wiederholt wird, wie es passt:

41. R: 1 Rdm, 1 kfb, 1 M rechts, MM, [Muster 1], MM, 1 M rechts, 1 kfb, 1 Rdm.

47.-52. R: Glatt rechts str.

Farbwechsel zu Apricot (Weiß).

53.+54. R: Glatt rechts str.

55.-70. R: Stilisierte Blüten (Muster 2) str.

71.+72. R: Glatt rechts str.

Farbwechsel zu Leaf Green (Azure).

73.-84. R: Kraus rechts str.

Farbwechsel zu Teal (Rose).

85.-90. R: Kraus rechts str.

91.-96. R: Lochstreifen (Muster 1) str.

97.-102. R: Glatt rechts str.

Farbwechsel zu Apricot (Weiß).

103.+104. R: Glatt rechts str.

105.-120. R: Stilisierte Blüten (Muster 2) str.

Farbwechsel zu Leaf Green (Azure).

121.-124. R: Glatt rechts str.

125.+126. R: Bobble str (Reihenbeginn: 1 Rdm, 1 kfb, 2 M rechts, dann mit dem ersten Bobble starten).

127.-130. R: Glatt rechts str.

Farbwechsel zu Leinen (Olive).

131.+132. R: Glatt rechts str.

133.-148. R: Stilisierte Blüten (Muster 2) str.

Farbwechsel zu Apricot (Weiß).

149.-164. R: Stilisierte Blüten (Muster 2) str.

165.+166. R: Glatt rechts str.

Farbwechsel zu Leaf Green (Azure).

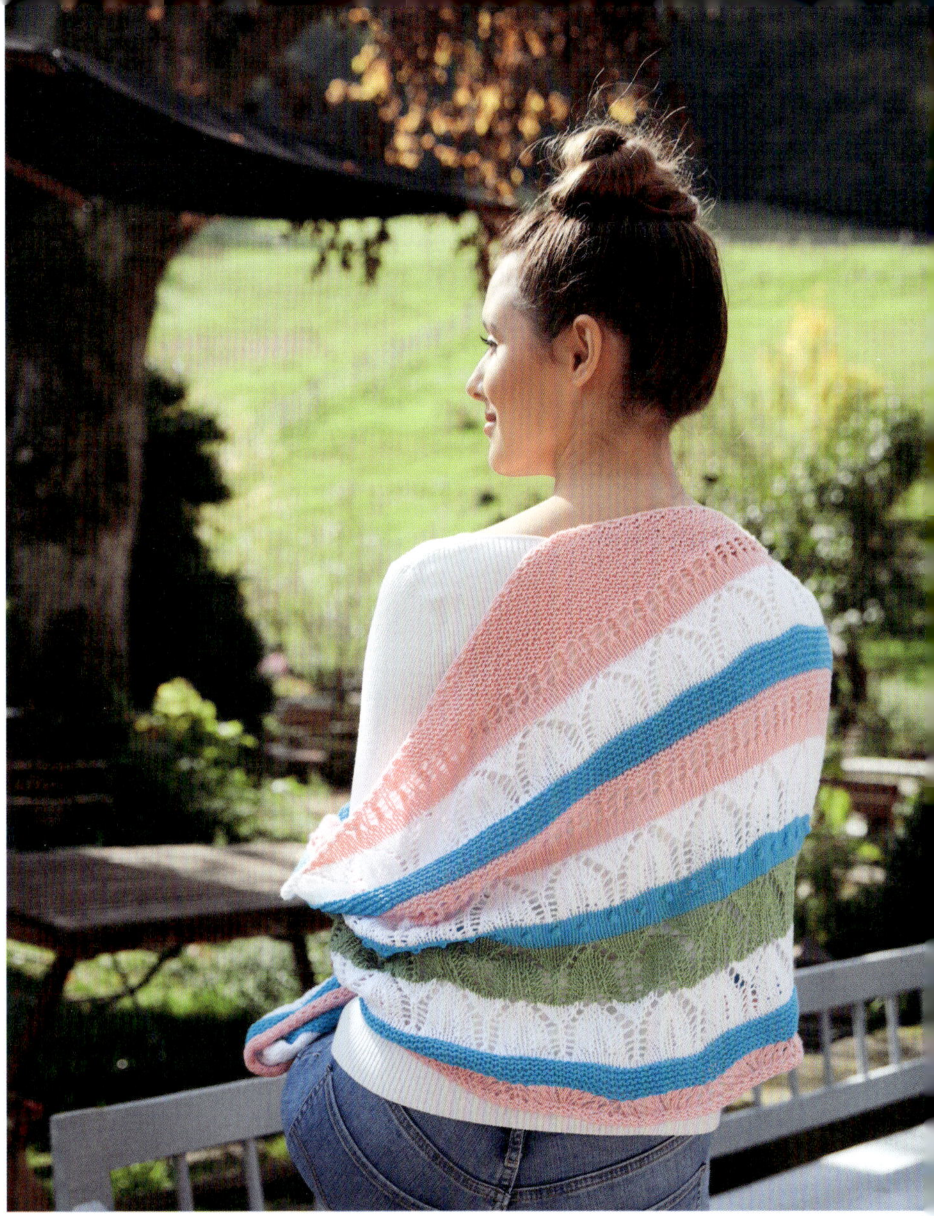

Letzte Zunahme in der 173. Reihe!

167.-178. R: Kraus rechts str.

Farbwechsel zu Teal (Rose).

179.-191. R: Abschlusswelle str.

In der letzten R alle M elastisch abk wie folgt: 1 M rechts, * 1 M rechts, beide M zurück auf die linke Nadel legen und 2 M rechts verschränkt zusammenstr, ab * wdh bis zur letzten M.

HINWEIS: Man braucht etwa die fünffache Fadenlänge der R-Länge für das elastische Abk.

Ein Video zum elastischen Abketten findet ihr auf dem Youtube-Kanal »Der kleine Strickladen«: www.frech.de/27032ElastischAbketten

Jetzt die Fäden vernähen, das Tuch baden und spannen. Das ist bei diesem Tuch wirklich wichtig! Erst dadurch entfaltet es seinen vollen Frühlingszauber. Beim Spannen muss jede Welle in Form gezogen und zum Trocknen fixiert werden.

Ich wünsche dir ganz viel Freude mit deinem Frühlingsglück!

Cozy and Cool

ASYMMETRISCHES SOMMERTUCH

»Wundervoll!« Den Kopf in den Nacken gelegt genoss ich den sanften Fahrtwind, während Joshua das Boot über den See steuerte. Ich merkte gar nicht, dass mir das Tuch von den Schultern rutschte. »Hoppla, Vorsicht!«, rief Joshua. Blitzschnell war er bei mir und konnte das Cozy and Cool gerade noch fassen, bevor es über Bord ging.

GRÖSSE
ca. 200 cm x ca. 150 cm

FORM
Asymmetrisches Dreieck

MATERIAL
- Schachenmayr Catania (LL 125 m/50 g) in Weiß (Fb 106), 150 g, in Orchidee (Fb 222), 100 g, in Serenity (Fb 180), Gelbgrün (Fb 392), Vintage (Fb 423) und Wolke (Fb 247), je 50 g
- Rundstricknadel 3,5 mm, 120 cm lang

ALTERNATIV-MATERIAL
- King Cole Cottonsoft DK (LL 210 m/100 g) in White (Fb 710), 200 g, in Rose (Fb 712), Cloud (Fb 1575), Light Grey (Fb 3032), Celery (Fb 3364) und Orchid (Fb 3033), je 100 g
- Rundstricknadel 4,0 mm, 120 cm lang

MASCHENPROBE
Glatt rechts mit Catania und Nd 3,5 mm sind 17 M und 28 R = 10 cm x 10 cm; mit Cottonsoft und Nd 4,0 mm sind 18 M und 28 R = 10 cm x 10 cm.

MUSTER

Die Muster immer nur bis zur letzten M vor der kfb stricken. Wenn es nicht ganz aufgeht, strickst du die letzten M rechts – manchmal passt noch ein halbes Blümchen in die Reihe, das ist okay. Die beiden letzten M jeder ungeraden R (1 kfb, 1 M rechts) sollen vom Muster unberührt bleiben.

GLATT RECHTS

In Hinr rechte M, in Rückr linke M str.

KRAUS RECHTS

In Hin- und Rückr rechte M str.

BOBBLE

Hinr: 1 M rechts, * [1 kfbfb, Arbeit wenden, 4 M links zusammenstr, Arbeit wenden, 1 M rechts] in 1 M, 3 M rechts, ab * fortlaufend wdh.
Rückr: Alle M links str.

Beim Zusammenstr der 4 M muss man aufpassen, dass man nicht versehentlich eine 5. M erwischt. Immer schön kontrollieren ☺.

Man kann Bobble auch ohne zu wenden str. Dazu findest du ein Video auf dem Youtube-Kanal »Der kleine Strickladen«: www.frech.de/27032NoppenStrickenOhneWenden

HINWEIS: An den Stellen mit 3 Bobbel-R direkt hintereinander oder mit nur einer Zwischen-R glatt rechts dazwischen werden die Bobble in der mittleren R verschoben. Die 2. Bobble-R beginnt dann:
Hinr: * 3 M rechts, [1 kfbfb, Arbeit wenden, 4 M links zusammenstr, Arbeit wenden, 1 M rechts] in 1 M, ab * fortlaufend wdh.

BLÜMCHEN

Über 4 M und 6 R.
1. R: 1 M rechts, 1 U, 2 M rechts zusammenstr, 1 M rechts.
2. R: Alle M links str.
3. R: 1 U, 2 M überzogen zusammenstr, 1 U, 2 M rechts zusammenstr.
4. R: Alle M links str.
5. R: 1 M rechts, 1 U, 2 M überzogen zusammenstr, 1 M rechts.
6. R: Alle M links str.

BLÜMCHEN

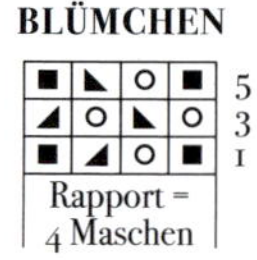

ZEICHENERKLÄRUNG
Es sind nur die Hinr gezeichnet, in den Rückr die M str, wie sie erscheinen.
■ = 1 Masche rechts
○ = 1 Umschlag
◢ = 2 Maschen rechts zusammenstricken
◣ = 2 Maschen überzogen zusammenstricken

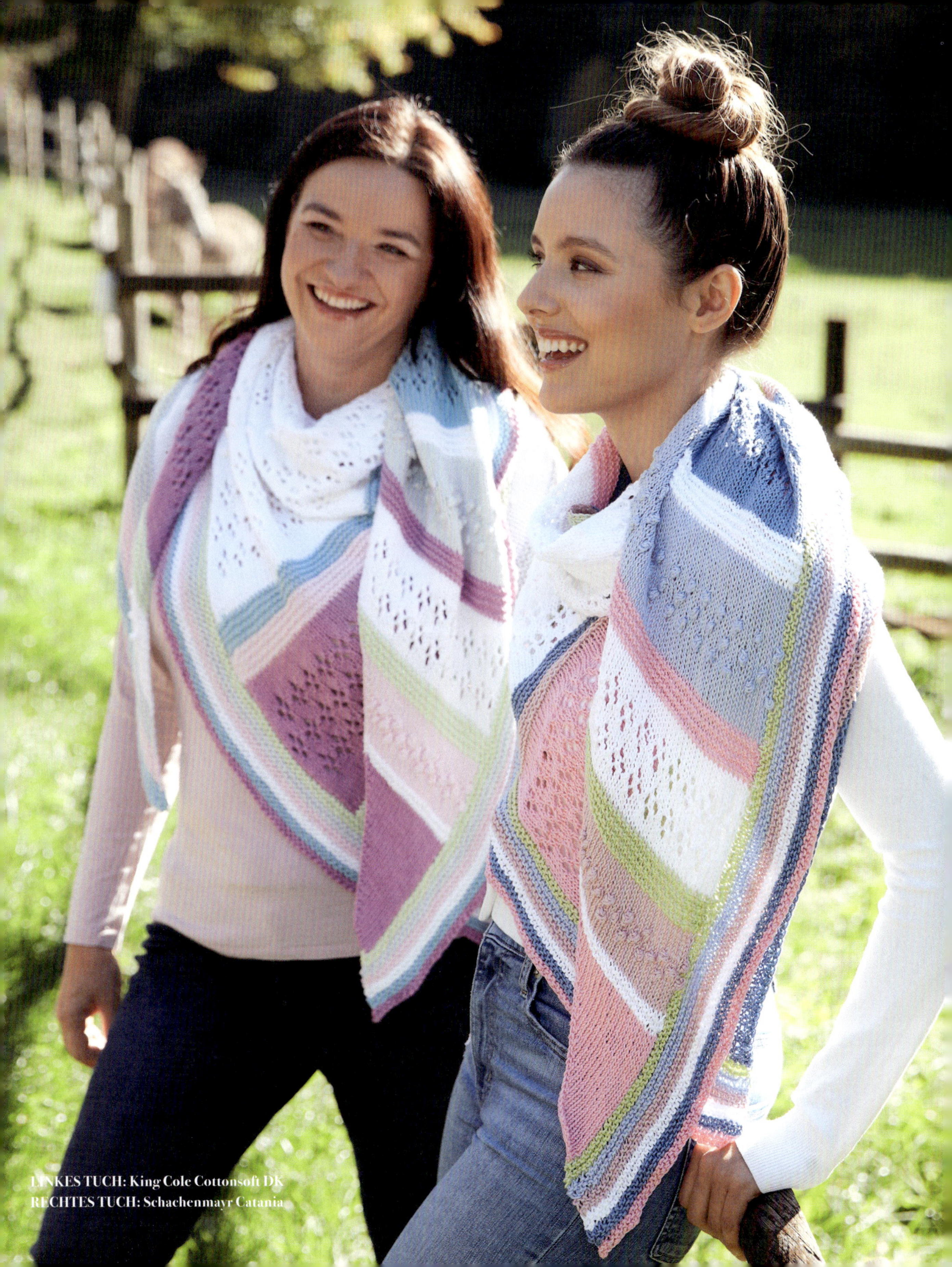

LINKES TUCH: King Cole Cottonsoft DK
RECHTES TUCH: Schachenmayr Catania

HINWEIS: Die erste R mit Blümchen beginnt immer mit 4 M rechts, erst dann kommt das Blümchenmuster und wird bis zum R-Ende wiederholt. Die zweite Blümchen-R wird etwas versetzt, diese R beginnt mit 2 M rechts, dann beginnt das Blümchenmuster und wird bis R-Ende wiederholt. Die dritte Blümchen-R ist dann wieder wie die erste, die R beginnt mit 4 M rechts, bevor das Muster startet.

ZUNAHMEN
(über das ganze Tuch hinweg)

In jeder ungeraden R in die vorletzte M kfb str.

RAND

Es wird ein Knötchenrand gearbeitet, das heißt, alle M werden von Anfang bis Ende durchgestrickt, es gibt keine gesonderte Rdm.

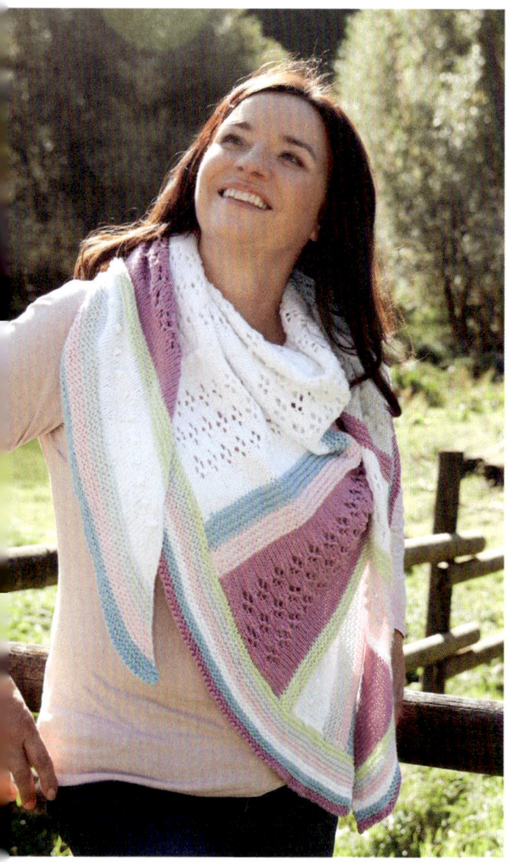

Das war es auch schon an Informationen vorab. Jetzt kannst du losstricken. Und nicht vergessen, in jeder ungeraden Reihe ist die vorletzte Masche eine kfb.

In der Anleitung habe ich vor den Farbwechseln ein paar Anker für dich (R und M-Zahl), sodass du bei Bedarf zwischendurch kontrollieren kannst.

JETZT GEHT ES LOS

Die Angaben zum Alternativ-Garn stehen in den Klammern.

7 M in Orchidee (Orchid) anschl.

An die Zunahmen in den ungeraden R denken!

MUSTER- UND FARBAUFTEILUNG

1.-34. R: Glatt rechts in Orchidee (Orchid) str (= 24 M in der 34. R).

35.-38. R: Kraus rechts in Weiß (White) str (= 26 M in der 38. R).

39.-44. R: Glatt rechts in Vintage (Rose) str.

45.-50. R: Bobble in Vintage (Rose) str.

51.-54. R: Glatt rechts in Vintage (Rose) str (= 34 M in der 54. R).

55.-62. R: Kraus rechts in Gelbgrün (Celery) str (= 38 M in der 62. R).

63.-66. R: Glatt rechts in Weiß (White) str.

67.-72. R: Blümchen in Weiß (White) str.

73.+74. R: Glatt rechts in Weiß (White) str.

75.-80. R: Blümchen in Weiß (White) str.

81.-84. R: Glatt rechts in Weiß (White) str (= 49 M in der 84. R).

85.-92. R: Kraus rechts in Orchidee (Orchid) str (= 53 M in der 92. R).

93.-100. R: Glatt rechts in Serenety (Light Grey) str.

101.+102. R: Bobble in Serenety (Light Grey) str.

103.+104. R: Glatt rechts in Serenety (Light Grey) str.

105.+106. R: Bobble in Serenety (Light Grey) str.

107.+108. R: Glatt rechts in Serenety (Light Grey) str.

109.+110. R: Bobble in Serenety (Light Grey) str.

111.-118. R: Glatt rechts in Serenety (Light Grey) str (= 66 M in der 118. R).

119.-126. R: Kraus rechts in Weiß (White) str (= 70 M in der 126. R).

127.-134. R: Glatt rechts in Wolke (Cloud) str.

135.-140. R: Blümchen in Wolke (Cloud) str.

141.+142. R: Glatt rechts in Wolke (Cloud) str.

143.-148. R: Blümchen in Wolke (Cloud) str.

149.+150. R: Glatt rechts in Wolke (Cloud) str.

151.-156. R: Blümchen in Wolke (Cloud) str.

157.-164. R: Glatt rechts in Wolke (Cloud) str (= 89 M in der 164. R).

165.-172. R: Kraus rechts in Vintage (Rose) str (= 93 M in der 172. R).

173.-180. R: Glatt rechts in Gelbgrün (Celery) str.

181.+182. R: Bobble in Gelbgrün (Celery) str.

183.-190. R: Glatt rechts in Gelbgrün (Celery) str (= 102 M in der 190. R).

191.-198. R: Kraus rechts in Orchidee (Orchid) str (= 106 M in der 198. R).

199.-206. R: Glatt rechts in Weiß (White) str.

207.-212. R: Blümchen in Weiß (White) str.

213.+214. R: Glatt rechts in Weiß (White) str.

215.-220. R: Blümchen in Weiß (White) str.

221.+222. R: Glatt rechts in Weiß (White) str.

223.-228. R: Blümchen in Weiß (White) str.

229.-234. R: Glatt rechts in Weiß (White) str.
235.+236. R: Bobble in Weiß (White) str.
237.-242. R: Glatt rechts in Weiß (White) str.
243.-248. R: Blümchen in Weiß (White) str.
249.+250. R: Glatt rechts in Weiß (White) str.
251.-256. R: Blümchen in Weiß (White) str.
257.+258. R: Glatt rechts in Weiß (White) str.
259.-264. R: Blümchen in Weiß (White) str.
265.-272. R: Glatt rechts in Weiß (White) str (= 143 M in der 272. R).
273.-280. R: Kraus rechts in Wolke (Cloud) str (= 147 M in der 280. R).
281.-288. R: Kraus rechts in Vintage (Rose) str (= 151 M in der 288. R).
289.-296. R: Glatt rechts in Orchidee (Orchid) str.
297.-302. R: Blümchen in Orchidee (Orchid) str.
303.+304. R: Glatt rechts in Orchidee (Orchid) str.
305.-310. R: Blümchen in Orchidee (Orchid) str.
311.+312. R: Glatt rechts in Orchidee (Orchid) str.
313.-318. R: Blümchen in Orchidee (Orchid) str.
319.-326. R: Glatt rechts in Orchidee (Orchid) str (= 170 M in der 326. R).
327.-334. R: Kraus rechts in Gelbgrün (Celery) str (= 174 M in der 334. R).
335.-342. R: Glatt rechts in Weiß (White) str.
343.+344. R: Bobble in Weiß (White) str.
345.-352. R: Glatt rechts in Weiß (White) str (= 183 M in der 352. R).
353.-360. R: Kraus rechts in Serenety (Light Grey) str (= 187 M in der 360. R).

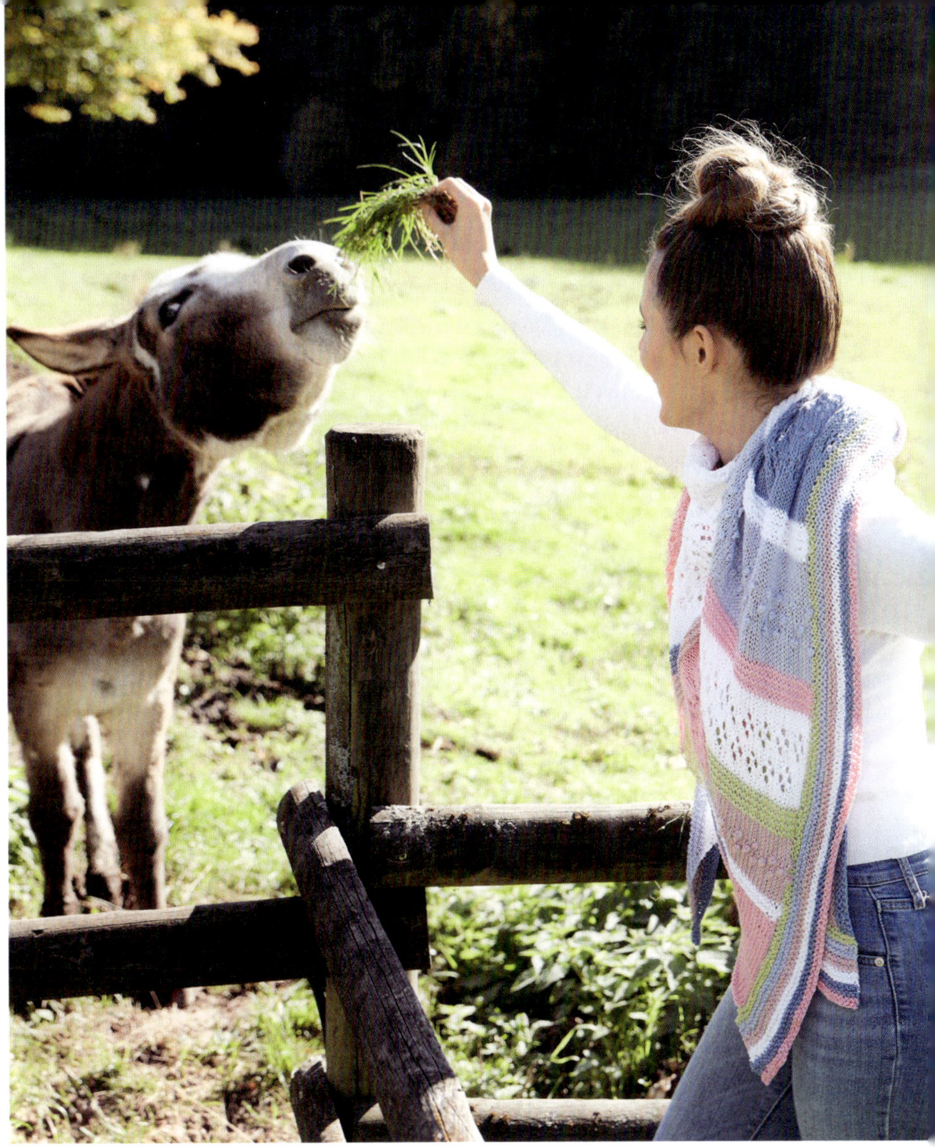

361.-368. R: Kraus rechts in Vintage (Rose) str (= 191 M in der 368. R).
369.-375. R: Kraus rechts in Wolke (Cloud) str (= 195 M nach der 375. R).
376. R: 1 M rechts, * 1 M rechts, beide M zurück auf die linke Nadel legen und 2 M rechts verschränkt zusammenstr, ab * wdh bis zur letzten M.

ABSCHLUSSKANTE MIT QUERSTREIFEN

Die M aus dem Rand auf der kürzeren Seite des Tuchs (die Seite, an der der Farbwechsel immer stattgefunden hat) aufnehmen.
Nacheinander je 4 R kraus rechts (2x hin und her) in den Farben Gelbgrün, Serenety, Vintage, Weiß, Wolke und Orchidee (Celery, Light Grey, Rose, Weiß, Cloud und Orchid) str. Die letzte R der Farbe Orchidee (Orchid) elastisch abk, wie bei der 376. R.
Fäden vernähen, Tuch spannen.

Herzlichen Glückwunsch zu deinem Cozy and Cool. Ich wünsche dir viel Freude mit diesem extragroßen Sommertuch.

WIE DER HIMMEL ÜBER DEN HIGHLANDS

»Ich liebe dich«, flüsterte Joshua. Wir hatten es uns aneinander gekuschelt auf meiner Summerbreezedecke gemütlich gemacht.
»Und ich liebe dich«, antwortete ich und schenkte Joshua über mein Strickzeug hinweg einen innigen Blick.
Ich hatte ein neues Tuch mit Farbstreifen in verschiedenen Blautönen und Weiß auf den Nadeln. Die Idee hatte ich vor zwei Tagen gehabt, als ich die Wolle ins Regal räumte. Es sollte ein aus mehreren Teilen zusammengesetztes Tuch werden. Der Ausgangspunkt war ein nicht zu großes Dreieck. Dann nahm ich die Maschen an einer Seite auf, um neu anzusetzen. Der Effekt der crisscross Streifen begeisterte mich jetzt schon. Glücklich betrachtete ich das neue Design und strich mit der Hand darüber.
Neben uns rupften die Schafe Gras, ein Stück entfernt tobten Molly, Bonny und Lennox übermütig miteinander über die Wiese. Der Loch Lomond lag etwas unterhalb unseres Sitzplatzes, die Wellen glitzerten in der Spätsommersonne.
Joshua beugte sich zu mir hinüber. Ich legte das Strickzeug in den Schoß und zog ihn näher zu mir. Unsere Lippen fanden sich und ich ließ mich in den innigen Kuss fallen. Einige Zeit später löste ich mich ein wenig atemlos von Joshua. Er protestierte und wollte mich festhalten. Doch ich blieb standhaft.
»Besser ist das«, flüsterte ich mit rauer Stimme. »Die anderen werden jeden Moment da sein.«
Wie auf Kommando wehte Chloes Lachen zu uns herüber. Joshua grummelte. »Wenn ich nächstes Mal die Idee habe, die anderen zum Picknick einzuladen, halte mich bitte zurück«, forderte er. »Ich wäre jetzt so gern mit dir allein.«
»Das holen wir nach«, versprach ich und musste lachen, als ich Joshuas Blick sah.
»Bald«, sagte er. In seinen Augen funkelte die Vorfreude. Am liebsten hätte ich ihn wieder an mich gezogen, doch statt meine Hände erneut über seinen Rücken wandern zu lassen, nahm ich die Stricknadeln wieder auf.
»Wie der Himmel über den Highlands«, sagte Joshua, als er das angefangene Tuch betrachtete. »Sieh nur, das passt wunderbar zusammen.«
Joshua hatte recht. Als hätte ich den Himmel in Streifen gebannt. »Highland Stripes«, sagte ich spontan. »So werde ich das Tuch nennen.«
»Das passt prima«, stimmte Joshua mir zu. Und schon beugte er sich vor, um mich erneut zu küssen.
»Was ist, gibt es hier ein Picknick oder sollen wir die Turteltäubchen lieber allein lassen und wieder gehen?«, fragte Chloe und ließ sich ohne lange zu fackeln neben mich auf die Decke fallen. »Hallo. Lasst euch nicht stören. Mein Menschlein und ich machen uns derweil über das Essen her«, verkündete sie und grinste.

Highland Stripes

DREIECKS-TUCH

Ivy kam in den kleinen Strickladen. »Was sagst du?« Stolz präsentierte die Kundin mir das Streifentuch. »Deine Anleitung ist super. Ich bin so glücklich! Und ich brauche dringend neue Wolle. Meine Freundin wünscht sich jetzt auch so ein Tuch!«

GRÖSSE
Höhe ca. 70 cm,
Spannweite ca. 180 cm

FORM
Asymmetrisch

MATERIAL
- Schachenmayr Organic Cotton (LL 155 m/50 g) in Summer Blue (Fb 53) und Navy (Fb 50), je 100 g, in White (Fb 1) und Silver (Fb 90), je 50 g
- Rundstricknadel 3,0 mm, 120 cm lang

ALTERNATIV-MATERIAL
- King Cole Finesse (LL 120 m/50 g) in Soft Blue (Fb 2815) und Navy (Fb 2820), je 100 g, in White (Fb 2810) und Denim (Fb 2816), je 50 g
- Rundstricknadel 4,0 mm, 120 cm lang

MASCHENPROBE
Kraus rechts mit Organic Cotton und Nd 3,0 mm sind 24 M und 32 R = 10 cm x 10 cm; mit Finesse und Nd 4,0 mm sind 18 M und 28 R = 10 cm x 10 cm.

MUSTER

KRAUS RECHTS
In Hin- und Rückr rechte M str.

ELASTISCH ABKETTEN
1 M rechts, * 1 M rechts, beide M zurück auf die linke Nadel legen und 2 M rechts verschränkt zusammenstr, ab * wdh bis zur letzten M.

SPEZIELLE HINWEISE
Dieses asymmetrische Tuch wird aus mehreren Flächen (4 Dreiecke und 1 Trapez) mit immer wieder neuen Ansätzen gearbeitet. Die M-Zahlen für Dreieck 2, 3 und 4 sowie das Trapez ergeben sich durch die jeweils vorhergehenden Dreiecke.
Das Tuch wird kraus rechts und mit Rdm gestrickt. Die Rdm wird auf der Seite des Farbwechsels immer mit beiden aktuell verwendeten Farben gestrickt, danach dann mit einer Farbe weiterstr. So laufen die Farben locker am Rand mit nach oben.
Achtung! Die Rdm sehr locker str, damit der Rand dehnbar wird.

Beim Farbwechsel möglichst die Fäden direkt einweben, dann hat man später nicht zu viel Nacharbeit.

Wer eigene Farbfolgen str möchte, kann sich an der Gesamtzahl der R bei Dreieck 1 und beim Trapezabschluss orientieren. Die Größen von Dreieck 2, 3 und 4 ergeben sich durch die Abnahmen von allein.

HINWEIS: Das Tuch entfaltet seine wirkliche Größe erst nach dem Baden und Spannen.

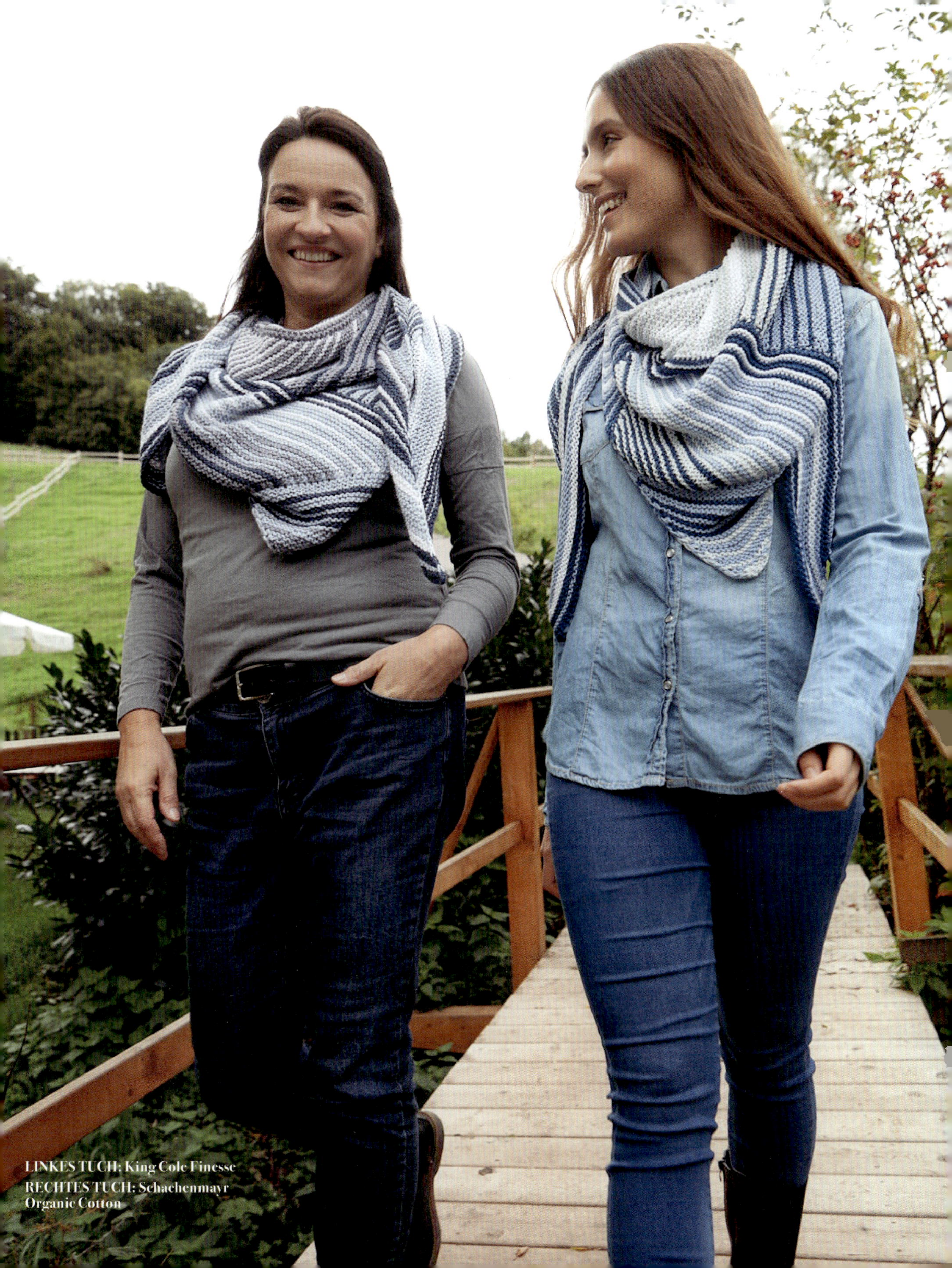

LINKES TUCH: King Cole Finesse
RECHTES TUCH: Schachenmayr Organic Cotton

JETZT GEHT ES LOS

Die Angaben zum Alternativ-Garn stehen in den Klammern.
In den Farbfolgen werden jeweils Hinr und Rückr gezählt.

DREIECK 1

3 M in Silver (Denim) anschl.
In jeder Hinr in die vorletzte M kfb str.
Kraus rechts in der Farbfolge Dreieck 1 str und in der letzten R alle M elastisch abk.

FARBFOLGE DREIECK 1

13x [abwechselnd 2 R in Silver (Denim), 2 R in White (White)] (= 52 R)
3x [abwechselnd 6 R in Silver (Denim), 2 R in White (White)] (= 24 R), 6 R in Silver (Denim)
4x [abwechselnd 2 R in Navy (Navy), 4 R in Silver (Denim)] (= 24 R)
4x [abwechselnd 2 R in Navy (Navy), 4 R in Summer Blue (Soft Blue)] (= 24 R)
2x [abwechselnd 2 R in Navy (Navy), 6 R in Summer Blue (Soft Blue)] str (= 16 R)
4 R in Navy (Navy)
2 R in Summer Blue (Soft Blue)
6 R in Navy (Navy)
4x [abwechselnd 2 R in Summer Blue (Soft Blue), 2 R in Navy (Navy)] (= 16 R) str.
In der letzten Rückr alle M elastisch abk.

DREIECK 2

An der rechten Kante von Dreieck 1 – das ist die Seite, auf der der Farbwechsel stattfand – alle M aufnehmen. Dazu in jede Rdm einstechen, den Faden durchziehen und so eine neue M bilden.
Kraus rechts arb. In jeder Hinr am Anfang und am Ende die 2 M nach bzw. vor der Rdm zusammenstr.

FARBFOLGE DREIECK 2

2 R in Navy (Navy)
2 R in White (White)
4 R in Navy (Navy)
2 R in White (White)
2 R in Navy (Navy)
2 R in White (White)
6 R in Summer Blue (Soft Blue)
2x [abwechselnd 2 R in White (White), 4 R in Summer Blue (Soft Blue)] (= 12 R)
2 R in White (White)
2 R in Summer Blue (Soft Blue)
2 R in Silver (Denim)
2 R in Summer Blue (Soft Blue)
4 R in Silver (Denim)
2x [abwechselnd 2 R in Summer Blue (Soft Blue), 2 R in Silver (Denim)] (= 8 R)

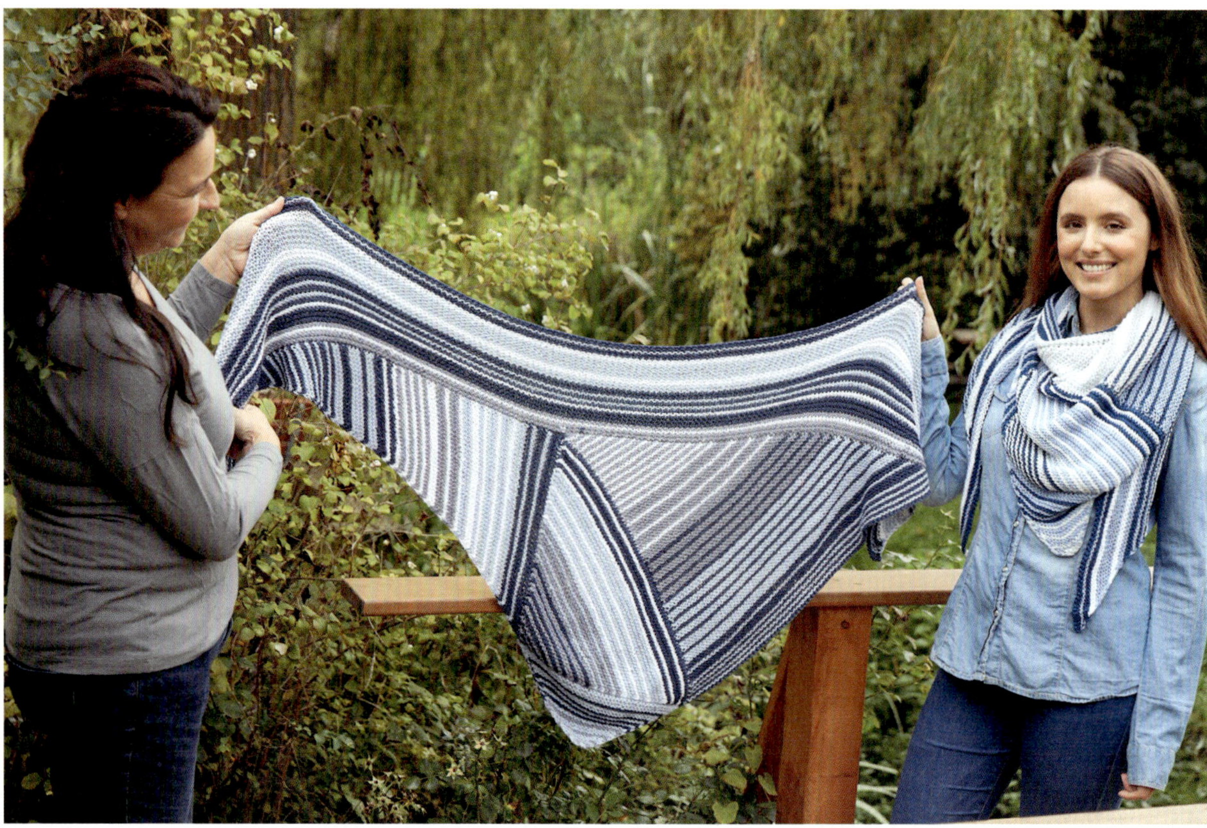

2x [abwechselnd 2 R in Navy (Navy), 4 R in Silver (Denim)] (= 12 R),
6x [abwechselnd 2 R in Navy (Navy), 2 R in Silver (Denim)] (= 24 R) str.
Die letzten M elastisch abk.

DREIECK 3

An der rechten Abnahmekante von Dreieck 2 alle M aus den Rdm aufnehmen. In jeder zweiten Hinr die letzten 2 M vor der Rdm zusammenstr. Die letzten 2 M elastisch abk.

FARBFOLGE DREIECK 3

2x [abwechselnd 4 R in Navy (Navy), 2 R in Summer Blue (Soft Blue)] (= 12 R)
2 R in Navy (Navy)
3x [abwechselnd 4 R in Summer Blue (Soft Blue), 2 R in White (White)] (= 18 R)
2 R in Summer Blue (Soft Blue)
4 R in White (White)
4 R in Summer Blue (Soft Blue)
2x [abwechselnd 2 R in White (White), 4 R in Silver (Denim)] (= 12 R)
4 R in White (White)
4x [abwechselnd 2 R in Silver (Denim), 2 R in White (White)] (= 16 R)
2 R in Navy (Navy)
2 R in White (White)
4 R in Navy (Navy)
4 R in Summer Blue (Soft Blue)
2 R in Navy (Navy)
6 R in Summer Blue (Soft Blue)
4 R in Navy (Navy)
4 R in Summer Blue (Soft Blue)
2 R in Navy (Navy)
2 R in Summer Blue (Soft Blue)
4 R in Navy (Navy)
2x [abwechselnd 2 R in Summer Blue (Soft Blue), 2 R in Navy (Navy)] (= 8 R)
4 R in Summer Blue (Soft Blue)
4x [abwechselnd 2 R in Navy (Navy), 2 R in Summer Blue (Soft Blue)] (= 16 R)
4 R in Navy (Navy)
2 R in Summer Blue (Soft Blue)
8 R in Navy (Navy)
Alle weiteren R bis zum Ende in Summer Blue (Soft Blue) str.

DREIECK 4

An der linken Abnahmekante von Dreieck 2 alle M aus den Rdm aufnehmen. In jeder Hinr die 2 M nach bzw. vor der Rdm zusammenstr. Die letzten 2 M elastisch abk.

FARBFOLGE DREIECK 4

6 R in Summer Blue (Soft Blue)
2 R in Navy (Navy)
4 R in Summer Blue (Soft Blue)
3x [abwechselnd 2 R in Navy (Navy), 2 R in Summer Blue (Soft Blue)] (= 12 R)
2x [abwechselnd 2 R in Silver (Denim), 4 R in Summer Blue (Soft Blue)] (= 12 R)
2 R in Silver (Denim)
2 R in Summer Blue (Soft Blue)
4 R in Silver (Denim)
4 R in Summer Blue (Soft Blue) str.

TRAPEZ AM OBEREN RAND

An der oberen Kante des zusammengesetzten Dreiecks (das sind die Kanten von Dreieck 1 und 3) alle M aus den Rdm aufnehmen. In jeder Hinr links und rechts neben der Rdm eine M kfb stricken.

FARBFOLGE TRAPEZ

4 R in Silver (Denim)
2 R in White (White)
2 R in Silver (Denim) str, 6 R in Navy (Navy)
2 R in White (White)
2x [abwechselnd 2 R in Navy (Navy), 2 R in Summer Blue (Soft Blue)] (= 8 R),
4 R in Navy (Navy)
4 R in Summer Blue (Soft Blue)
4 R in White (White)
10 R in Summer Blue (Soft Blue)

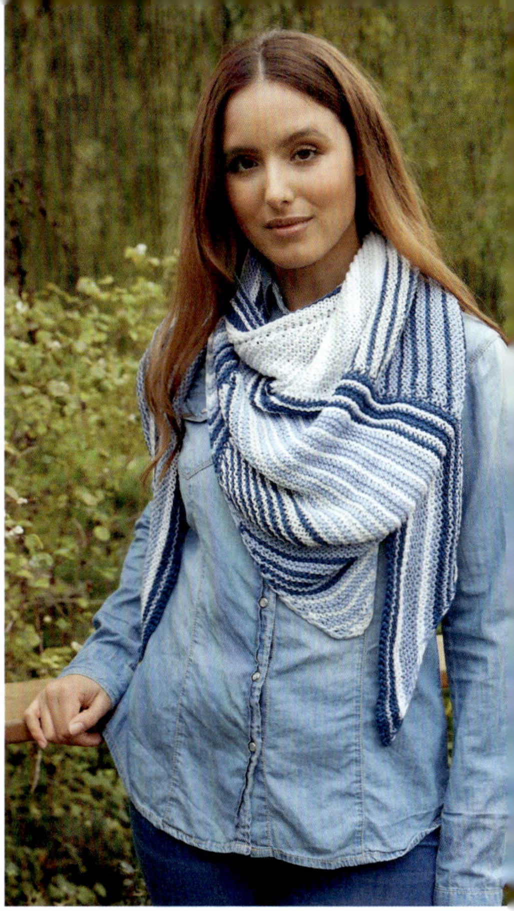

4 R in White (White)
4 R in Navy (Navy)
2 R in Summer Blue (Soft Blue)
4 R in Navy (Navy) str.
In der letzten R alle M elastisch abk.

Die restlichen Fäden vernähen, das Tuch spannen und mit Freude tragen.

Inselglück

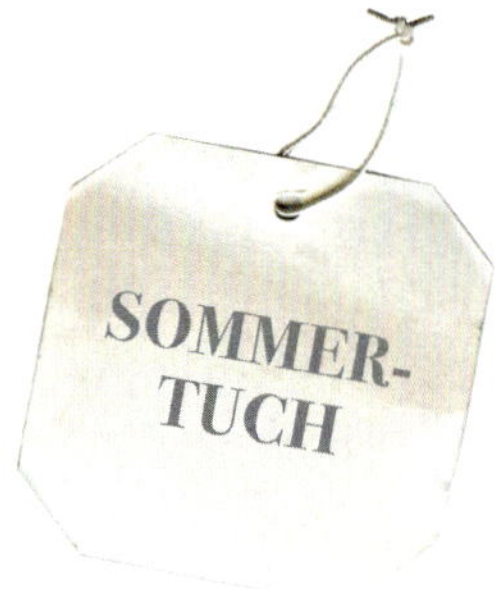

**Wellen rollen
Nadeln klappern leise
Wolle, Strand, Wind und Sonne
Perfekt**

GRÖSSE
Höhe ca. 100 cm,
Spannweite ca. 200 cm

FORM
Symmetrisch, Dreieck

MATERIAL
- woolhouse.de Der kleine Strickladen Spezialwicklung Verlaufsgarn in Hellgrau, Hell- bis Dunkelblau, dazwischen Rot (LL 1200 m/310 g) Inselglück, 1 Bobbel
- Rundstricknadel 3,5 mm, 100 - 120 cm lang
- Maschenmarkierer in 2 Farben

MASCHENPROBE
Glatt rechts mit Nd 3,5 mm sind 22 M und 28 R = 10 cm x 10 cm.

MUSTER

KRAUS RECHTS
In Hin- und Rückr rechte M str.

GLATT RECHTS
In Hinr rechte M, in Rückr linke M str.

HINWEIS ZU DEN MUSTERN:
Den Rapport von Herz- und Wellenmuster so oft wiederholen, wie es zur aktuellen M-Zahl passt.

HERZMUSTER
Über 10 M und 10 R.
1. R: 4 M links, 1 M rechts, 5 M links.
2. R: 4 M rechts, 3 M links, 3 M rechts.
3. R: 2 M links, 5 M rechts, 3 M links.
4. R: 2 M rechts, 7 M links, 1 M rechts.
5. R: 1 M links, 7 M rechts, 2 M links.
6. R: 1 M rechts, 9 M links.
7. R: 9 M rechts, 1 M links.
8. R: 1 M rechts, 4 M links, 1 M rechts, 4 M links.
9. R: 3 M rechts, 3 M links, 3 M rechts, 1 M links.
10. R: Alle M re str.

WELLENMUSTER
Über 13 M und 18 R.
1.-4. R: Alle M rechts str.
5. R: 2 M überzogen zusammenstr, 4 M rechts, 1 U, 1 M rechts, 1 U, 4 M rechts, 2 M rechts zusammenstr.
6. R: Alle M links str.
7. R: 2 M überzogen zusammenstr, 3 M rechts, 1 U, 3 M rechts, 1 U, 3 M rechts, 2 M rechts zusammenstr.
8. R: Alle M links str.
9. R: 2 M überzogen zusammenstr, 2 M rechts, 1 U, 2 M rechts zusammenstr, 1 U, 1 M rechts, 1 U, 2 M überzogen zusammenstr, 1 U, 2 M rechts, 2 M rechts zusammenstr.
10. R: Alle M links str.
11. R: 2 M überzogen zusammenstr, 1 M rechts, 1 U, 2 M rechts zusammenstr, 1 U, 3 M rechts, 1 U, 2 M überzogen zusammenstr, 1 U, 1 M rechts, 2 M rechts zusammenstr.
12. R: Alle M links str.
13. R: 2 M überzogen zusammenstr, 1 U, 2 M rechts zusammenstr, 1 U, 2 M rechts zusammenstr, 1 U, 1 M rechts, 1 U, 2 M überzogen zusammenstr, 1 U, 2 M überzogen zusammenstr, 1 U, 2 M rechts zusammenstr.
14. R: Alle M links str.
15.-18. R: Alle M rechts str.

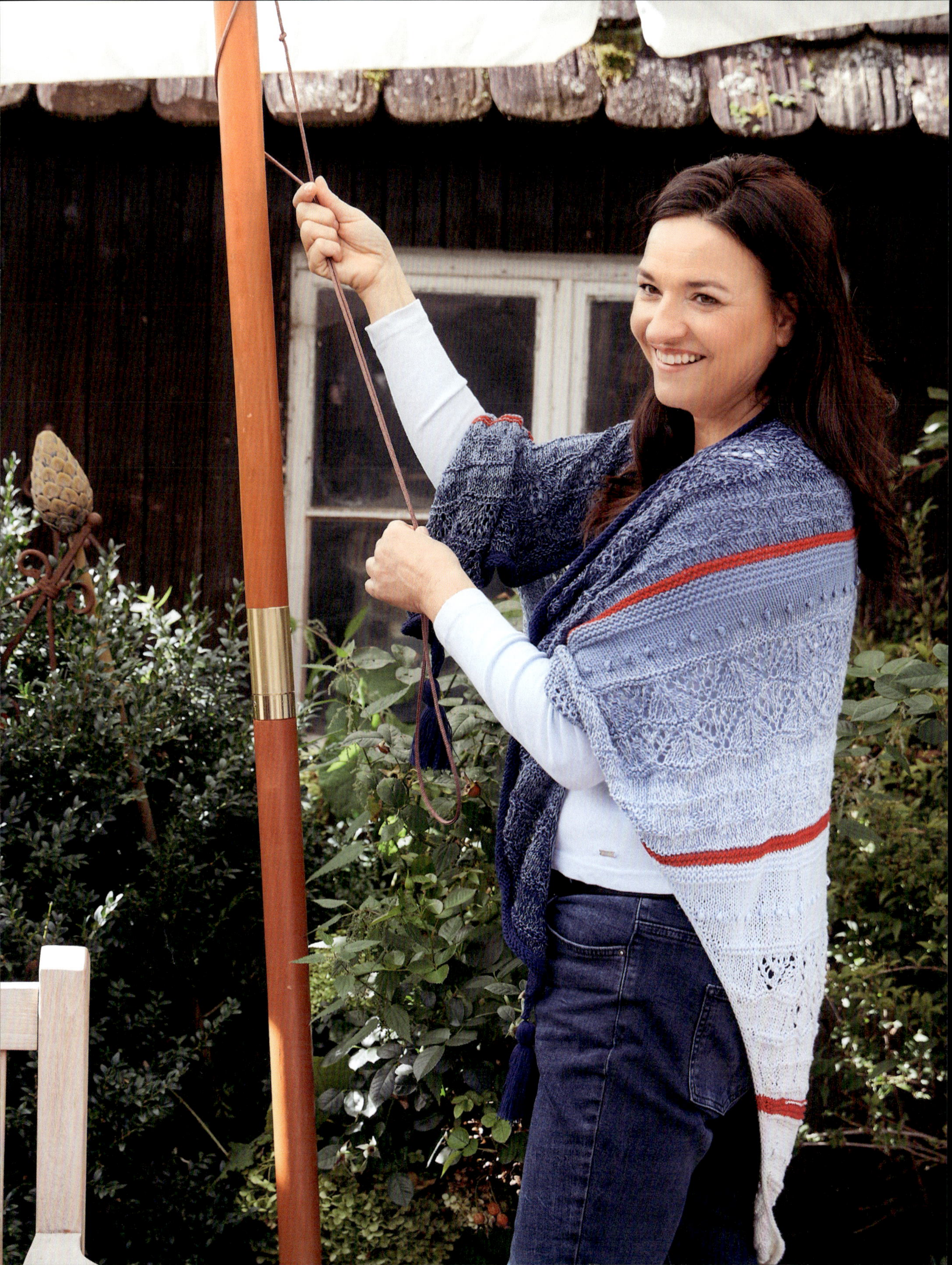

BOBBLE

Hinr: 1 M rechts, * [1 kfbfb, Arbeit wenden, 4 M links zusammenstr, Arbeit wenden, 1 M rechts] in 1 M, 3 M rechts, ab * fortlaufend wdh.
Rückr: Alle M links str.

Beim Zusammenstr der 4 M muss man aufpassen, dass man nicht verschentlich eine 5. M erwischt. Durch das gefachte Garn ist es noch etwas schwieriger, deshalb nicht nur die M zählen, sondern auch die Fäden. Immer schön kontrollieren ☺.

Man kann Bobble auch ohne zu wenden str. Dazu findest du ein Video auf dem Youtube-Kanal »Der kleine Strickladen«: www.frech.de/27032NoppenStrickenOhneWenden

RAND

1. R: 4 Rdm (= 3 M abheben, 1 M rechts), 1 kfb, Mittelteil je nach Muster, 1 kfb, 4 Rdm (= 4 M rechts).
2. R: 4 Rdm (= 3 M abheben, 1 M links), Mittelteil je nach Muster, 4 Rdm (= 4 M links).
Diese 2 R werden ständig wiederholt. Das heißt, immer die 4 Rdm str und jeweils in der Hinr rechts bzw. links neben den Rdm je 1 M durch kfb zunehmen.

I-CORD RAND

Hinr: Die ersten 3 M wie zum Linksstricken abheben, Faden liegt hinter der Nadel. 1 M rechts str, dabei den Faden etwas anziehen. Die letzten 4 M rechts str.
Rückr: Die ersten 3 M wie zum Linksstricken abheben, Faden liegt vor der Nadel. 1 M links str, dabei den Faden etwas anziehen. Die letzten 4 M links str.
Durch das Abheben der ersten M zieht sich der Rand ein wenig zusammen. Es bildet sich eine kleine Rolle.

JETZT GEHT ES LOS

Die Anleitung ist auf den Farbverlauf dieser speziellen Inselglückwicklung abgestimmt. Durch unterschiedliches Stricken (fester oder lockerer) kann es in der Zahl der Reihen Verschiebungen geben. Jeweils in dem kraus rechts gestrickten Abschnitt kann die R-Zahl problemlos angepasst werden. In diesem Abschnitt soll das zwischen den Verlauf geknüpfte Rot sein.

Das Tuch wird von der Spitze aus gestrickt.
Aus der Mitte des Bobbels mit dem hellen Teil beginnen.
Den Rand schreibe ich nur anfangs dazu, er wird über die gesamte Arbeit immer weitergeführt.
10 M anschl.
Nach den ersten 4 M und vor den letzten 4 M einen MM setzen.

1. ABSCHNITT

14 R glatt rechts str.

Im Detail, zum besseren Verständnis:
1. R: 4 Rdm (= 3 M abheben, 1 M rechts), 1 kfb, 1 kfb, 4 Rdm (= 4 M rechts).
2. R: 4 Rdm (= 3 M abheben, 1 M links), 4 M links, 4 Rdm (= 4 M links)
3. R: 4 Rdm (= 3 M abheben, 1 M rechts), 1 kfb, 2 M rechts, 1 kfb, 4 Rdm (= 4 M rechts).
4. R: 4 Rdm (= 3 M abheben, 1 M links), 6 M links, 4 Rdm (= 4 M links)
In dieser Art fortfahren bis zur 14. R; den Rand (= auf beiden Seiten 4 Rdm) über alle R fortführen.

2. ABSCHNITT

20 R kraus rechts str.

3. ABSCHNITT

4 R glatt rechts str.

4. ABSCHNITT

10 R Herzmuster str.
Die M rechts und links neben dem Muster, die nicht in den Rapport passen, werden kraus rechts gestrickt.

MM setzen und über das Muster gesetzt lassen.

5. ABSCHNITT

6 R glatt rechts str.

6. ABSCHNITT

18 R Wellenmuster str.
In der 1.-4. R und der 15.-18. R werden die M rechts und links neben dem Muster, die nicht in den Rapport passen, kraus rechts gestrickt.
Im Mittelteil des Wellenmusters in der 5.-14. R werden die M rechts und links neben dem Rapport glatt rechts gestrickt.

MM setzen und über das Muster gesetzt lassen.

7. ABSCHNITT

6 R glatt rechts str.

8. ABSCHNITT

2 R Bobble str.

9. ABSCHNITT

6 R glatt rechts str.

10. ABSCHNITT

10 (nach Bedarf auch 12 oder 14) R kraus rechts str.
In diesem Abschnitt muss das Rot verstrickt werden.
Falls die Farbaufteilung nicht passt, weil man lockerer oder fester strickt, kann man hier 2 oder 4 R zusätzlich arb.
Falls das Rot schon im vorherigen Abschnitt (bei glatt rechts) aufgetaucht ist, wird der kraus rechts gestrickte Abschnitt entsprechend verkürzt.

11. ABSCHNITT

6 R glatt rechts str.

12. ABSCHNITT

10 R Herzmuster str.
Die M rechts und links neben dem Muster, die nicht in den Rapport passen, werden kraus rechts gestrickt.

13. ABSCHNITT

8 R glatt rechts str.

14. ABSCHNITT

32 R Wellenmuster str.
Gestrickt wird dafür das Muster einmal gesamt und in der Wiederholung ab der 5. R bis Ende.
In den der 1.-4. R, der 15.-18. R und der 29.-32 R werden die M rechts und links neben dem Muster, die nicht in den Rapport passen, kraus rechts gestrickt.
Im Mittelteil des Wellenmusters in der 5.-14. R und der 19.-28. R werden die M rechts und links neben dem Rapport glatt rechts gestrickt.

15. ABSCHNITT

6 R glatt rechts str.

16. ABSCHNITT

2 R Bobble str.

17. ABSCHNITT

6 R glatt rechts str.

18. ABSCHNITT

Wie den 10. Abschnitt str.
Den 11.-18. Abschnitt noch einmal komplett wiederholen und dann noch einmal nur den 11.-14. Abschnitt arb.
Noch 12 R glatt rechts str, dann wird abgekettet.
Hier braucht es ein wenig Augenmaß: Falls die Wolle knapp wird, strickt man nur 10 R glatt rechts – hat man zu viel Wolle übrig, kann man auch 14 R glatt rechts str.

Achtung: Das Abketten mit I-Cord braucht mehr Wolle als einfaches Abketten.

ABKETTEN

Um passend zum gestrickten Rand eine Kordel (I-Cord) abk zu können, müssen rechts vor der 1.M noch 3 M aufgenommen werden.
Das funktioniert entweder über Aufschlingen, oder man strickt aus der 1. M eine neue M heraus, legt sie auf die linke Nadel, strickt aus dieser neuen M wieder eine M heraus und legt sie auf die Nadel. Das noch einmal wdh.

Jetzt wird abgekettet:
3 M rechts, 2 M rechts verschränkt zusammenstr.
Alle 4 M zurück auf die linke Nadel legen und von vorn arb, wieder 3 M rechts, 2 M rechts verschränkt zusammenstr und das wdh bis zu den letzten 4 M.
Am Ende dann 2 M rechts, 2 M rechts verschränkt zusammenstr.
Dann 1 M rechts, 2 M rechts verschränkt zusammenstr.
Die letzten 2 M überziehen, Faden abschneiden und durch die M ziehen.

Das Tuch baden und spannen. Fäden vernähen. Jetzt ist es geschafft!

Aus dem Restgarn des Bobbels (oder falls nicht genug übrig ist, aus einem passenden Garn) kann man Quasten fertigen und an den Ecken des Tuchs befestigen.

Herzlichen Glückwunsch und viel Spaß mit deinem Tuch Inselglück.

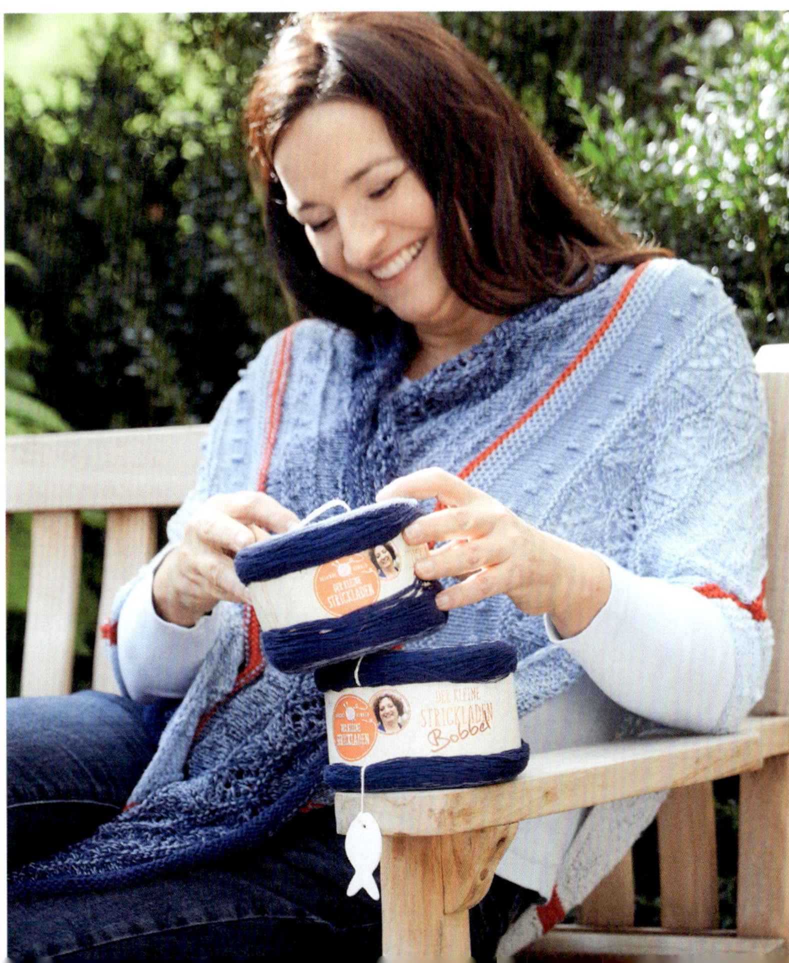

Sweet Winter

TUCH

»Wie bist du eigentlich auf die Idee mit der Schneelandschaft samt Tannenbäumen gekommen?« Chloe legte sich das Tuch über die Schultern und ließ es ein bisschen hin und her schwingen. »Keine Ahnung. Manchmal stricken meine Hände, bevor mein Kopf denken kann«, sagte ich. »Das war so ein Moment.«

GRÖSSE
Höhe ca. 60 cm,
Spannweite ca. 200 cm

FORM
Halbrund

MATERIAL
- woolhouse.de Der kleine Strickladen Spezialwicklung Verlaufsgarn in Winterfrosttönen mit Glitzer (LL 1000 m/270 g) Sweet Winter light oder Sweet Winter dark, 1 Bobbel
- Rundstricknadel 3,5 mm, 100 - 120 cm lang
- 9 Maschenmarkierer

MASCHENPROBE
Glatt rechts mit Nd 3,5 mm sind 22 M und 28 R = 10 cm x 10 cm.

MUSTER

KRAUS RECHTS
In Hin- und Rückr rechte M str.

GLATT RECHTS
In Hinr rechte M, in Rückr linke M str.

PERLMUSTER
1. R: 1 M rechts, 1 M links.
2. R: 1 M links, 1 M rechts.

(Das heißt: rechte und linke M werden in der 2. R versetzt gestrickt.)

EISSPRENGSEL
Über 4 M und 8 R.
1. R: 3 M rechts, 1 M links.
2. R: Alle M links str.
3. R: Alle M rechts str.
4. R: Alle M links str.
5. R: 1 M rechts, 1 M links, 2 M rechts.
6. R: Alle M links str.
7. R: Alle M rechts str.
8. R: Alle M links str.

SCHNEEWEHEN
Über 8 M und 6 R.
1. R: 1 M links, 7 M rechts.
2. R: 1 M rechts, 5 M links, 1 M rechts, 1 M links.
3. R: 2 M rechts, 1 M links, 3 M rechts, 1 M links, 1 M rechts.
4. R: 2 M links, 1 M rechts, 1 M links, 1 M rechts, 3 M links.
5. R: 4 M rechts, 1 M links, 3 M rechts.
6. R: 8 M links.

TANNENBÄUME
Alle M kraus rechts str. In der Hinr vor der M vor dem MM und nach der M nach dem MM jeweils einen U machen und in der Rückr rechts str, sodass sich ein kleines Loch ergibt. Das Muster wird immer breiter, wie ein Tannenbaum. Die Zunahmen bleiben in der Mitte, rechts und links der beiden mittleren M dieses Bereichs.

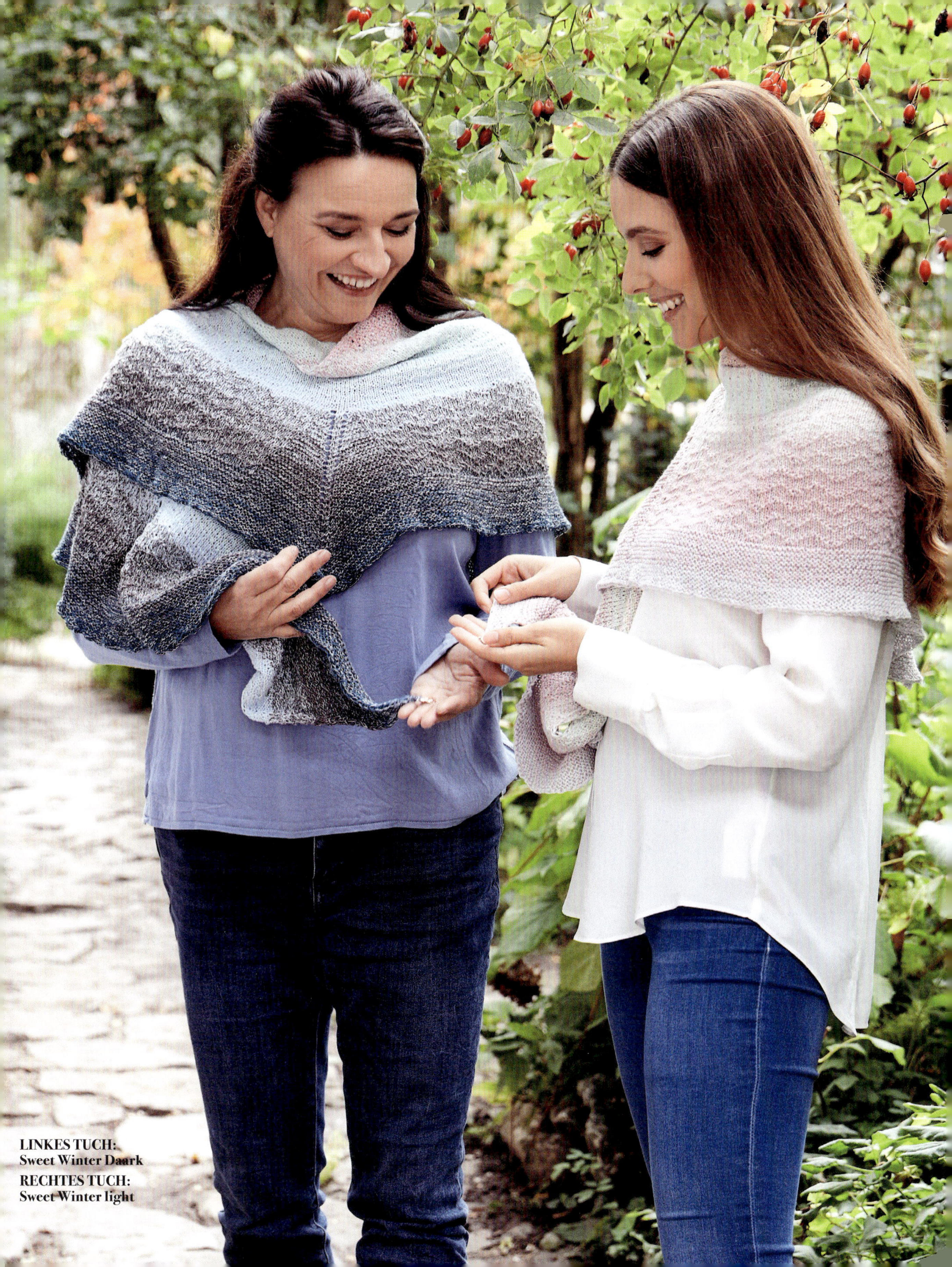

LINKES TUCH:
Sweet Winter Daark
RECHTES TUCH:
Sweet Winter light

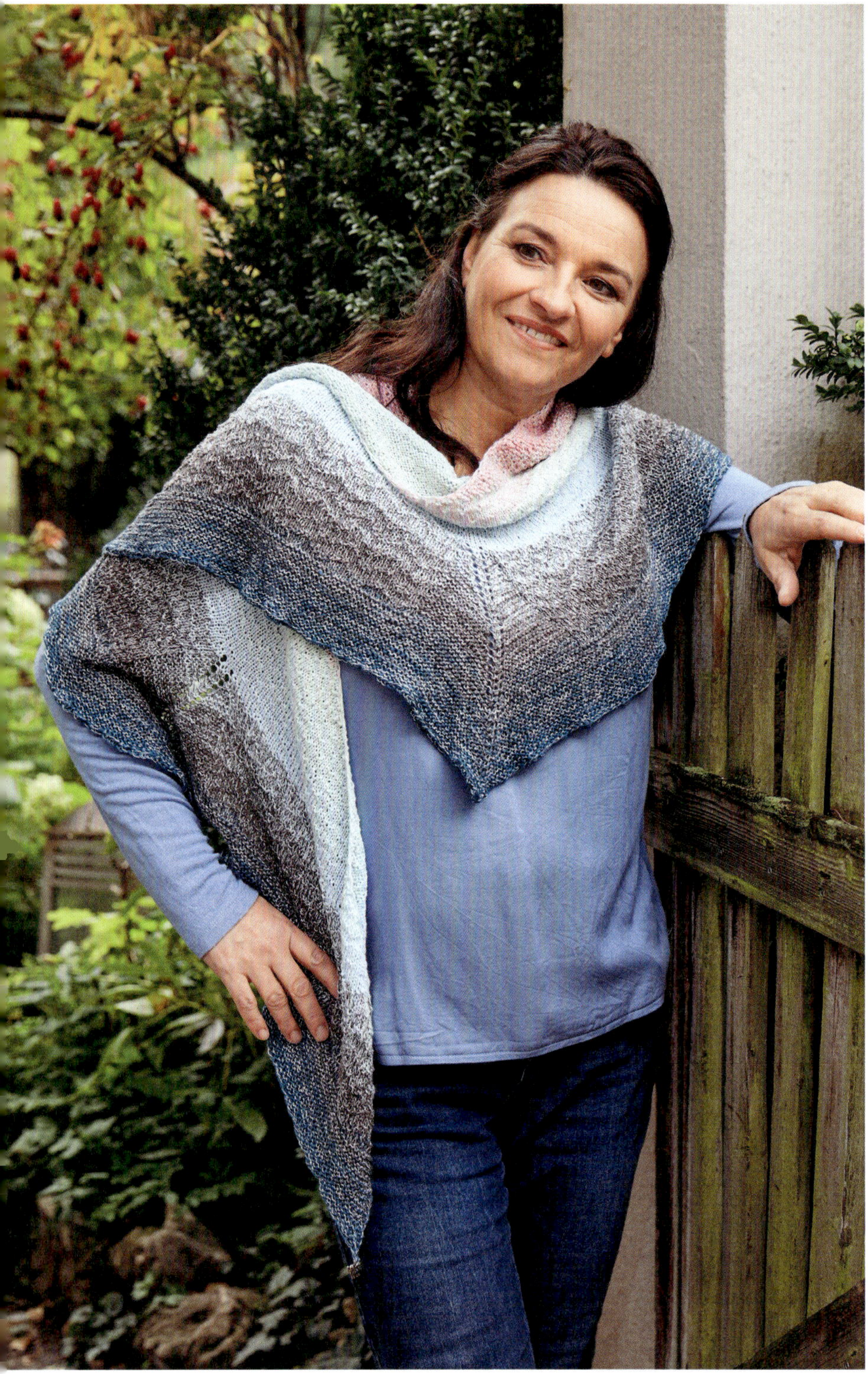

ZUNAHMEN BIS ZUR 120. R

1. R: 1 Rdm, 1 kfbf, Mittelteil mit Muster (wird in jeder Reihe nach rechts und links erweitert), 1 kfbf, 1 Rdm.
2. R: 1 Rdm, 1 kfb, Mittelteil mit Muster (wird in jeder Reihe nach rechts und links erweitert), 1 kfb, 1 Rdm.

Die Rdm locker stricken, damit sich das fertige Strickstück gut dehnt. Falls das schwierig ist, kann man nach der Rdm einen U machen und in der nächsten Reihe wieder fallen lassen, so bekommt die M automatisch mehr Faden.

ELASTISCH ABKETTEN

1 M rechts, * 1 M rechts, beide M zurück auf die linke Nadel legen und 2 M rechts verschränkt zusammenstr, ab * wdh bis zur letzten M.

JETZT GEHT ES LOS

Das Tuch wird von der oberen Mitte aus gestrickt.
Den Bobbel von der Mitte aus verstr.
9 M anschl.
An die Zunahmen am Anfang und Ende jeder Reihe denken!
1.-60. R: Im Perlmuster str.

Zu Beginn und Ende des Musters einen MM setzen, so weiß man immer, wo der Start bzw. das Ende war und kann entsprechend nach rechts und links das Muster erweitern. Das gilt auch für die Eissprengsel.

61.-120. R: Eissprengsel str.
In Verlauf der 120. R verteilt 7 M aus dem Querfaden aufnehmen, damit die Aufteilung für Schneewehen und Tannenbäume passt.

Achtung! Ab der 121. R fallen die Zunahmen am Rand weg.
121.-162. R: Hier werden MM benötigt. Am besten unterschiedliche, damit immer klar zu erkennen ist, welcher den Tannenbaumstamm markiert, vor und nach dem die U gearbeitet werden. In der R-Anzeige unten sind diese MM fett gedruckt.
Das Muster sind Schneewehen und Tannenbäume: Die M zwischen dem Schneewehen-Muster werden die Tannenbäume. Der Anteil kraus rechts Muster bei den Tannenbäumen wird rechts und links der Zunahmen immer breiter. Die M-Zahl beim Schneewehen-Muster bleibt immer gleich.

Die ersten Reihen Masche für Masche:
121. R: 1 Rdm, 88 M Schneewehen, MM, 1 U, 1 M rechts, **MM**, 1 M rechts, 1 U, MM, 96 M Schneewehen, MM, 1 U, 1 M rechts, **MM**, 1 M rechts, 1 U, MM, 96 M Schneewehen, MM, 1 U, 1 M rechts, **MM**, 1 M rechts, 1 U, MM, 88 M Schneewehen, 1 Rdm.
122. R: (die Umschläge werden offen rechts gestrickt) 1 Rdm, 88 M Schneewehen, MM, 2 M rechts, **MM**, 2 rechts, **MM**, 96 M Schneewehen, MM, 2 M rechts, **MM**, 2 M rechts, MM, 96 M Schneewehen, MM, 2 M rechts, **MM**, 2 M rechts, MM, 88 M Schneewehen, 1 Rdm.
123. R: 1 Rdm, 88 M Schneewehen, MM, 1 M rechts, 1 U, 1 M rechts, **MM**, 1 M rechts, 1 U, 1 M rechts, MM, 96 M Schneewehen, MM, 1 M rechts, 1 U, 1 M rechts, **MM**, 1 M rechts, 1 U, 1 M rechts, MM, 96 M Schneewehen, MM, 1 M rechts, 1 U, 1 M rechts, **MM**, 1 M rechts, 1 U, 1 M rechts, MM, 88 M Schneewehen, 1 Rdm.
Ab der 163. R bis der Bobbel zu Ende ist, alle M kraus rechts str. Nur die 3 MM in der Mitte der Tannenbäume werden jetzt noch benötigt. Dort werden weiter U gemacht, aber ab jetzt in der nächsten R rechts verschränkt gestrickt, es sollen keine Löcher mehr entstehen.
In der letzten R alle M elastisch abk.

HINWEIS: Man braucht etwa die fünffache Fadenlänge der R-Länge für das elastische Abk.

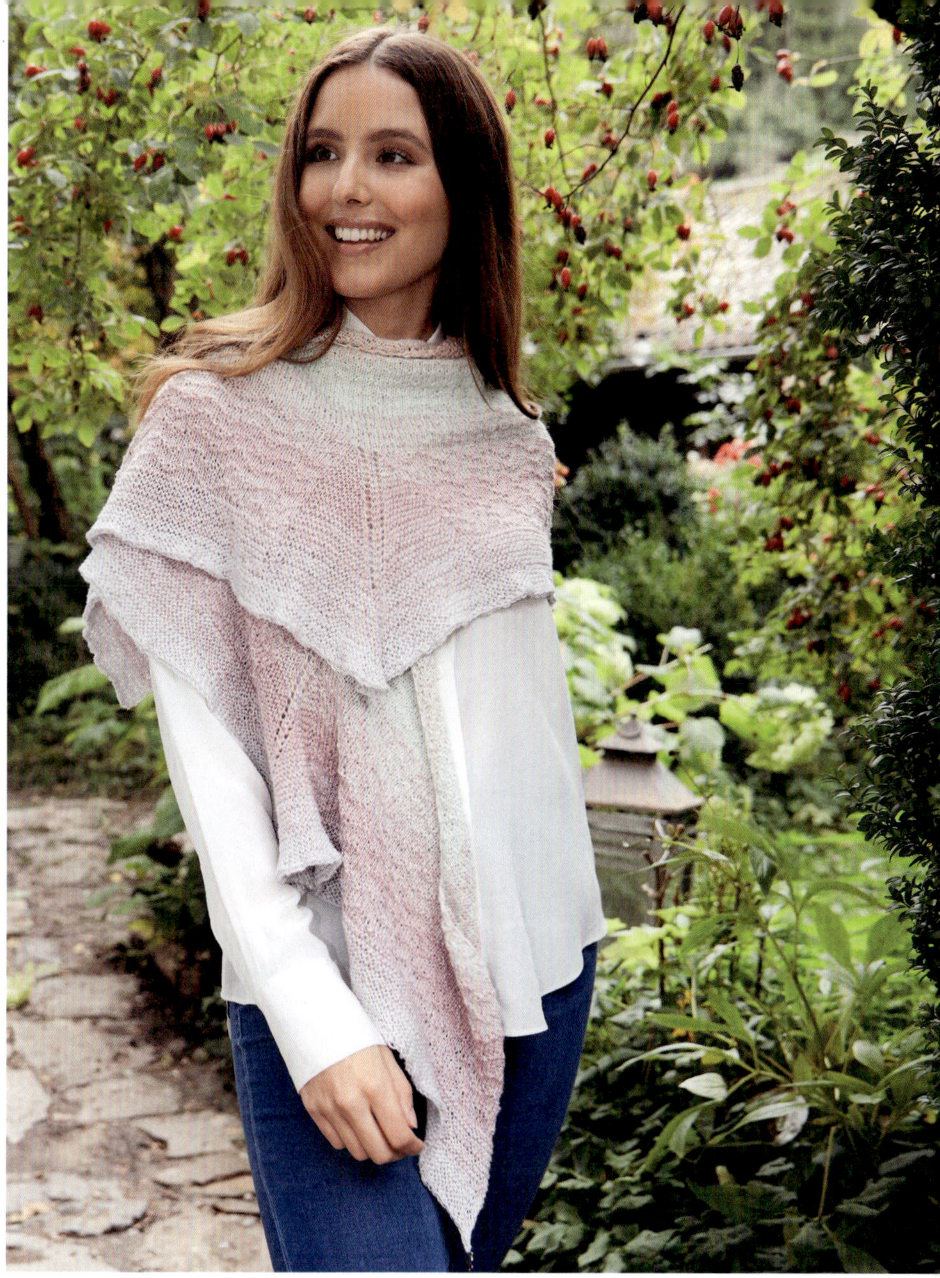

Ein Video zum elastischen Abketten findet ihr auf dem Youtube-Kanal »Der kleine Strickladen«: www.frech.de/27032ElastischAbketten

Möge dein Tuch Sweet Winter dir die kalte Jahreszeit versüßen.

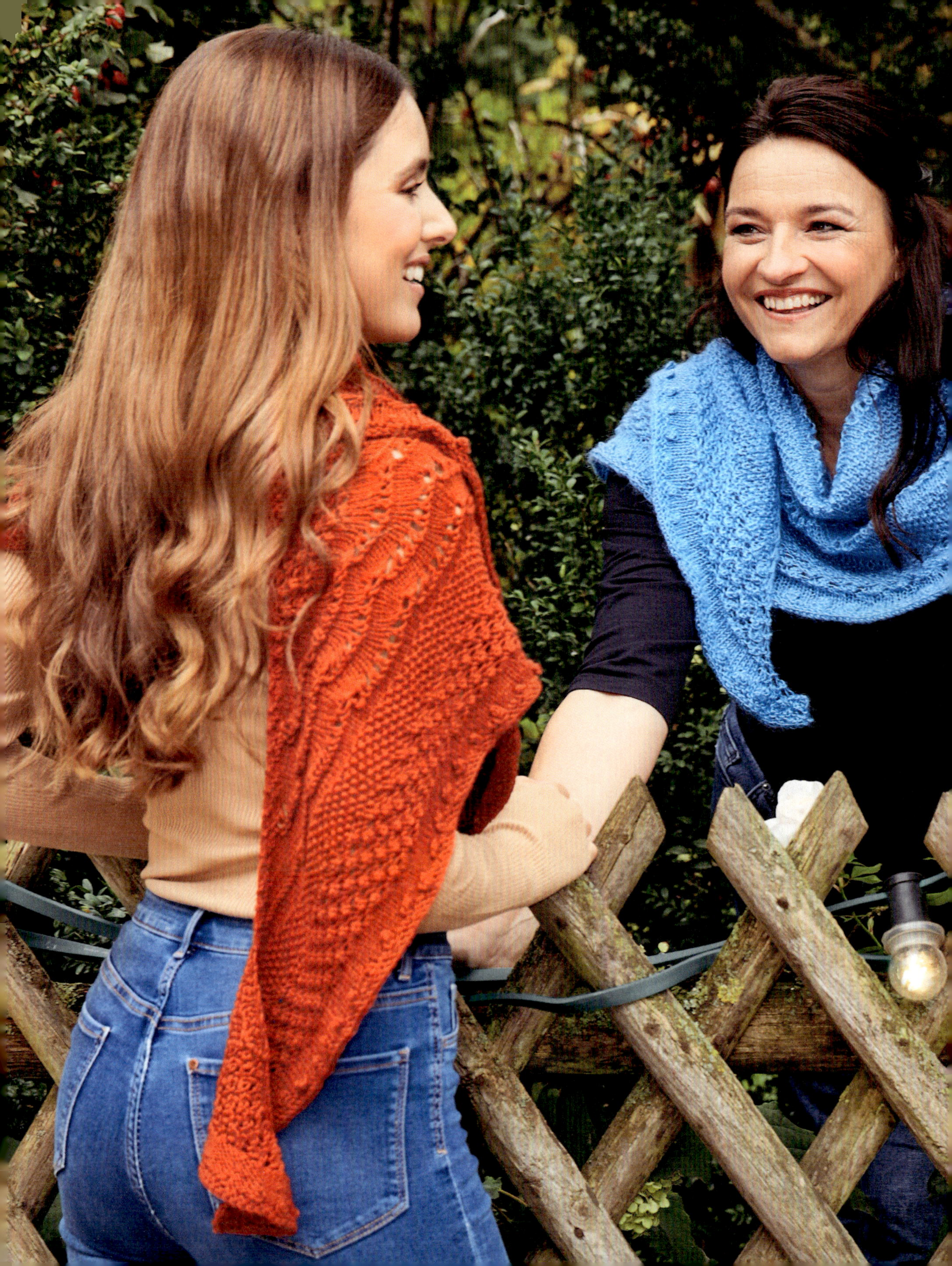

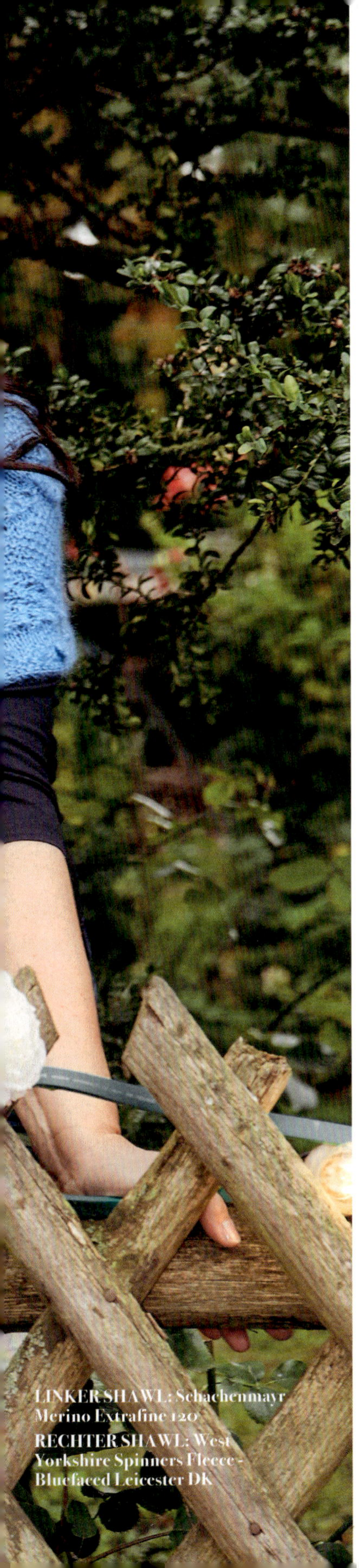

LINKER SHAWL: Schachenmayr Merino Extrafine 120
RECHTER SHAWL: West Yorkshire Spinners Fleece - Bluefaced Leicester DK

Velvet Dreams

SHAWL

Ich stand atemlos von all der Schönheit inmitten der Highlands. Es kam mir vor, als befände ich mich in einem samtenen Traum, der sich weich auf meine Seele legte.

GRÖSSE
Höhe ca. 50 cm,
Spannweite ca. 200 cm

FORM
Halbrund

MATERIAL
- Schachenmayr Merino Extrafine 120 (LL 120 m/50 g) in Passion meliert (Fb 127), 250 g
- Rundstricknadel 4,0 mm, 120 cm lang

ALTERNATIV-MATERIAL
- West Yorkshire Spinners Fleece - Bluefaced Leicester DK (LL 225 m/100 g) in Ravine (Fb 1041) 300 g
- Rundstricknadel 4,0 mm, 120 cm lang

MASCHENPROBE
Glatt rechts mit Nd 4,0 mm sind 22 M und 28 R = 10 cm x 10 cm.

HINWEIS: Die Garnangabe wurde dem aktuellen Sortiment der Spinnerei angepasst, entspricht aber der Wolle aus dem Roman.

Du kannst das Tuch auch wie die Sweet Times Stulpen von S. 65 mit der Illustrious stricken – oder die Stulpen mit der gleichen Wolle wie das Tuch – schon hast du ein passendes Set.

MUSTER

HINWEIS: Die Muster immer nur von 1 M nach bis 1 M vor der kfb bzw kfbf str. Wenn es nicht ganz aufgeht, strickst du die ersten und letzten M glatt rechts. Den Rapport der Muster so oft wiederholen, wie es zur aktuellen M-Zahl passt.

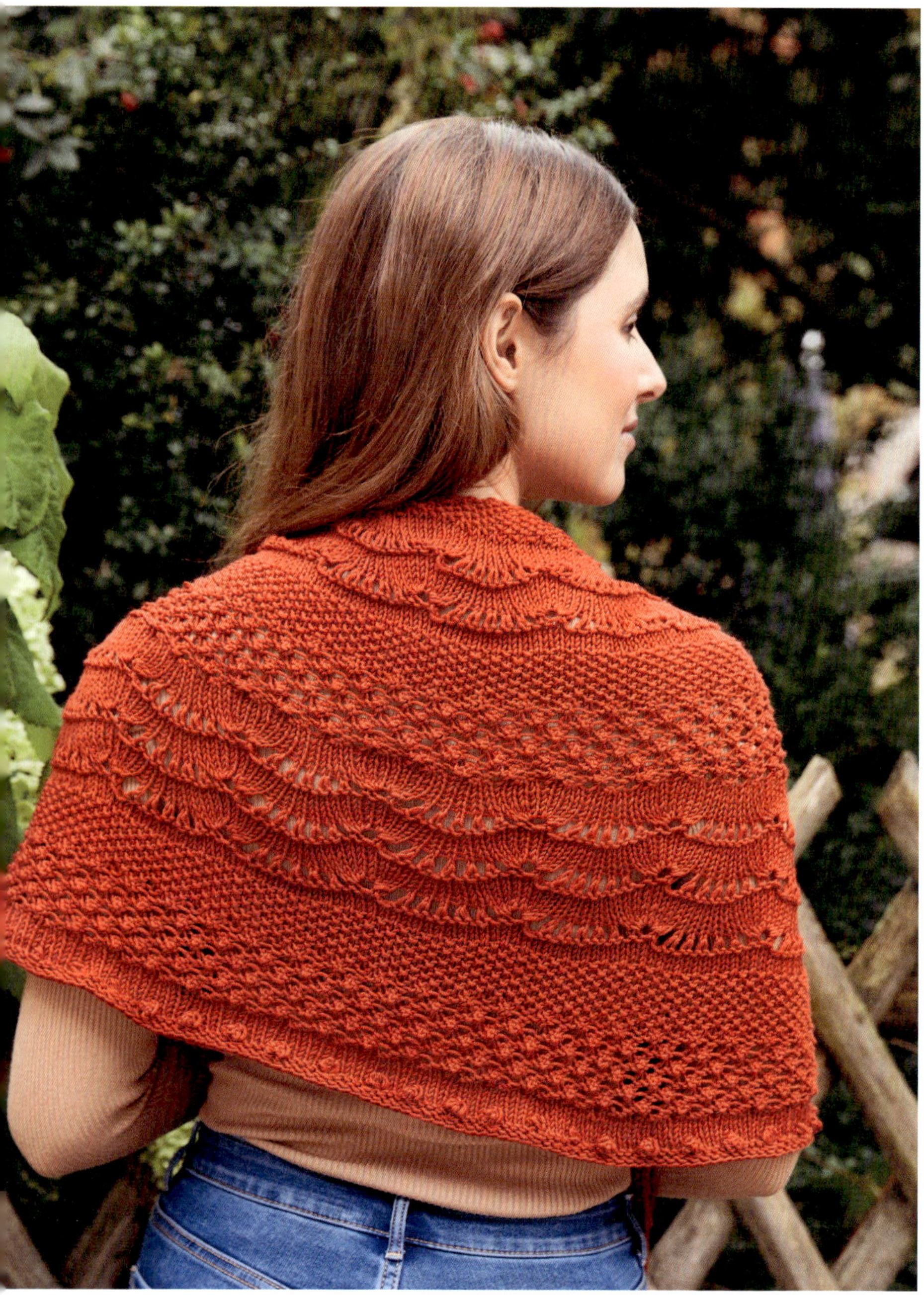

KRAUS RECHTS
In Hin- und Rückr rechte M str.

GLATT RECHTS
In Hinr rechte M, in Rückr linke M str.

PERLMUSTER
1. R: 1 M rechts, 1 M links.
2. R: 1 M links, 1 M rechts.
(Das heißt: rechte und linke M werden in der 2. R versetzt gestrickt.)

DREIERSTICHMUSTER
Über 4 M und 4 R.
1. R: Alle M links str.
2. R: 1 kfbf, 3 M links zusammenstr.
3. R: Alle M links str.
4. R: 3 M links zusammenstr, 1 kfbf.

BOGEN
Über 13 M und 8 R.
1. R: Alle M rechts str.
2. R: Alle M links str.
Die 1. und 2. R insgesamt 3x str.
7. R: 4 M rechts zusammenstr, 2 U, 1 M rechts, 2 U, 1 M rechts, 2 U, 1 M rechts, 2 U, 1 M rechts, 2 U, 1 M rechts, 2 U, 4 M rechts verschränkt zusammenstr.
8. R: Alle M rechts str, bei den U immer die erste Schlaufe str und die zweite von der Nadel rutschen lassen.

BOBBLE
1 kfbfb, Arbeit wenden, 4 M links, Arbeit wenden, 4 M rechts verschränkt zusammenstr.

▶ Man kann Bobble auch ohne zu wenden str. Dazu findest du ein Video auf dem Youtube-Kanal »Der kleine Strickladen«: www.frech.de/27032NoppenStrickenOhneWenden

BOBBLEMUSTER
Hinr: 1 M rechts, * 1 Bobble, 3 M rechts, ab * fortlaufend wdh.
Rückr: Alle M rechts str.

GARTER TAB ANSCHLAG
2 M anschl.
9 R kraus rechts str, Arbeit um 90° nach rechts drehen, an der Seite entlang 5 M aufnehmen und direkt str,

Arbeit um 90° nach rechts drehen, aus der Anschlagkante 2 M aufnehmen und str = insgesamt 9 M auf der Nadel.

▶ Wer den Garter Tab M-Anschlag nicht kennt und mit der Erklärung alleine nicht zurechtkommt - es gibt ein Video dazu auf dem Youtube-Kanal »Der kleine Strickladen«: www.frech.de/27032GarterTapAnschlag

ZUNAHMEN (über das ganze Tuch hinweg bis zur 113. R)
In jeder ungeraden R in die zweite und vorletzte M kfbf str.
In jeder geraden R in die zweite und vorletzte M kfb str.

JETZT GEHT ES LOS

Das Tuch wird im Halbrund von oben nach unten gearbeitet.
Einen Garter Tab str oder alternativ 9 M anschl.
An die Zunahmen am Anfang und Ende jeder Reihe denken!

MUSTERAUFTEILUNG
1.-16. R: Im Perlmuster str (= 57 M nach der 16. R).
17.-32. R: Bogen str (= 105 M nach der 32. R).
33.-36.R: Glatt rechts str (= 117 M nach der 36. R).
37.-46. R: Im Perlmuster str (= 147 M nach der 46. R).
47.-58. R: Im Dreierstichmuster str (= 183 M nach der 58. R).
59.-82. R: Bogen str (= 255 M nach der 82. R).
83.-86.R: Glatt rechts str (= 267 M nach der 86. R).
87.-96. R: Im Perlmuster str (= 297 M nach der 96. R).
97.-108. R: Im Dreierstichmuster str (= 333 M nach der 108. R).

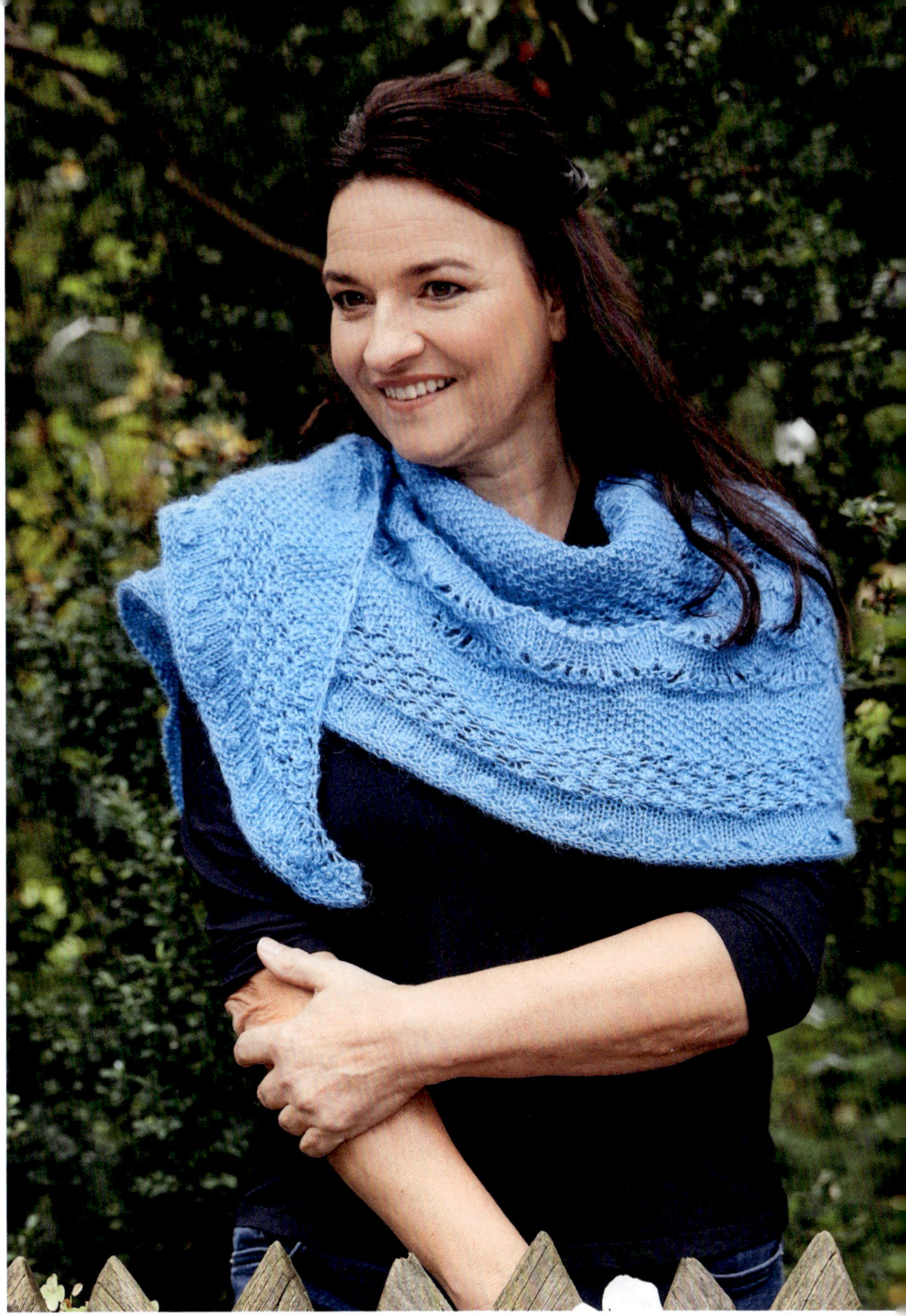

109.-114. R: Glatt rechts str (= 349 M nach der 113. R).
Ab Reihe 114 keine Zunahmen mehr arb!
115.+116. R: Im Bobblemuster str.
117.+118. R: Kraus rechts str.
119. R: 1 M rechts, * 1 M rechts, beide M zurück auf die linke Nadel legen und 2 M rechts verschränkt zusammenstr, ab * wdh bis zur letzten M.

Fäden vernähen, Tuch spannen und fertig.

Du hast es geschafft! Ich wünsche dir viel Freude mit deinem Tuch gewordenen Traum.

Freundschaft

DREIECKS-TUCH

»Stricken verbindet«, sagte Chloe und ließ die Nadeln tanzen. »Aber dieses Tuch kann noch mehr«, erklärte sie. Andächtig betrachtete sie ihre Arbeit. »Es ist, als würde es Masche für Masche von unserer Freundschaft erzählen.« Ich beugte mich zu Chloe hinüber und gab ihr ein Küsschen auf die Wange. »Das hast du schön gesagt. Genau so empfinde ich es auch.«

GRÖSSE
ca. 180 cm x 100 cm

FORM
Asymmetrisches Dreieck

MATERIAL

- Schachenmayr Alva Silk (LL 210 m/50 g) in Denim (Fb 51) und Indigo (Fb 50), je 100 g, in Natur (Fb 2), Wolke (Fb 53) und Gold (Fb 22), je 50 g
- Rundstricknadel 3,0 mm, 120 cm lang

ALTERNATIV-MATERIAL

- West Yorkshire Spinners Elements (LL 122 m/50 g) in Cool Aloe (Fb 1102) und Moonlight (Fb 1101), je 100 g, in Seashell (Fb 1100), Fresh Water (Fb 1106) und Cherry Blossom (Fb 1105), je 50 g
- Rundstricknadel 5,0 mm, 120 cm lang

MASCHENPROBE
Glatt rechts mit Alva Silk und Nd 3,0 mm sind 18 M und 24 R = 10 cm x 10 cm; mit Elements und Nd 5,0 mm sind 18 M und 24 R = 10 cm x 10 cm.

MUSTER

GLATT RECHTS
In Hinr rechte M, in Rückr linke M str.

KRAUS RECHTS
In Hin- und Rückr rechte M str.

NETZMUSTER
1. R: * Die 3. M von links nach rechts über die ersten 2 M ziehen. Jetzt 1 M rechts, 2 U, 2 M rechts, ab * wdh bis vor die letzten 2 M der R.

HINWEIS: Wenn es am Ende der R zwischen dem Mustersatz und den letzten 2 M Zwischen-M gibt, werden diese rechts gestrickt.

2. R: Alle M rechts str, dabei den 1. U jeweils als 1 M rechts str und den 2. U auflösen.
3. R: 2 M rechts und dann den Mustersatz aus der 1. R arb.
4. R: Wie die 2. R str.

ÄHRE 1
5 R unter der nächsten M einstechen, den Faden holen. Jetzt 4 R, dann 3 R, 2 R und 1 R unter derselben M einstechen und immer den Faden holen. Die Schlaufe immer so groß ziehen, dass sie gut auf der Nadel liegt und nicht spannt.
Die M, unter der eingestochen wurde, rechts str, dann die Schlaufen nacheinander – beginnend bei der ersten von außen – über die gerade gestrickte M ziehen.

ÄHRE 2
Wie Ähre 1, aber nur 3 R tief arb.
Das heißt: Erst 3 R, dann 2 R, dann 1 R unter der nächsten M einstechen und jeweils den Faden holen.

ÄHRENMUSTER
* 4 M rechts, Ähre 1, 4 M rechts, Ähre 1, 4 M rechts, Ähre 2, 4 M rechts, Ähre 1, 2 M rechts, Ähre 2, 2 M rechts, Ähre 2, 2 M rechts, Ähre 1, 4 M rechts, Ähre 1, 4 M rechts, Ähre 2, 4 M rechts, Ähre 2, 4 M rechts, Ähre 1, 2 M rechts, Ähre 1, 2 M rechts Ähre 2, 2 M rechts, Ähre 2, ab * bis zum R-Ende wdh.
In der Rückr linke M str.

Ein Video zum Ährenmuster findest du ein Video auf dem YouTube-Kanal »Der kleineStrickladen«: www.frech.de/27032Aehrenmuster

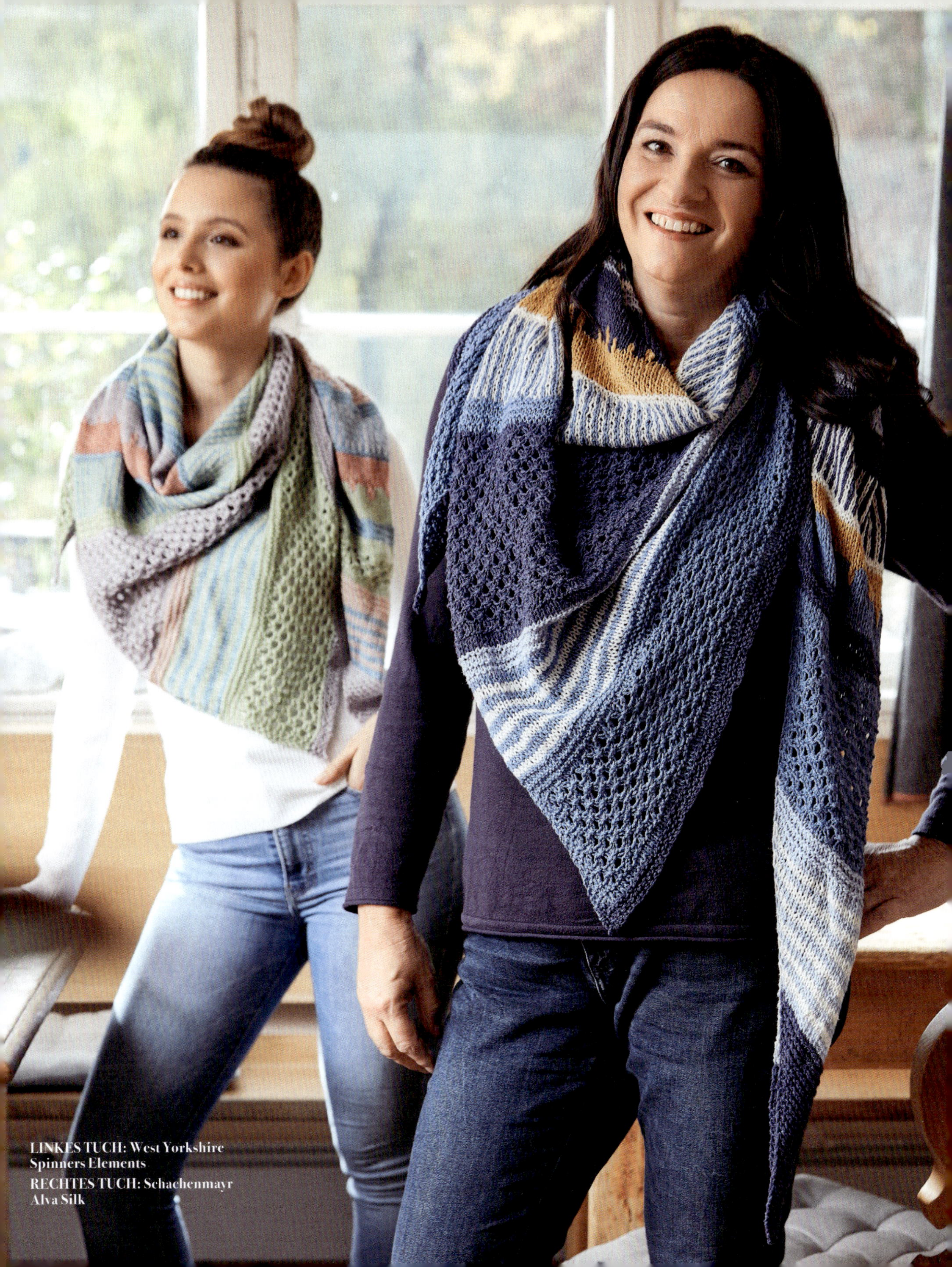

LINKES TUCH: West Yorkshire Spinners Elements
RECHTES TUCH: Schachenmayr Alva Silk

VERTIKALE STREIFEN

Glatt rechts 2 Farben immer abwechselnd str. Die 3 Rdm am Anfang der Reihe nur in einer Farbe str.

Man kann zuerst Farbe 1 str und jede 2. M wie zum Links-Str abheben. Am Ende der Reihe schiebt man das Strickstück ans andere Ende der Nadel zurück, strickt die vorher abgehobenen M mit Farbe 2 und hebt die eben gestrickten M wie zum Links-Str ab.

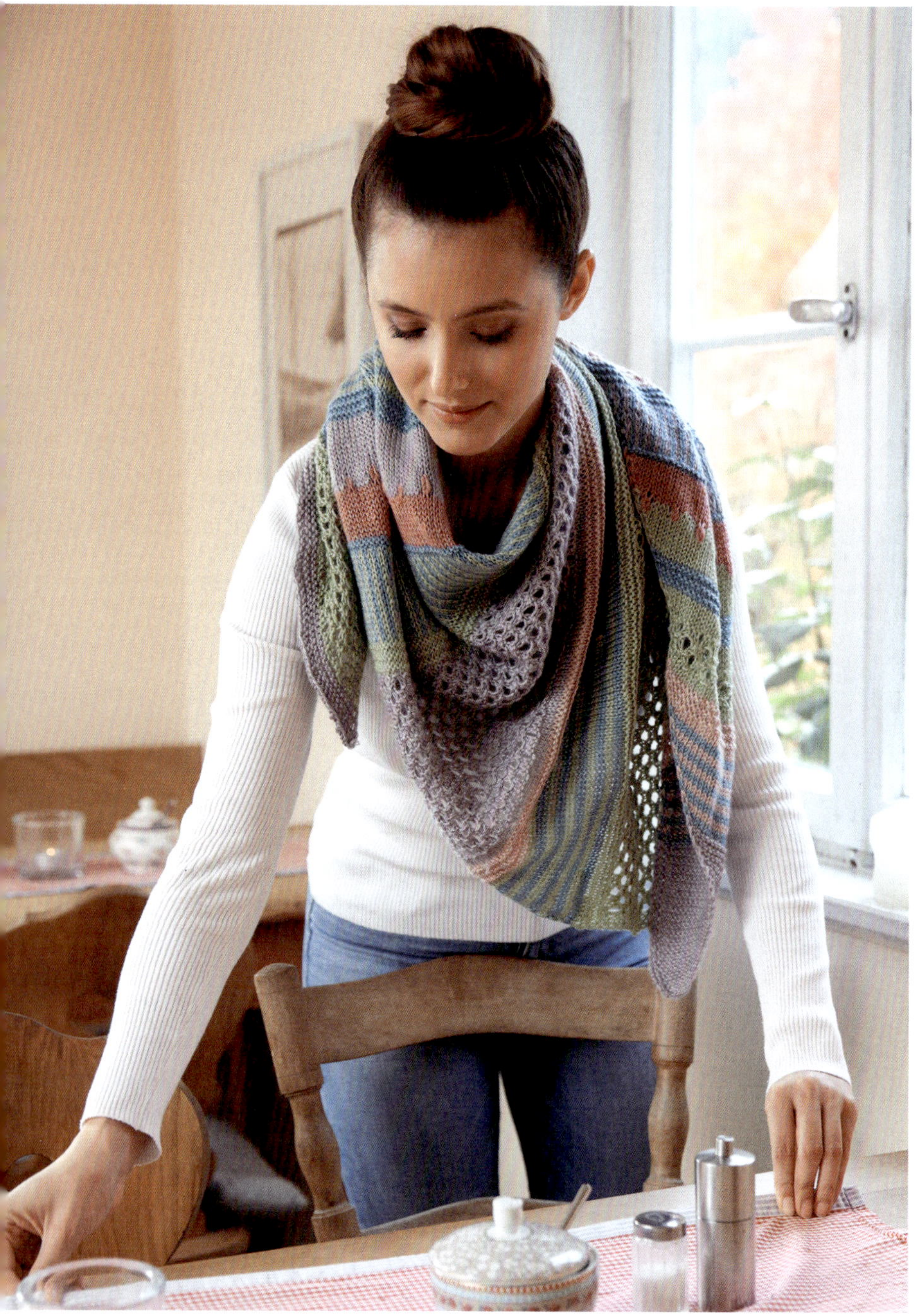

RAND

Hinr: Die ersten 3 M 1 M rechts, 1 M links, 1 M rechts str, die letzte M wie zum Links-Str abheben (Faden vor der Arbeit).

Rückr: Die 1. M rechts, die letzten 3 M 1 M rechts, 1 M links, 1 M rechts str.

HINWEIS: Bei dem glatt rechts gestrickten Teil mit dem Farbwechsel alle 2 R wird der Rand durch das Perlmuster unruhig. Wer das nicht möchte, kann in diesem Bereich den Rand auch kraus rechts str.

ZUNAHMEN

(über das ganze Tuch hinweg)

In jeder ungeraden R in die vorletzte M kfb arb.

Das war es auch schon an Informationen vorab. Jetzt kannst du losstricken. Und denk dran, in jeder ungeraden Reihe ist die vorletzte Masche eine kfb.

JETZT GEHT ES LOS

Die Angaben zum Alternativ-Garn stehen in den Klammern.
7 M in Indigo (Moonlight) anschl.

MUSTER- UND FARBAUFTEILUNG

1.-40. R: Kraus rechts in Indigo (Moonlight) str.

41.-66. R: Glatt rechts abwechselnd je 2 R in Natur (Fresh Water) und Wolke (Seashell) str.

67.-72. R: Kraus rechts in Wolke (Seashell) str.

73.+74. R: Glatt rechts in Denim (Cool Aloe) str.

75.-100. R: Netzmuster in Denim (Cool Aloe) str.

101.+102. R: Glatt rechts in Denim (Cool Aloe) str.

103.-108. R: Kraus rechts in Indigo (Moonlight) str.
109.-118. R: Glatt rechts in Denim (Cool Aloe) str.
119.+120. R: Ährenmuster in Gold (Cherry Blossom) str.
121.-124. R: Glatt rechts in Gold (Cherry Blossom) str.
125.+126. R: Kraus rechts in Natur (Fresh Water) str.
127.-138. R: Vertikale Streifen in Natur (Fresh Water) und Indigo (Moonlight) str.
139.-144. R: Kraus rechts in Indigo (Moonlight) str.
145.+146. R: Glatt rechts in Wolke (Seashell) str.
147.-182. R: Netzmuster in Wolke (Seashell) str.
183.+184. R: Glatt rechts in Wolke (Seashell) str.
185.-190. R: Kraus rechts in Denim (Cool Aloe) str.
191.-222. R: Glatt rechts abwechselnd je 2 R in Natur (Fresh Water) und Denim (Cool Aloe) str.
223.-228. R: Kraus rechts in Wolke (Seashell) str.
229.-242. R: Glatt rechts in Indigo (Moonlight) str.
243.+244. R: Ährenmuster in Gold (Cherry Blossom) str.
245.-252. R: Glatt rechts in Gold (Cherry Blossom) str.
253.-254. R: Kraus rechts in Natur (Fresh Water) str.
255.-270. R: Vertikale Streifen in Natur (Fresh Water) und Denim (Cool Aloe) str.
271.-276. R: Kraus rechts in Denim (Cool Aloe) str.
277.+278. R: Glatt rechts in Indigo (Moonlight) str.
279.-310. R: Netzmuster in Indigo (Moonlight) str.
311.+312. R: Glatt rechts in Indigo (Moonlight) str.

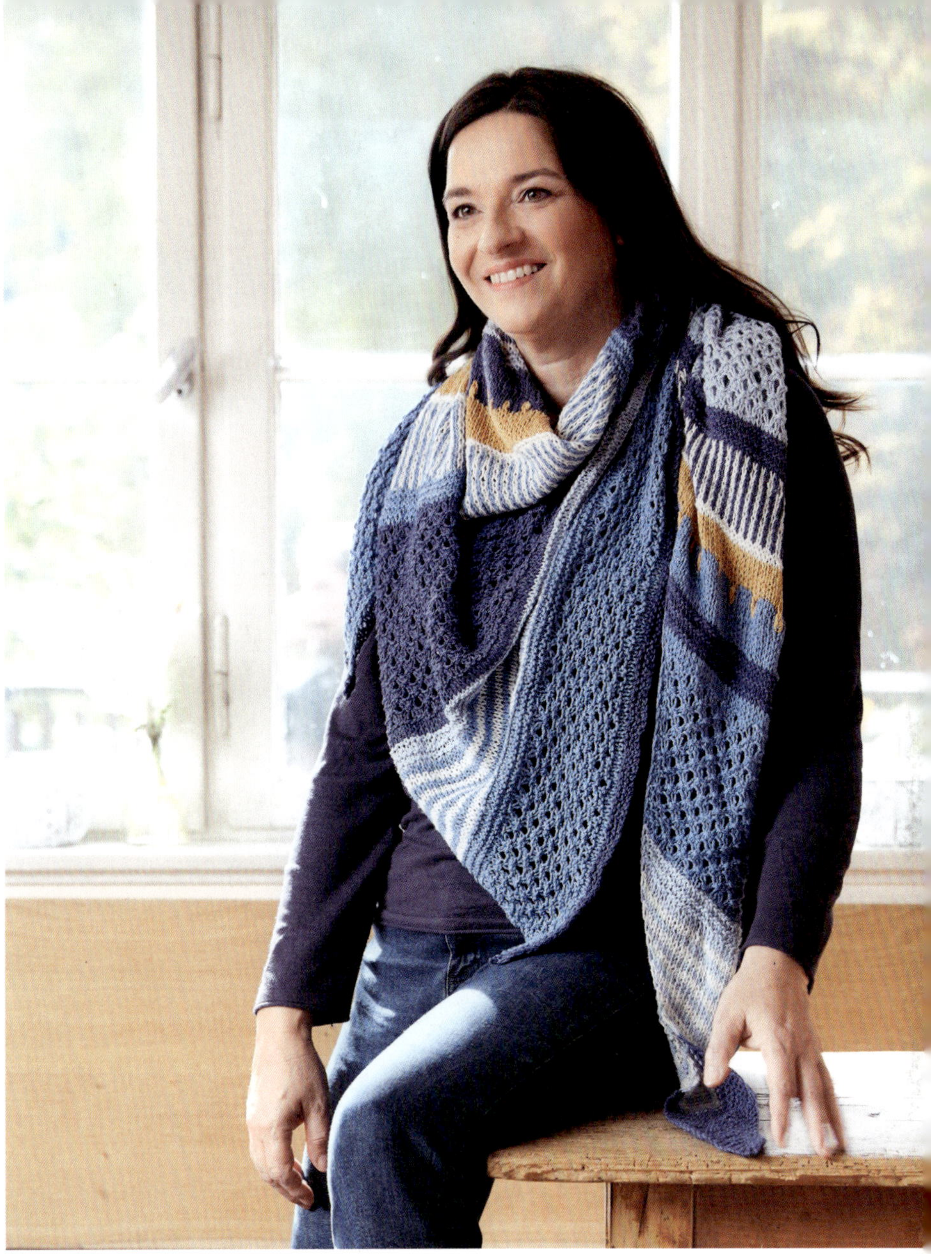

313.-318. R: Kraus rechts in Wolke (Seashell) str.
319.-338. R: Glatt rechts abwechselnd je 2 R in Natur (Fresh Water) und Denim (Cool Aloe) str.
339.-344. R: Kraus rechts in Denim (Cool Aloe) str.
345.+346. R: Glatt rechts in Denim (Cool Aloe) str.
347.-366. R: Netzmuster in Denim (Cool Aloe) str.
367.-372. R: Kraus rechts in Indigo (Moonlight) str.
373. R: 1 M rechts, * 1 M rechts, beide M zurück auf die linke Nadel legen und 2 M rechts verschränkt zusammenstr, ab * wdh bis zur letzten M.
Fäden vernähen, Tuch spannen und geschafft.

Meinen Glückwunsch zu deinem neuen Tuch. Genieß die warmen Momente!

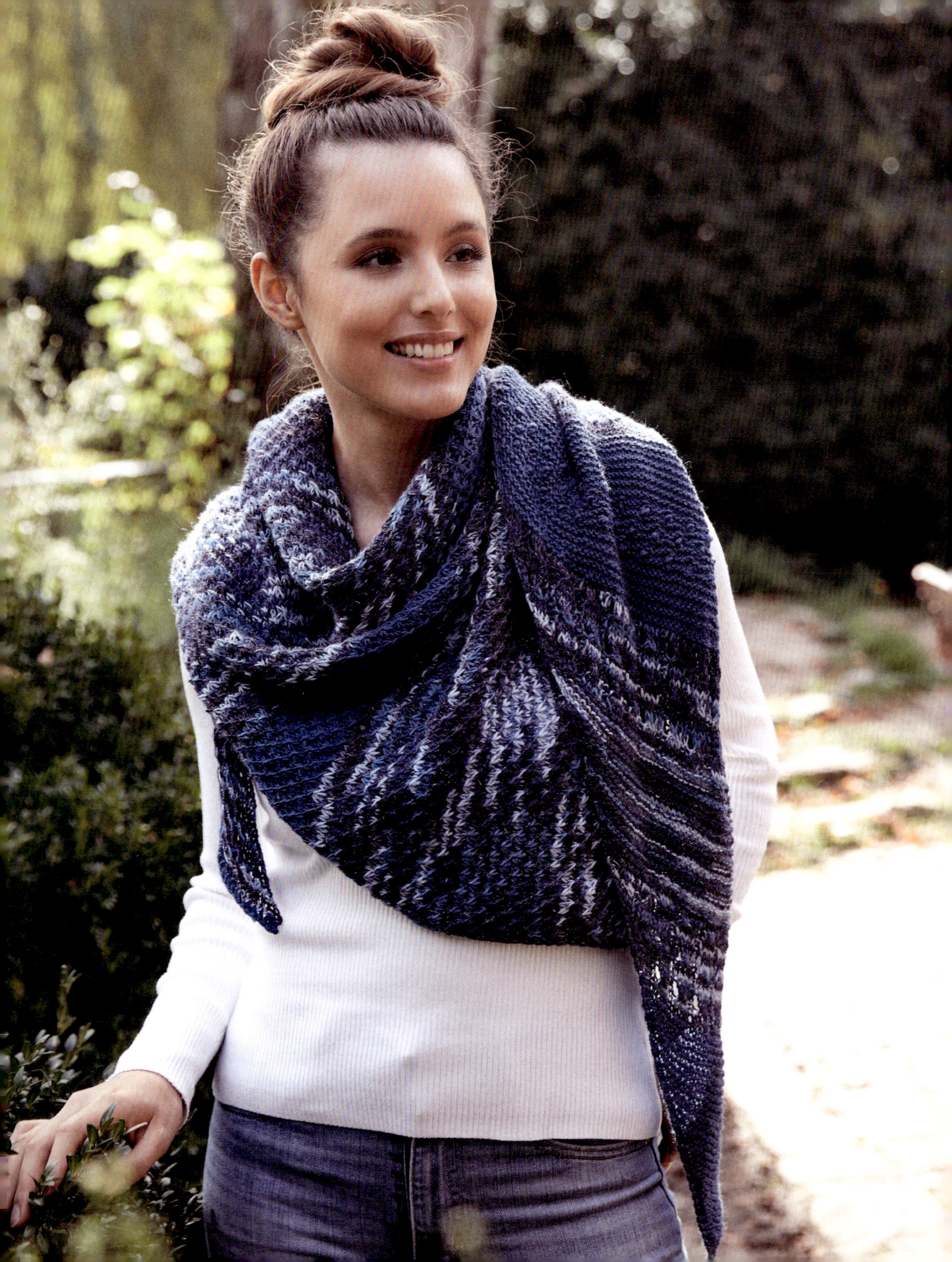

Sparkling Stars

DREIECKS-TUCH

Wenn die Tage kürzer und die Nächte kälter werden, ist die Zeit des Funkelns gekommen. Lichterketten und Kerzenschein wärmen die Seele – genau wie die funkelnden kleinen Sterne auf deinem Sparkling Stars Tuch.

GRÖSSE
ca. 200 cm x 120 cm oder
ca. 280 cm x 80 cm

FORM
Asymmetrisches oder symmetrisches Dreieck

MATERIAL
- West Yorkshire Spinners Signature (LL 400 m/100 g) in Silent Night Sparkle, 200 g, in Juniper (Fb 157), 100 g
- Rundstricknadel 3,5 mm, 120 cm lang
- Häkelnadel 3,0 mm

MASCHENPROBE
Glatt rechts mit Nd 3,5 mm sind 22 M und 28 R = 10 cm x 10 cm.

HINWEIS: Du kannst auch jede andere Signature Sparkle nehmen und die passende Uni-Farbe dazu.

MUSTER

GLATT RECHTS
In Hinr rechte M, in Rückr linke M str.

KRAUS RECHTS
In Hin- und Rückr rechte M str.

GLOCKENMUSTER
Über 5 M und 6 R.
Beim Glockenmuster in den Hinr immer zuerst 2 M rechts str, dann mit dem Muster beginnen. In die vorletzte Masche der Hinr immer kfb str, die letzte M rechts str.
1. R: 2 M links, 3 M rechts.
2. R: M str, wie sie erscheinen.
3. R: Wie die 1. R str.
4. R: M str, wie sie erscheinen.
5. R: 2 M links, 1 U, 3 M überzogen zusammenstr, 1 U.
6. R: M str, wie sie erscheinen.

GLOCKENMUSTER

○	△	○	–	–	5
■	■	■	–	–	3
■	■	■	–	–	1

Rapport = 5 Maschen

ZEICHENERKLÄRUNG
Es sind nur die Hinr gezeichnet, in den Rückr die M str, wie sie erscheinen.
■ = 1 Masche rechts
– = 1 Masche links
○ = 1 Umschlag
△ = 3 Maschen überzogen zusammenstricken

BOBBLE

Hinr (alles in 1 M): 1 kfbfb, Arbeit wenden, 4 M links zusammenstr, Arbeit wenden, 1 M rechts.
Rückr: Die M links str.

Beim Zusammenstr der 4 M muss man aufpassen, dass man nicht versehentlich eine 5. M erwischt. Immer schön kontrollieren ☺.

Man kann Bobble auch ohne zu wenden str. Dazu findest du ein Video auf dem Youtube-Kanal »Der kleine Strickladen«: www.frech.de/27032NoppenStrickenOhneWenden

Die Bobbel-R versetzt arb:
1. R (Hinr): 1 M rechts, * 1 Bobble, 3 M rechts, ab * bis zum R-Ende wdh.
2. R (Rückr): Alle M rechts str.
Die Noppe in der mittleren R wird verschoben:
3. R: * 3 M rechts, 1 Bobble, ab * bis zum R-Ende wdh.
4. R: Alle M rechts str.
Die 3. Bobbel-R wieder wie die 1. Bobbel-R arb.

EINFACHES LOCHMUSTER

Über 4 M und 4 R.
1. R: 1 M rechts, 1 U, 3 M rechts, 1 U.
2. R: Alle M links str.
3. R: 2 M rechts, 3 M rechts verschränkt zusammenstr, 1 M rechts.
4. R: Alle M links str.

PERLMUSTER

1. R: 1 M rechts, 1 M links.
2. R: 1 M links, 1 M rechts.
(Das heißt: rechte und linke M werden in der 2. R versetzt gestrickt.)

STERNENMUSTER

1. R: * 1 Stern (= 3 M rechts verschränkt zusammenstr, aber die M auf der linken Nadel lassen, 1 U und nochmal die gleichen 3 M rechts verschränkt zusammenstr, die M von der linken Nadel gleiten lassen), 1 M rechts, ab * fortlaufend wdh.
2. R: Alle M links str.
Die folgenden Stern-R immer versetzt str (das heißt: Sterne und rechte M werden versetzt gestrickt).

ZUNAHMEN
(über das ganze Tuch hinweg)

In jeder ungeraden R in die vorletzte M kfb arb.

RAND

Alle M werden von Anfang bis Ende durchgestrickt, es gibt keine gesonderte Rdm.

HINWEIS: Die Muster immer nur bis zur letzten M vor der kfb str. Wenn der Mustersatz nicht ganz aufgeht, strickst du die letzten M rechts. Die 2 letzten M jeder ungeraden R (1 kfb, 1 M rechts) sollen vom Muster unberührt bleiben.

Das Tuch kann symmetrisch und asymmetrisch gearbeitet werden. Die Anleitung ist im ersten Teil für beide Tücher gleich und teilt sich dann.

Das war es auch schon an Informationen vorab. Jetzt kannst du losstricken.
Und nicht vergessen, in jeder ungeraden R ist die vorletzte M eine kfb.

JETZT GEHT ES LOS

ANSCHLAG

3 M in Juniper anschl.
Wenn du das Tuch symmetrisch str willst, mach dir bitte eine Strichliste für jeden Mustersatz – ab der Mitte (kennzeichne ich euch) strickst du dann am Ende der ungeraden R die 2 vorletzten M zus, statt kfb und arb deiner Strichliste rückwärts, bis am Ende noch 3 M auf der Nadel sind.

MUSTER- UND FARBAUFTEILUNG

1.-30. R: Kraus rechts in Juniper str.
31.-48. R: Glockenmuster in Sparkle str.
49.-62. R: Kraus rechts in Sparkle str.
63.-80. R: Glockenmuster in Sparkle str.
81.-84. R: Kraus rechts in Juniper str.
85.-90. R: Bobble-R in Juniper str.
91.-98. R: Kraus rechts in Juniper str.
99.-102. R: Einfaches Lochmuster in Sparkle str.
103.-108. R: Glatt rechts in Sparkle str.
109.-112. R: Einfaches Lochmuster in Sparkle str.
113.-118. R: Glatt rechts in Sparkle str.
119.-122. R: Einfaches Lochmuster in Sparkle str.
123.-128. R: Glatt rechts in Sparkle str.
129.-132. R: Einfaches Lochmuster in Sparkle str.
133.-138. R: Glatt rechts in Sparkle str.

139.-142. R: Einfaches Lochmuster in Sparkle str.
143.-148. R: Glatt rechts in Sparkle str.
149.-152. R: Einfaches Lochmuster in Sparkle str.
153.-172. R: Perlmuster in Juniper str.
Ab der 173. R bis Ende im Sternenmuster beginnend mit Sparkle str.
Nach 38 Sternenmustersätzen (= je eine Hin- und Rückr) noch 6 Sternenmustersätze in Juniper str. Danach wie folgt weiterarb:

ASYMMETRISCHES TUCH

Arbeitet mit Sparkle im Sternenmuster weiter, noch einmal 42 Sternenmustersätze oder bis die Wolle zu Ende ist – das bleibt euch überlassen. In der letzten R alle M elastisch abk.

ELASTISCH ABKETTEN

1 M rechts, * 1 M rechts, beide M zurück auf die linke Nadel legen und 2 M rechts verschränkt zusammenstr, ab * wdh bis zur letzten M.

SYMMETRISCHES TUCH

Nach den 6 Sternenmustersätzen in Juniper beginnt ihr mit den Abnahmen. Also arbeitet ihr die Muster- und Farbaufteilung jetzt rückwärts, beginnend mit noch einmal 6 Sternenmustersätzen in Juniper und immer die beiden vorletzten M der ungeraden R werden jetzt zusammengestrickt.

ABSCHLUSSKANTE

Die Kanten des Tuches in Juniper einmal mit Stäbchen umhäkeln.
Fäden vernähen, Tuch spannen - das Spannen ist für dieses Tuch wichtig, weil es dadurch noch einmal ordentlich an Größe gewinnt - und geschafft.

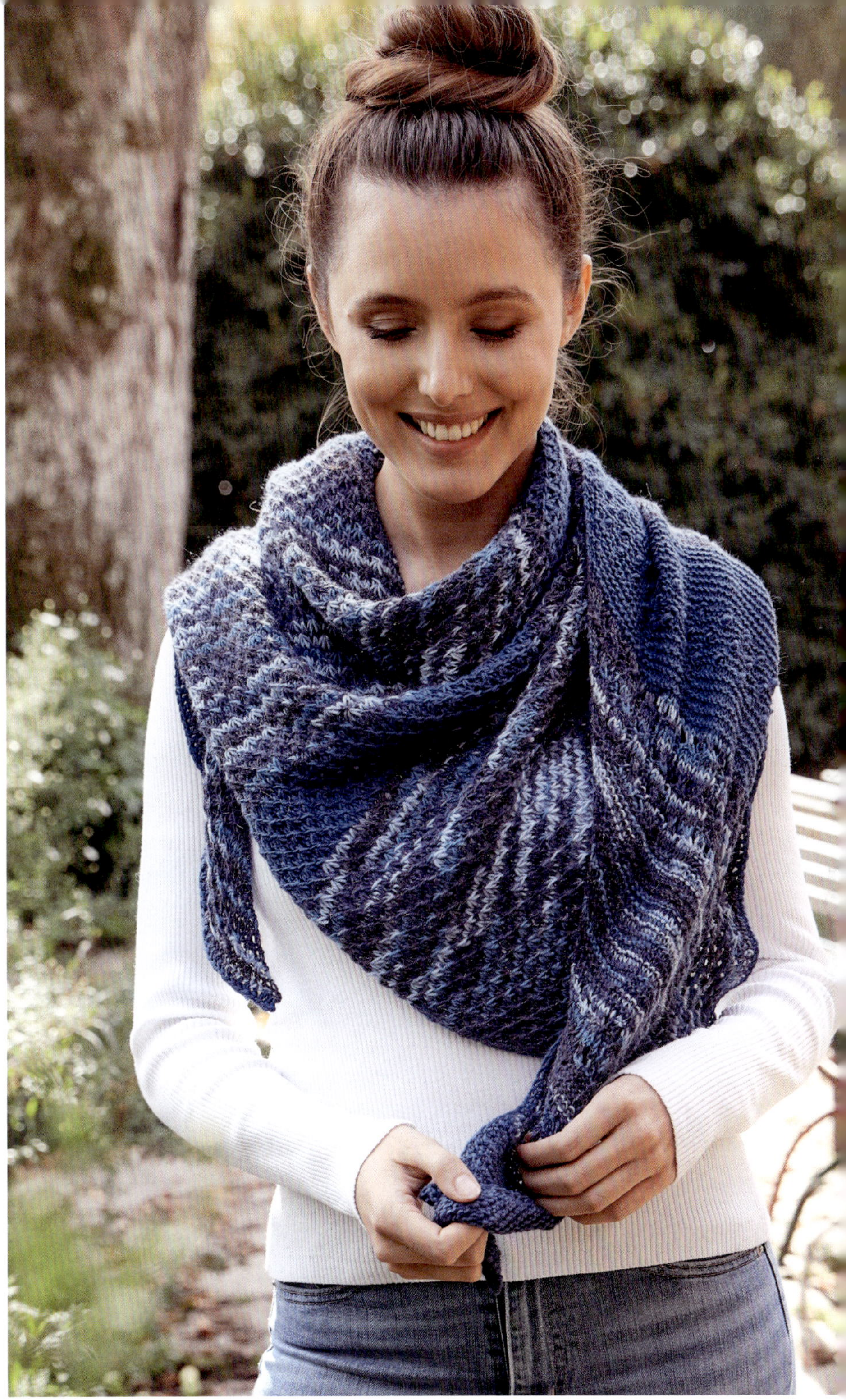

Herzlichen Glückwunsch zu deinem Sparkling Stars! Ich wünsche dir viele kuschelige Stunden mit diesem funkelnden Weihnachtstuch.

Schals & Stolen

Schals und Stolen gehören zur Familie der Tücher, der Unterschied ist die rechteckige Form.

Ein einfacher Schal mit einem rechts-links Muster ist das perfekte Projekt für Strickeinsteiger. Wie zauberhaft solch einfache Muster wirken können, erstaunt mich immer wieder. Die Timeless Elegance Stola ist ein tolles Beispiel dafür. Diese Stola habe ich extra für Chloe entworfen, nachdem sie keine Lust mehr hatte, weiter Kräutersäckchen zu stricken. Erinnert ihr euch? Das war kurz bevor sie zu ihren Großeltern nach Wales gereist ist. Die Geschichte habe ich euch in »Wintertee im kleinen Strickladen in den Highlands« erzählt.

Ich freue mich jedes Mal, wenn Chloe die Stola trägt. Und wie stolz sie ist, dass sie ihr Werk ist! Besonders, da sie überzeugt gewesen war, nie stricken lernen zu können. Ein Blick in ihre strahlenden Augen bestätigt es: #strickenistwiezaubernkönnen

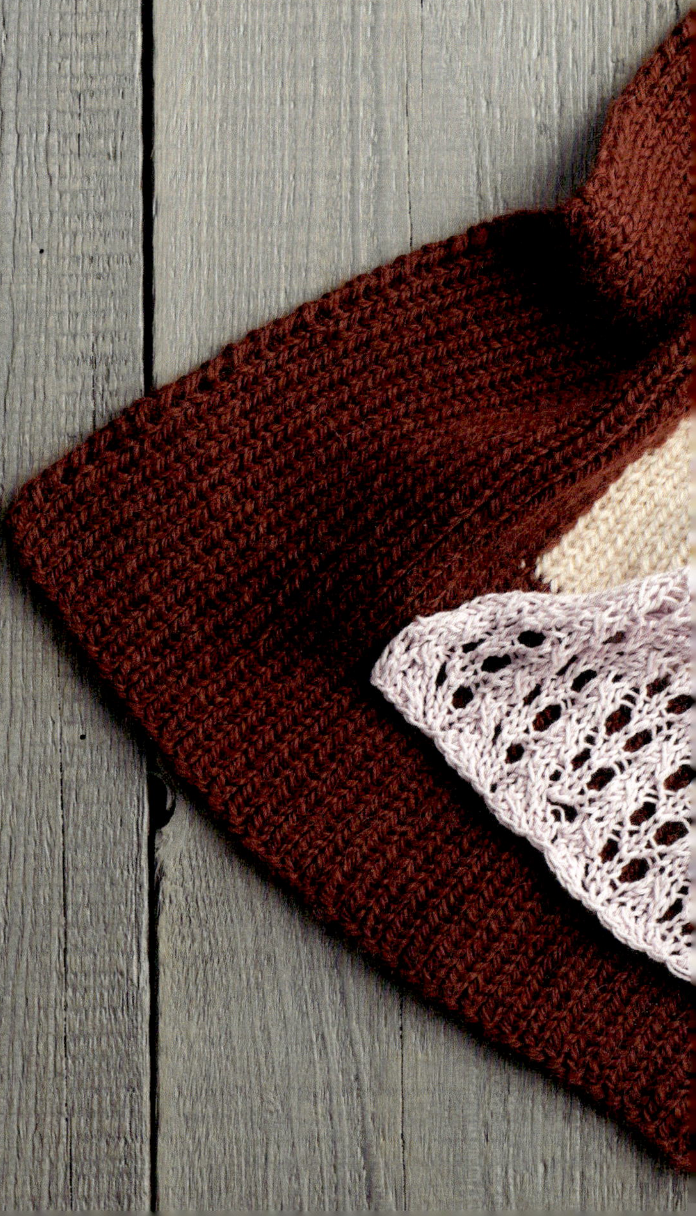

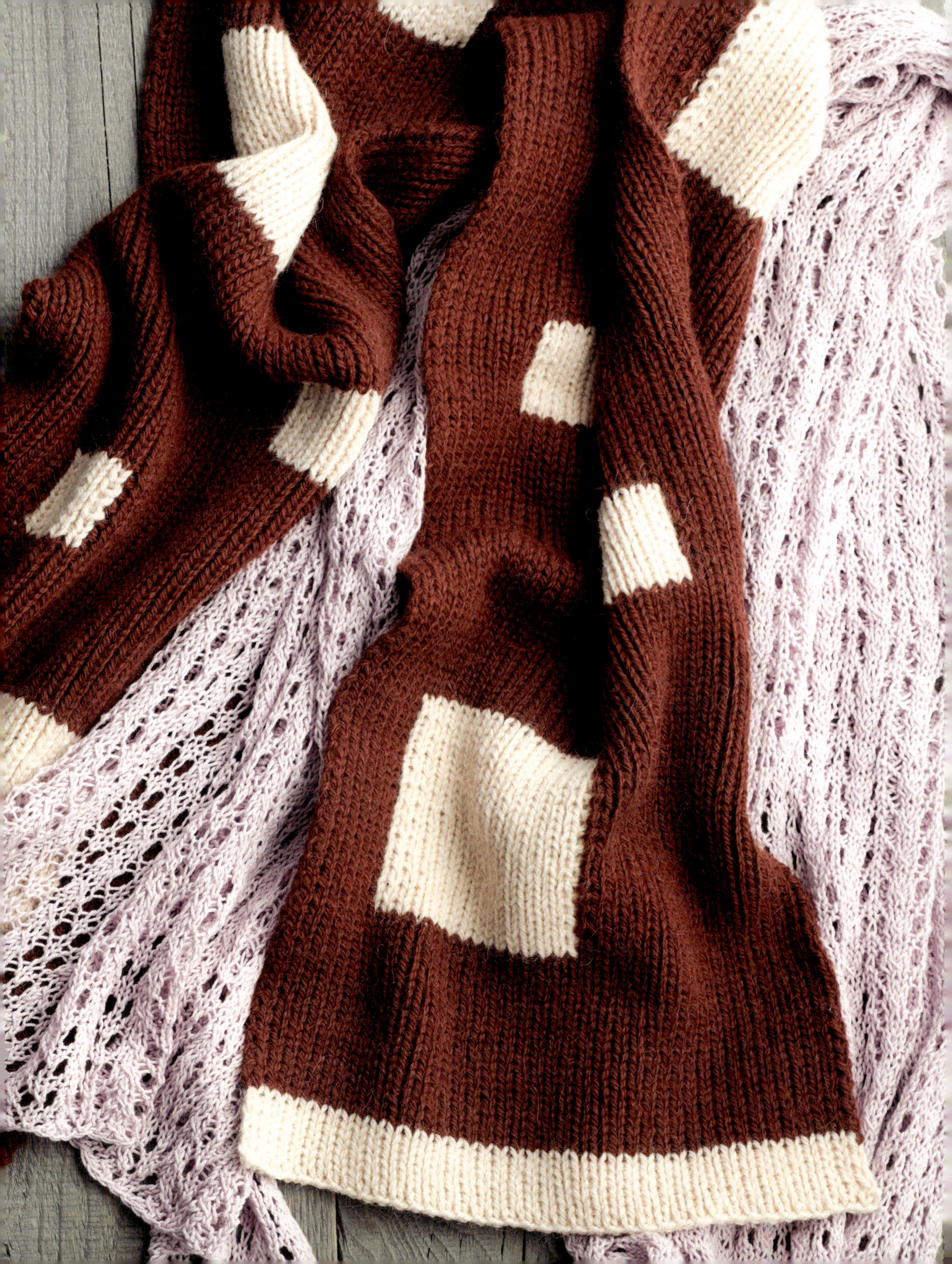

Summertime

LACE-SCHAL

»Der ist so zart und luftig«, staunte Chloe. »Für die Sommermomente des Lebens«, antwortete ich und legte Chloe den Schal um die Schultern.

GRÖSSE
Ca. 55 cm x 200 cm (mit dem Alternativ-Garn ca. 55 cm x 240 cm)

FORM
Rechteckig

MATERIAL
- Schachenmayr Pyramid Cotton (LL 175 m/50 g) in Flieder (Fb 47), 300 g
- Rundstricknadel 3,5 mm, 120 cm lang

ALTERNATIV-MATERIAL
- West Yorkshire Exquisite Lace (LL 800 m/100 g) in Lagoon (Fb 519), Windsor (Fb 518) und Pearl (Fb 11) je 100 g
- Rundstricknadel 3,5 mm, 120 cm lang

MASCHENPROBE
Glatt rechts mit Nd 3,5 mm sind 20 M und 28 R = 10 cm x 10 cm.

MUSTER

ELASTISCH ABKETTEN

1 M rechts, * 1 M rechts, beide M zurück auf die linke Nadel legen und 2 M rechts verschränkt zusammenstr, ab * wdh bis zur letzten M.

HINWEIS: In der R mit den U nimmt man M zu, in der R mit den zusammengestrickten M nimmt man diese zusätzlichen M wieder ab. Also nicht wundern, das soll so sein ☺.

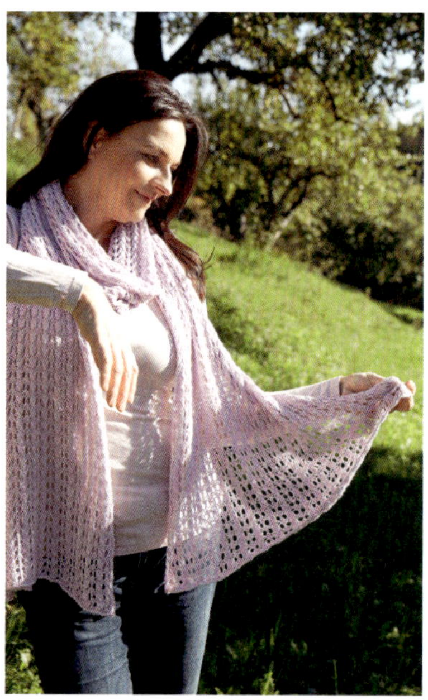

JETZT GEHT ES LOS

Die Angaben zum Alternativ-Garn stehen in den Klammern.
83 M in Flieder (Lagoon) locker anschl.
1. R: 1 Rdm, 20x [1 M rechts, 1 U, 3 M rechts, 1 U], 1 M rechts, 1 Rdm.
2. R: 1 Rdm, 121 M links, 1 Rdm.
3. R: 1 Rdm, 20x [2 M rechts, 3 M überzogen zusammenstr, 1 M rechts], 1 M rechts, 1 Rdm.
4. R: 1 Rdm, 81 M links, 1 Rdm.
Diese 4 Reihen immer wdh.
In Flieder 200 cm str (nach 80 cm in Lagoon die Farbe wechseln. Mit Pearl 110 cm str, dann wieder Farbwechsel zu Windsor und 50 cm mit dieser Farbe str.)
Alle M elastisch abk.
Fäden vernähen, Tuch spannen.

Fertig. Spürst du den Hauch von Sommer, wenn du den Schal trägst?

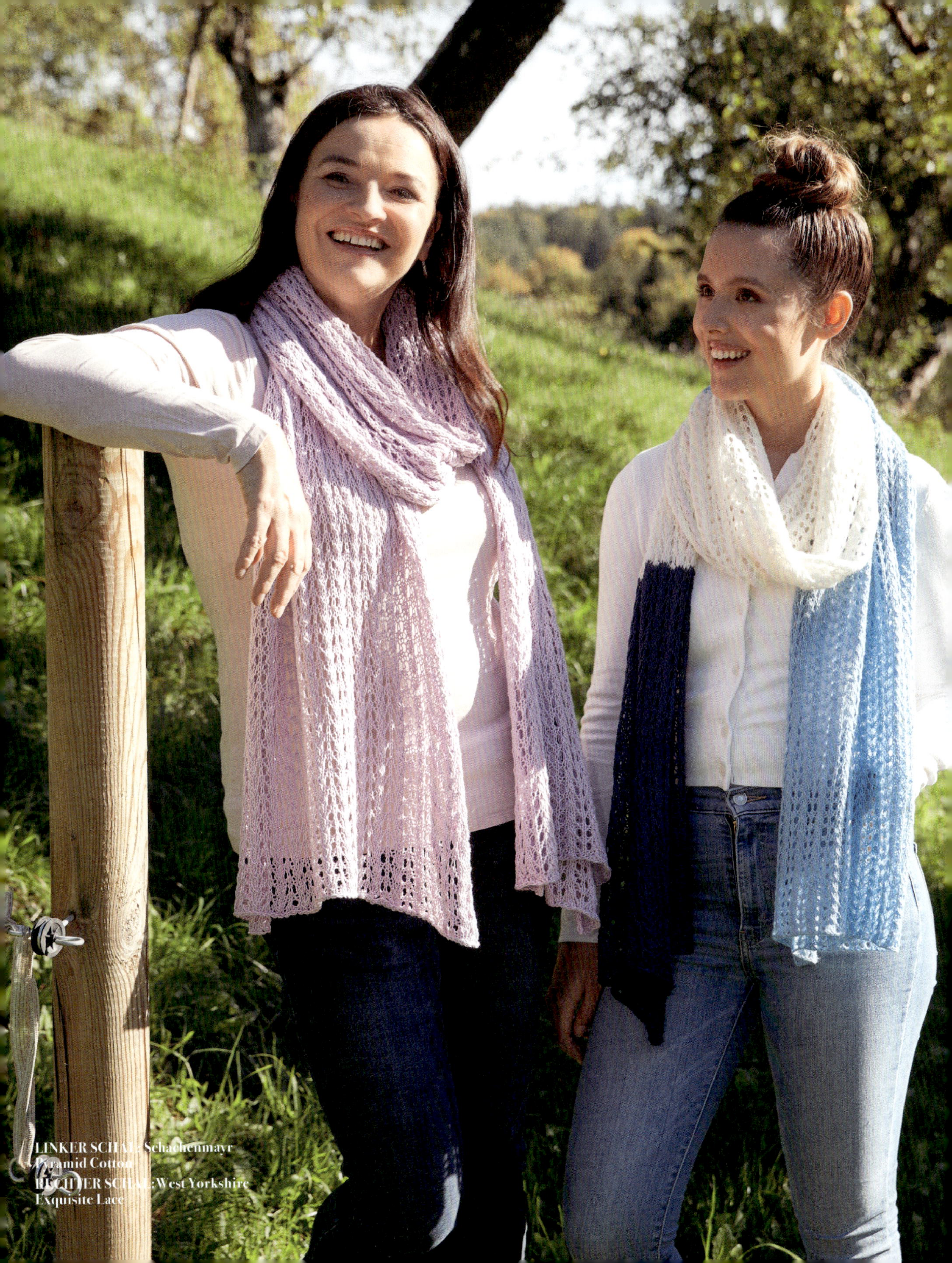

LINKER SCHAL: Schachenmayr Pyramid Cotton
RECHTER SCHAL: West Yorkshire Exquisite Lace

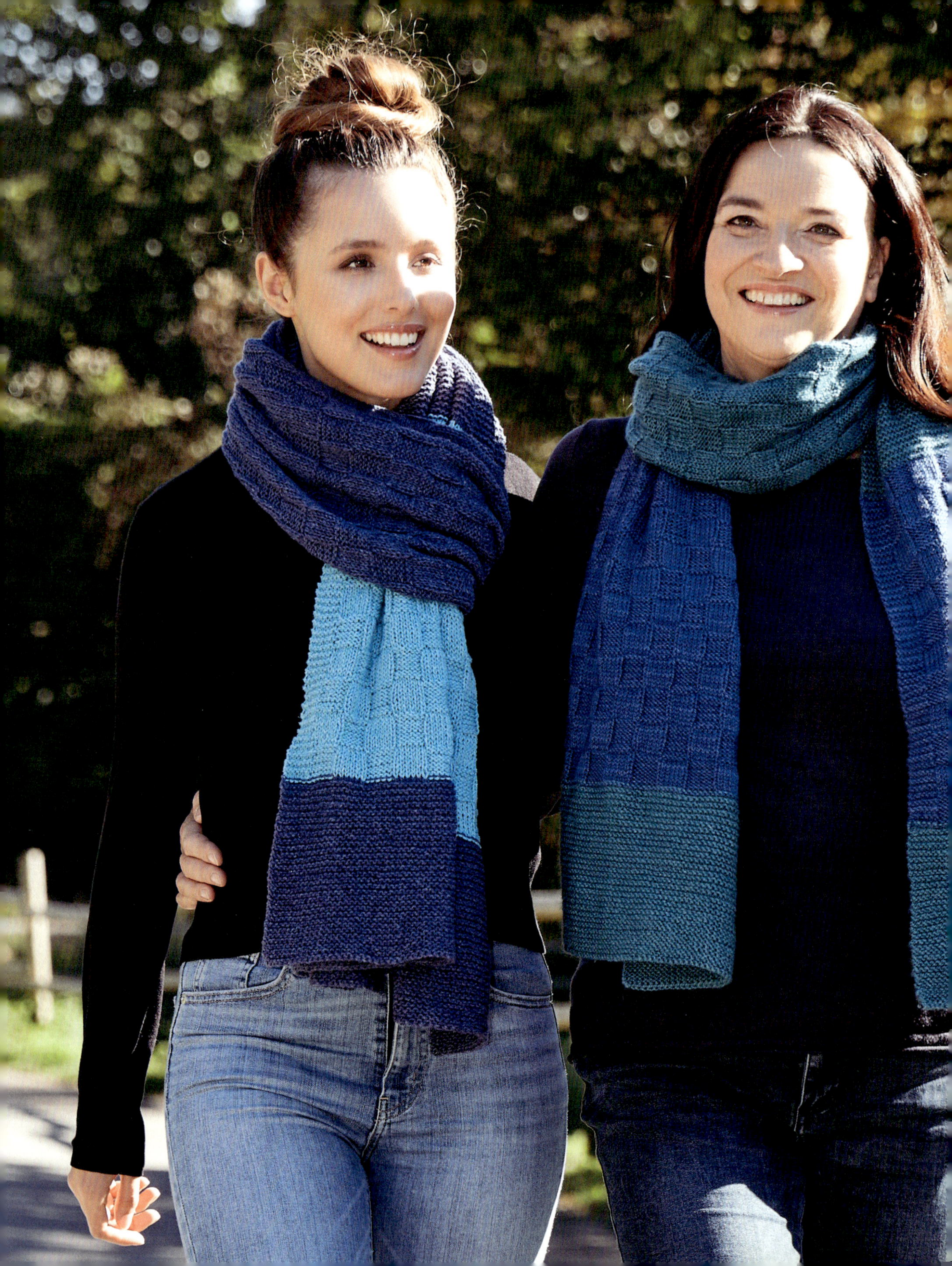

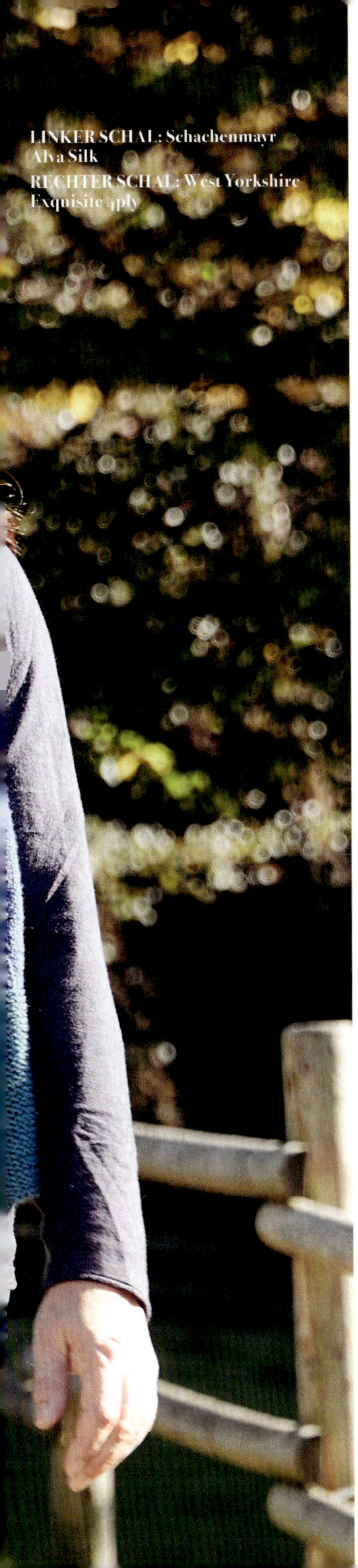

LINKER SCHAL: Schachenmayr Alva Silk
RECHTER SCHAL: West Yorkshire Exquisite 4ply

Timeless Elegance

SCHAL UND STOLA

»Ich dachte immer, richtig schick wird es nur, wenn ich beim Stricken einen Knoten in die Finger bekomme.« Chloe legte sich ihren aus einfachen rechten und linken Maschen selbstgestrickten Schal wie eine Stola um und drehte sich bewundernd vor dem Spiegel. Elegant und gleichzeitig kuschelig warm hüllte er sie ein. »Wie sehr ich mich doch getäuscht habe.«

GRÖSSE
ca. 200 cm x 80 cm

FORM
Rechteckig

MATERIAL
- Schachenmayr Alva Silk (LL 210 m/50 g) in Indigo (Fb 50), 250 g, in Türkis (Fb 65), 150 g
- Rundstricknadel 3,5 mm, 120 cm lang

ALTERNATIV-MATERIAL
- West Yorkshire Exquisite 4ply (LL 400 m/100 g) in Bayswater (Fb 318), 200 g, in Regal (Fb 438), 100 g
- Rundstricknadel 3,5 mm, 120 cm lang

MASCHENPROBE
Im Schachbrettmuster mit Alva Silk und Nd 3,5 mm sind 24 M und 24 R = 10 cm x 10 cm; mit Exquisite 4ply und Nd 3,5 mm sind 22 M und 24 R = 10 cm x 10 cm.

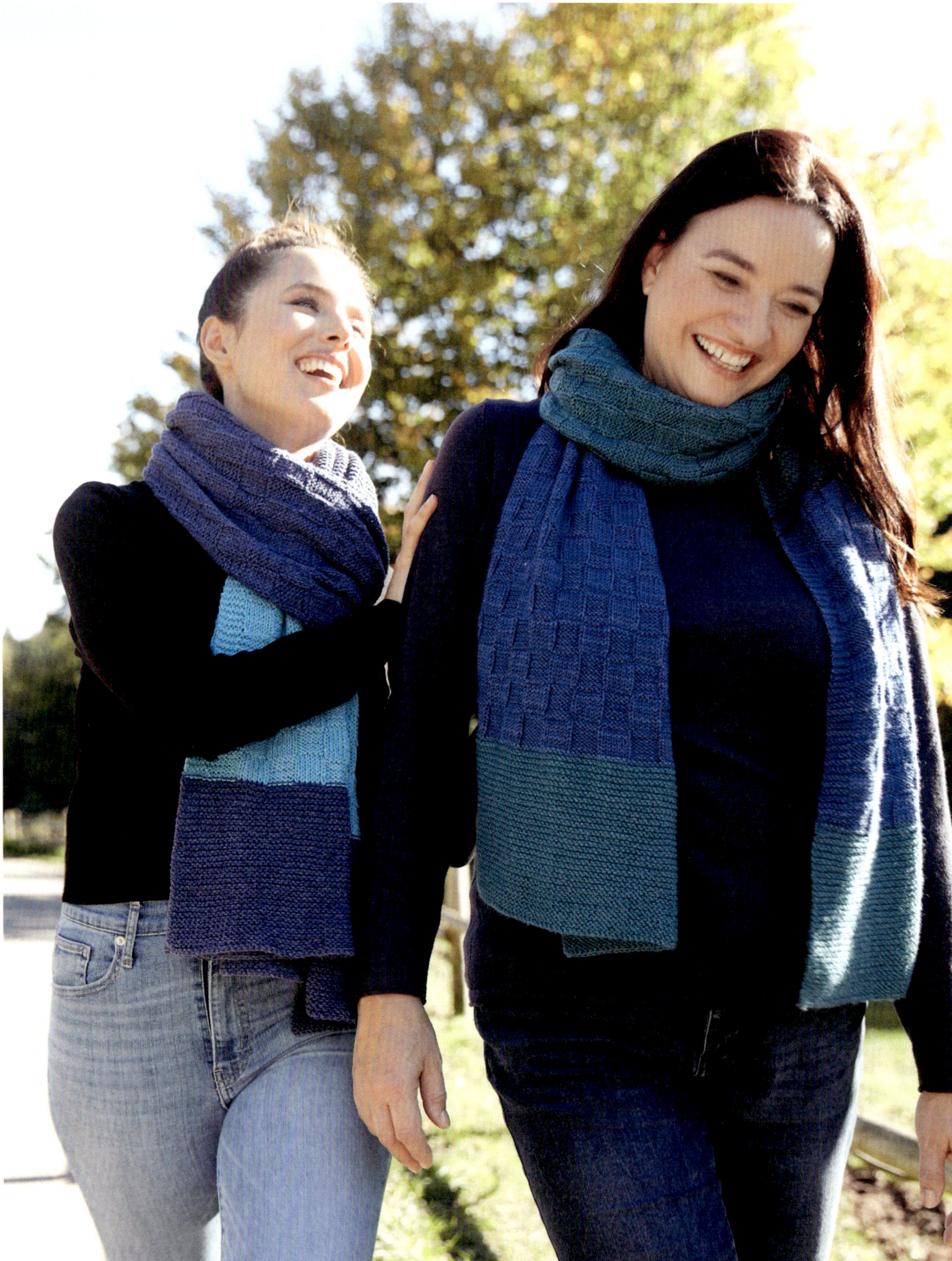

HINWEIS: Diese Anleitung ist für Anfänger geeignet. Es werden nur rechte und linke Maschen gestrickt, es braucht allerdings etwas Durchhaltevermögen, denn es ist ein ordentliches Stück zu stricken. Aber es lohnt sich! Durch die Anordnung und die edle Wolle hast du am Ende ein Strickstück, um das dich ganz bestimmt viele beneiden werden.

MUSTER

GLATT RECHTS

In Hinr rechte M, in Rückr linke M str.

GLATT LINKS

In Hinr linke M, in Rückr rechte M str.

KRAUS RECHTS

In Hin- und Rückr rechte M str.

RAND

Alle M werden gestrickt, es gibt keine gesonderte Rdm. Der Rand (jeweils 6 M auf beiden Seiten) wird kraus rechts gestrickt.

JETZT GEHT ES LOS

Die Angaben zum Alternativ-Garn stehen in den Klammern.
120 M in Indigo (Bayswater) anschl.

Es gibt einen gehäkelten Anschlag, bei dem man nicht einen langen Anschlagsfaden braucht, der oft am Ende entweder zu lang war (schade um die wundervolle Wolle) oder zu kurz (Mist – nochmal alles aufmachen und von vorn).

Dazu findest du ein Video auf dem YouTube-Kanal »Der kleineStrickladen«: www.frech.de/27032GehäkelterAnschlag

Die Anleitung ist mit Blick auf Anfänger extra ausführlich, sodass man ohne viel zu überlegen daran entlang str kann.

1. TEIL IN INDIGO (Bayswater)

Muster: kraus rechts.
1.-60. R: Alle M rechts str.

2. TEIL IN TÜRKIS (Regal)

Muster: Schachbrettmuster (Kästchen in rechten und linken M)
61.-68. R: 6 M rechts, [6 M rechts, 6 M links] insgesamt 9x arb, 6 M rechts.
69.-76. R: 6 M rechts, [6 M links, 6 M rechts] insgesamt 9x arb, 6 M rechts.
77.-84. R: 6 M rechts, [6 M rechts, 6 M links] insgesamt 9x arb, 6 M rechts.
85.-92. R: 6 M rechts, [6 M links, 6 M rechts] insgesamt 9x arb, 6 M rechts.
93.-100. R: 6 M rechts, [6 M rechts, 6 M links] insgesamt 9x arb, 6 M rechts.
101.-108. R: 6 M rechts, [6 M links, 6 M rechts] insgesamt 9x arb, 6 M rechts.
109.-116. R: 6 M rechts, [6 M rechts, 6 M links] insgesamt 9x arb, 6 M rechts.
117.-124. R: 6 M rechts, [6 M links, 6 M rechts] insgesamt 9x arb, 6 M rechts.
125.-132. R: 6 M rechts, [6 M rechts, 6 M links] insgesamt 9x arb, 6 M rechts.
133.-140. R: 6 M rechts, [6 M links, 6 M rechts] insgesamt 9x arb, 6 M rechts.
141.-148. R: 6 M rechts, [6 M rechts, 6 M links] insgesamt 9x arb, 6 M rechts.
149.-156. R: 6 M rechts, [6 M links, 6 M rechts] insgesamt 9x arb, 6 M rechts.

3. TEIL IN INDIGO (Bayswater)

Muster: kraus rechts.
157.-176. R: Alle M rechts str.

4. TEIL IN INDIGO (Bayswater)

Muster: Kästchen in rechten und linken M, alle 8 Reihen um 2 M versetzt.
177.-184. R: 6 M rechts, [6 M rechts, 6 M links] insgesamt 9x arb, 6 M rechts.

185.-192. R
Hinr: 6 M rechts, 2 M links, [6 M rechts, 6 M links] insgesamt 8x arb, 6 M rechts, 4 M links, 6 M rechts.
Rückr: 6 M rechts, 4 M rechts, 6 M links, [6 M rechts, 6 M links] insgesamt 8x arb, 2 M rechts, 6 M rechts.

193.-200. R
Hinr: 6 M rechts, 4 M links, [6 M rechts, 6 M links] insgesamt 8x arb, 6 M rechts, 2 M links, 6 M rechts.
Rückr: 6 M rechts, 2 M rechts, 6 M links, [6 M rechts, 6 M links] insgesamt 8x arb, 4 M rechts, 6 M rechts.

201.-208. R: 6 M rechts, [6 M links, 6 M rechts] insgesamt 9x arb, 6 M rechts.

209.-216. R
Hinr: 6 M rechts, 2 M rechts, [6 M links, 6 M rechts] insgesamt 8x arb, 6 M links, 4 M rechts, 6 M rechts.
Rückr: 6 M rechts, 4 M links, 6 M rechts, [6 M links, 6 M rechts] insgesamt 8x arb, 2 M links, 6 M rechts.

217.-224. R
Hinr: 6 M rechts, 4 M rechts, [6 M links, 6 M rechts] insgesamt 8x arb, 6 M links, 2 M rechts, 6 M rechts.

Rückr: 6 M rechts, 2 M links, 6 M rechts, [6 M links, 6 M rechts] insgesamt 8x arb, 4 M links, 6 M rechts.

225.-232. R: 6 M rechts, [6 M rechts, 6 M links] insgesamt 9x arb, 6 M rechts.

233.-240. R
Hinr: 6 M rechts, 2 M links, [6 M rechts, 6 M links] insgesamt 8x arb, 6 M rechts, 4 M links, 6 M rechts.
Rückr: 6 M rechts, 4 M rechts, 6 M links, [6 M rechts, 6 M links] insgesamt 8x arb, 2 M rechts, 6 M rechts.

241.-248. R
Hinr: 6 M rechts, 4 M links, [6 M rechts, 6 M links] insgesamt 8x arb, 6 M rechts, 2 M links, 6 M rechts.
Rückr: 6 M rechts, 2 M rechts, 6 M links, [6 M rechts, 6 M links] insgesamt 8x arb, 4 M rechts, 6 M rechts.

Jetzt kommt eine Mittelpassage ohne Versetzen:
249.-256. R: 6 M rechts, [6 M links, 6 M rechts] insgesamt 9x arb, 6 M rechts.
257.-264. R: 6 M rechts, [6 M rechts, 6 M links] insgesamt 9x arb, 6 M rechts.
265.-272. R: 6 M rechts, [6 M links, 6 M rechts] insgesamt 9x arb, 6 M rechts.
273.-280. R: 6 M rechts, [6 M rechts, 6 M links] insgesamt 9x arb, 6 M rechts.
281.-288. R: 6 M rechts, [6 M links, 6 M rechts] insgesamt 9x arb, 6 M rechts.
289.-296. R: 6 M rechts, [6 M rechts, 6 M links] insgesamt 9x arb, 6 M rechts.
297.-304. R: 6 M rechts, [6 M links, 6 M rechts] insgesamt 9x arb, 6 M rechts.
305.-312. R: 6 M rechts, [6 M rechts, 6 M links] insgesamt 9x arb, 6 M rechts.
313.-320. R: 6 M rechts, [6 M links, 6 M rechts] insgesamt 9x arb, 6 M rechts.
321.-328. R: 6 M rechts, [6 M rechts, 6 M links] insgesamt 9x arb, 6 M rechts.
329.-336. R: 6 M rechts, [6 M links, 6 M rechts] insgesamt 9x arb, 6 M rechts.
337.-344. R: 6 M rechts, [6 M rechts, 6 M links] insgesamt 9x arb, 6 M rechts.
345.-352. R: 6 M rechts, [6 M links, 6 M rechts] insgesamt 9x arb, 6 M rechts.
Ab jetzt wird in die andere Richtung versetzt!

353.-360. R
Hinr: 6 M rechts, 4 M links, [6 M rechts, 6 M links] insgesamt 8x arb, 6 M rechts, 2 M links, 6 M rechts.
Rückr: 6 M rechts, 2 M rechts, 6 M links, [6 M rechts, 6 M links] insgesamt 8x arb, 4 M rechts, 6 M rechts.

361.-368. R
Hinr: 6 M rechts, 2 M links, [6 M rechts, 6 M links] insgesamt 8x arb, 6 M rechts, 4 M links, 6 M rechts.
Rückr: 6 M rechts, 4 M rechts, 6 M links, [6 M rechts, 6 M links] insgesamt 8x arb, 2 M rechts, 6 M rechts.

369.-376. R: 6 M rechts, [6 M rechts, 6 M links] insgesamt 9x arb, 6 M rechts.

377.-384. R
Hinr: 6 M rechts, 4 M rechts, [6 M links, 6 M rechts] insgesamt 8x arb, 6 M links, 2 M rechts, 6 M rechts.
Rückr: 6 M rechts, 2 M links, 6 M rechts, [6 M links, 6 M rechts] insgesamt 8x arb, 4 M links, 6 M rechts.

385.-392. R
Hinr: 6 M rechts, 2 M rechts, [6 M links, 6 M rechts] insgesamt 8x arb, 6 M links, 4 M rechts, 6 M rechts.
Rückr: 6 M rechts, 4 M links, 6 M rechts, [6 M links, 6 M rechts] insgesamt 8x arb, 2 M links, 6 M rechts.

393.-400. R: 6 M rechts, [6 M links, 6 M rechts] insgesamt 9x arb, 6 M rechts.

401.-408. R
Hinr: 6 M rechts, 4 M links, [6 M rechts, 6 M links] insgesamt 8x arb, 6 M rechts, 2 M links, 6 M rechts.
Rückr: 6 M rechts, 2 M rechts, 6 M links, [6 M rechts, 6 M links] insgesamt 8x arb, 4 M rechts, 6 M rechts.

409.-416. R
Hinr: 6 M rechts, 2 M links, [6 M rechts, 6 M links] insgesamt 8x arb, 6 M rechts, 4 M links, 6 M rechts.
Rückr: 6 M rechts, 4 M rechts, 6 M links, [6 M rechts, 6 M links] insgesamt 8x arb, 2 M rechts, 6 M rechts.

417.-424. R: 6 M rechts, [6 M rechts, 6 M links] insgesamt 9x arb, 6 M rechts.

5. TEIL IN INDIGO (Bayswater)

Muster: kraus rechts.
425.-444. R: Alle M rechts str.

6. TEIL IN TÜRKIS (Regal)

Muster: Schachbrettmuster (Kästchen in rechten und linken M)
445.-452. R: 6 M rechts, [6 M links, 6 M rechts] insgesamt 9x arb, 6 M rechts.
453.-460. R: 6 M rechts, [6 M rechts, 6 M links] insgesamt 9x arb, 6 M rechts.
461.-468. R: 6 M rechts, [6 M links, 6 M rechts] insgesamt 9x arb, 6 M rechts.

469.-476. R: 6 M rechts, [6 M rechts, 6 M links] insgesamt 9x arb, 6 M rechts.
477.-484. R: 6 M rechts, [6 M links, 6 M rechts] insgesamt 9x arb, 6 M rechts.
485.-492. R: 6 M rechts, [6 M rechts, 6 M links] insgesamt 9x arb, 6 M rechts.
493.-500. R: 6 M rechts, [6 M links, 6 M rechts] insgesamt 9x arb, 6 M rechts.
501.-508. R: 6 M rechts, [6 M rechts, 6 M links] insgesamt 9x arb, 6 M rechts.
509.-516. R: 6 M rechts, [6 M links, 6 M rechts] insgesamt 9x arb, 6 M rechts.
517.-524. R: 6 M rechts, [6 M rechts, 6 M links] insgesamt 9x arb, 6 M rechts.
525.-532. R: 6 M rechts, [6 M links, 6 M rechts] insgesamt 9x arb, 6 M rechts.
533.-540. R: 6 M rechts, [6 M rechts, 6 M links] insgesamt 9x arb, 6 M rechts.

7. TEIL IN INDIGO (Bayswater)

Muster: kraus rechts.
541.-600. R: Alle M rechts str.
601. R: Alle M abk.

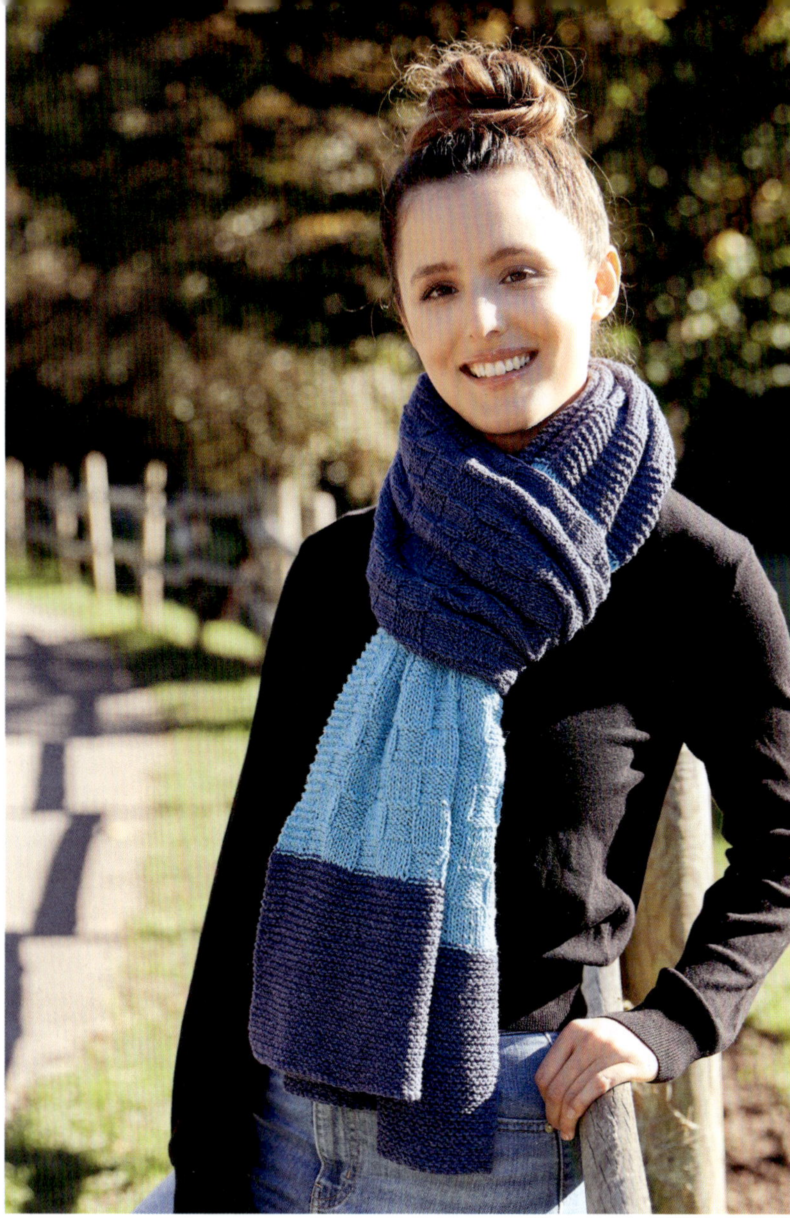

Fäden vernähen, Stola spannen und sich daran freuen.
Durch das Spannen bekommt das Tuch seine endgültige Form, kleine Ungenauigkeiten im Maschenbild werden ausgeglichen und das Strickbild dadurch verbessert.

Um ein Strickstück zu spannen, kann man es baden, vorsichtig in ein Handtuch wickeln, ausdrücken und dann noch nass auf eine Unterlage (Matratze, Spannplatte, Teppichboden ...) legen. Es wird vorsichtig in Form gebracht und mit speziellen Spannnadeln oder einfachen Stecknadeln fixiert. So lässt man es trocknen.
Wenn man das Strickstück nicht baden möchte, kann man es auch trocken auf eine Spannunterlage legen, in Form ziehen, fixieren und ein nasses Handtuch darauflegen. Wenn alles getrocknet ist, hat man den gleichen Effekt wie nach dem Baden.

Timeless Elegance kannst du sowohl als Schal als auch als Stola tragen. Ich wünsche dir viel Freude damit.

Cozy Hugs

KUSCHEL-SCHAL

»Wieso denke ich mir ein Loch in den Kopf und finde keine Lösung und du kreuzt einmal die Fäden und alles ist gut?« Chloe warf mir einen Blick zu, in dem all ihre Bewunderung für meine angeblichen Zauberkünste lag.

GRÖSSE
ca. 180 cm x 30 cm

FORM
Rechtecki

MATERIAL
- Schachenmayr Alpaca Classico (LL 90 m/50 g) in Bratapfel (Fb 32), 300 g, in Melba, (Fb 23), 100 g
- Rundstricknadel 4,0 mm, 120 cm lang

ALTERNATIV-MATERIAL
- King Cole Natural Alpaca DK (LL 100 m/50 g) in Caramel (Fb 4329), 300 g, in Toffee (Fb 4330), 100 g
- Rundstricknadel 4,0 mm, 120 cm lang

MASCHENPROBE
Im Rippenmuster mit Alpaca Classico und Nd 4,0 mm sind 24 M und 24 R = 10 cm x 10 cm; mit Natural Alpaca DK und Nd 4,0 mm sind 22 M und 22 R = 10 cm x 10 cm.

HINWEIS: Das ist der Schal, den Chloe ihrer Freundin Pia nach Rügen geschickt hat. Pias Geschichte gibt es zum Nachlesen. Es ist das Buch »Eisblumenwinter" von Anne Barns, erschienen bei HarperCollins.

MUSTER

RIPPENMUSTER
Abwechselnd 1 M rechts, 1 M links str.

FARBWECHSEL
Angegebene M-Zahl in Bratapfel (Caramel) arb. Den Faden loslassen und mit der Farbe Melba (Toffee) die angegebene M-Zahl str. Danach geht es wieder mit Bratapfel (Caramel) weiter, hierzu mit einem neuen Faden ansetzen, sodass man nun mit 3 Knäueln gleichzeitig strickt.
Wichtig ist bei den Farbwechseln, die Fäden jeweils übereinander zu legen, sodass sie sich verweben und dadurch zwischen den Farben eine Verbindung entsteht.

Dazu findest du ein Video auf dem YouTube-Kanal »Der kleine Strickladen«: www.frech.de/27032IntarsienStricken

KNÖTCHENRAND
Die erste und letzte M immer rechts str.

RAND
Es wird durchgehend im Rippenmuster gestrickt und ein Knötchenrand gearbeitet. Das heißt, alle M von Anfang bis Ende werden normal durchgestrickt, es gibt keine gesonderte Rdm.

JETZT GEHT ES LOS
Die Angaben zum Alternativ-Garn stehen in den Klammern.
80 M in Bratapfel (Caramel) anschl.

Es gibt einen gehäkelten Anschlag, bei dem man nicht einen langen Anschlagsfaden braucht, der oft am Ende entweder zu lang war (schade um die wundervolle Wolle) oder zu kurz (Mist – nochmal alles aufmachen und von vorn).

Dazu findest du ein Video auf dem YouTube-Kanal »Der kleine Strickladen«: www.frech.de/27032GehaekelterAnschlag

Der Schal wird durchgehend im Rippenmuster (1 M rechts, 1 M links) gestrickt. Wichtig sind die Farbwechsel, durch die kleine und große farblich abgesetzte Vierecke eingestrickt werden.

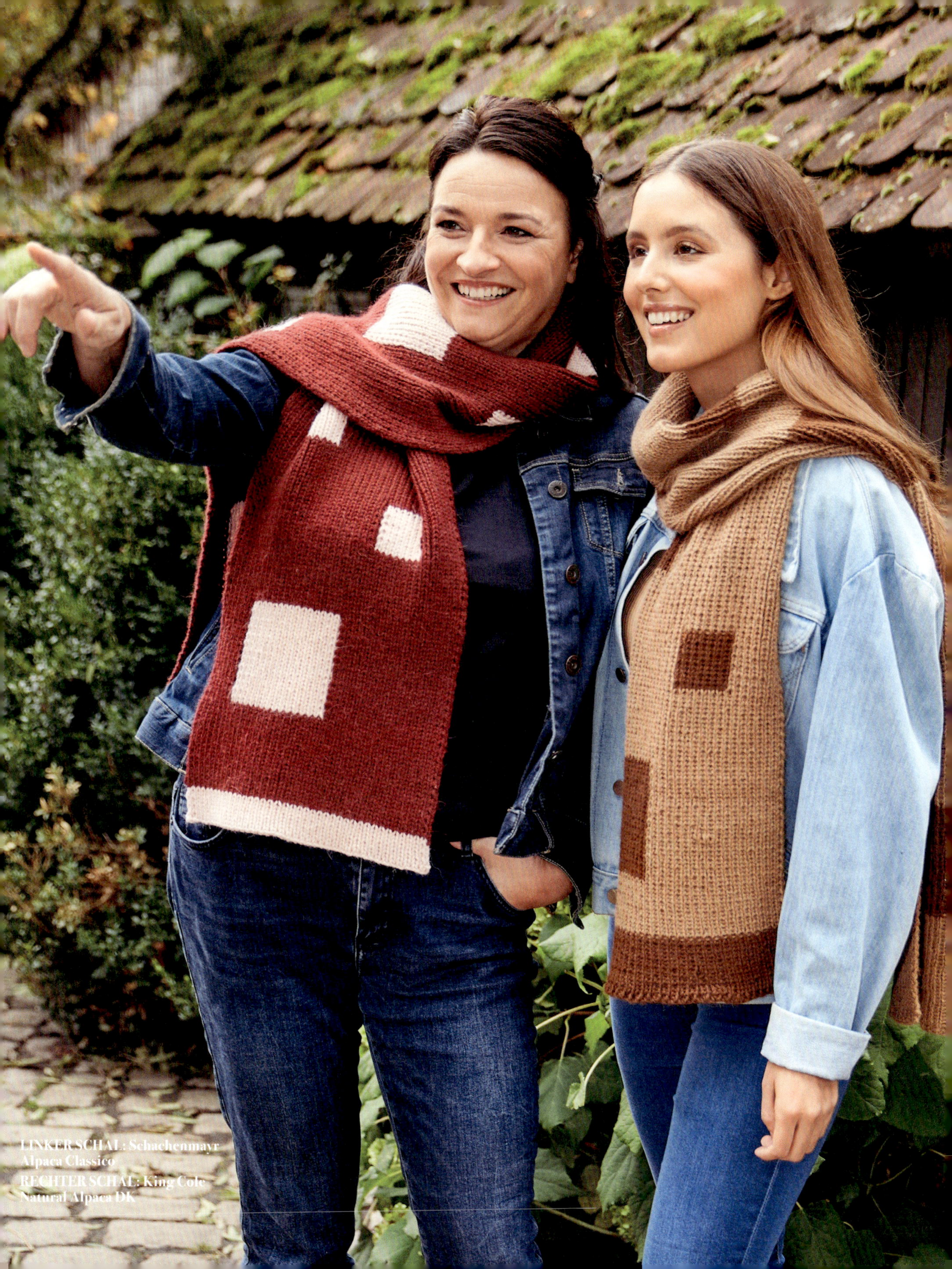

LINKER SCHAL: Schachenmayr Alpaca Classico
RECHTER SCHAL: King Cole Natural Alpaca DK

Ab der Mitte wird die Anordnung gespiegelt.
1.-30. R: In Bratapfel (Caramel) str.

31.-56. R
Hinr: 14 M in Bratapfel (Caramel), 30 M in Melba (Toffee), 36 M in Bratapfel (Caramel) str.
Rückr: 36 M in Bratapfel (Caramel), 30 M in Melba (Toffee), 14 M in Bratapfel (Caramel) str.

57.-72. R: In Bratapfel (Caramel) str.

73.-84. R
Hinr: 50 M in Bratapfel (Caramel), 14 M in Melba (Toffee), 16 M in Bratapfel (Caramel str.
Rückr: 16 M in Bratapfel (Caramel), 14 M in Melba (Toffee), 50 M in Bratapfel (Caramel) str.

85.-96. R: In Bratapfel (Caramel) str.

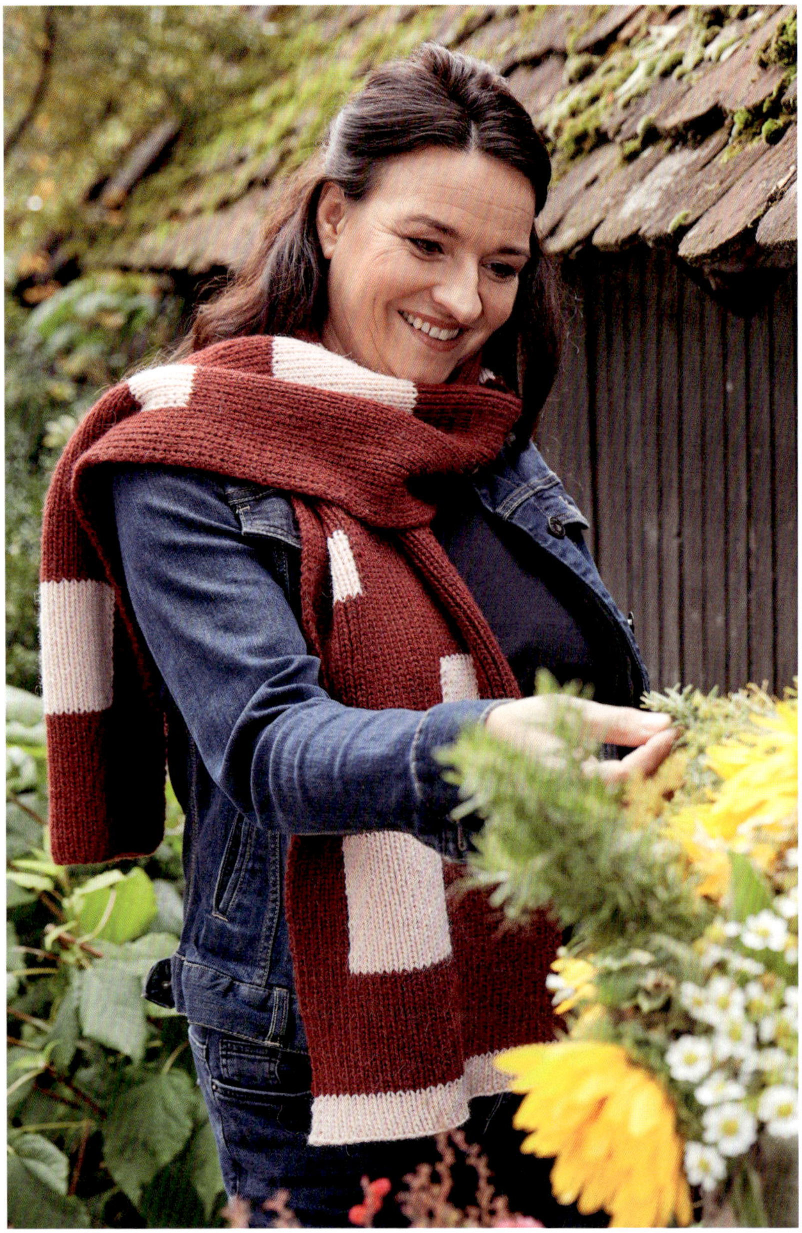

97.-108. R
Hinr: 16 M in Bratapfel (Caramel), 14 M in Melba (Toffee), 50 M in Bratapfel (Caramel str.
Rückr: 50 M in Bratapfel (Caramel), 14 M in Melba (Toffee), 16 M in Bratapfel (Caramel) str.

109.-124. R: In Bratapfel (Caramel) str.

125.-150. R
Hinr: 36 M in Bratapfel (Caramel), 30 M in Melba (Toffee), 14 M in Bratapfel (Caramel str.
Rückr: 14 M in Bratapfel (Caramel), 30 M in Melba (Toffee), 36 M in Bratapfel (Caramel) str.

151.-166. R: In Bratapfel (Caramel) str.

167.-178. R
Hinr: 16 M in Bratapfel (Caramel), 14 M in Melba (Toffee), 50 M in Bratapfel (Caramel str.
Rückr: 50 M in Bratapfel (Caramel), 14 M in Melba (Toffee), 16 M in Bratapfel (Caramel) str.

179.-190. R: In Bratapfel (Caramel) str.

191.-202. R
Hinr: 50 M in Bratapfel (Caramel), 14 M in Melba (Toffee), 16 M in Bratapfel (Caramel str.
Rückr: 16 M in Bratapfel (Caramel), 14 M in Melba (Toffee), 50 M in Bratapfel (Caramel) str.

203.-214. R: In Bratapfel (Caramel) str. Ab hier wird gespiegelt.

215.-226. R
Hinr: 50 M in Bratapfel (Caramel), 14 M in Melba (Toffee), 16 M in Bratapfel (Caramel str.

Rückr: 16 M in Bratapfel (Caramel), 14 M in Melba (Toffee), 50 M in Bratapfel (Caramel) str.

227.-238. R: In Bratapfel (Caramel) str.

239.-250. R
Hinr: 16 M in Bratapfel (Caramel), 14 M in Melba (Toffee), 50 M in Bratapfel (Caramel str.
Rückr: 50 M in Bratapfel (Caramel), 14 M in Melba (Toffee), 16 M in Bratapfel (Caramel) str.

251.-266. R: In Bratapfel (Caramel) str.

267.-292. R
Hinr: 36 M in Bratapfel (Caramel), 30 M in Melba (Toffee), 14 M in Bratapfel (Caramel str.
Rückr: 14 M in Bratapfel (Caramel), 30 M in Melba (Toffee), 36 M in Bratapfel (Caramel) str.

293.-308. R: In Bratapfel (Caramel) str.

309.-320. R
Hinr: 16 M in Bratapfel (Caramel), 14 M in Melba (Toffee), 50 M in Bratapfel (Caramel str.
Rückr: 50 M in Bratapfel (Caramel), 14 M in Melba (Toffee), 16 M in Bratapfel (Caramel) str.

321.-332. R: In Bratapfel (Caramel) str.

333.-344. R
Hinr: 50 M in Bratapfel (Caramel), 14 M in Melba (Toffee), 16 M in Bratapfel (Caramel str.
Rückr: 16 M in Bratapfel (Caramel), 14 M in Melba (Toffee), 50 M in Bratapfel (Caramel) str.

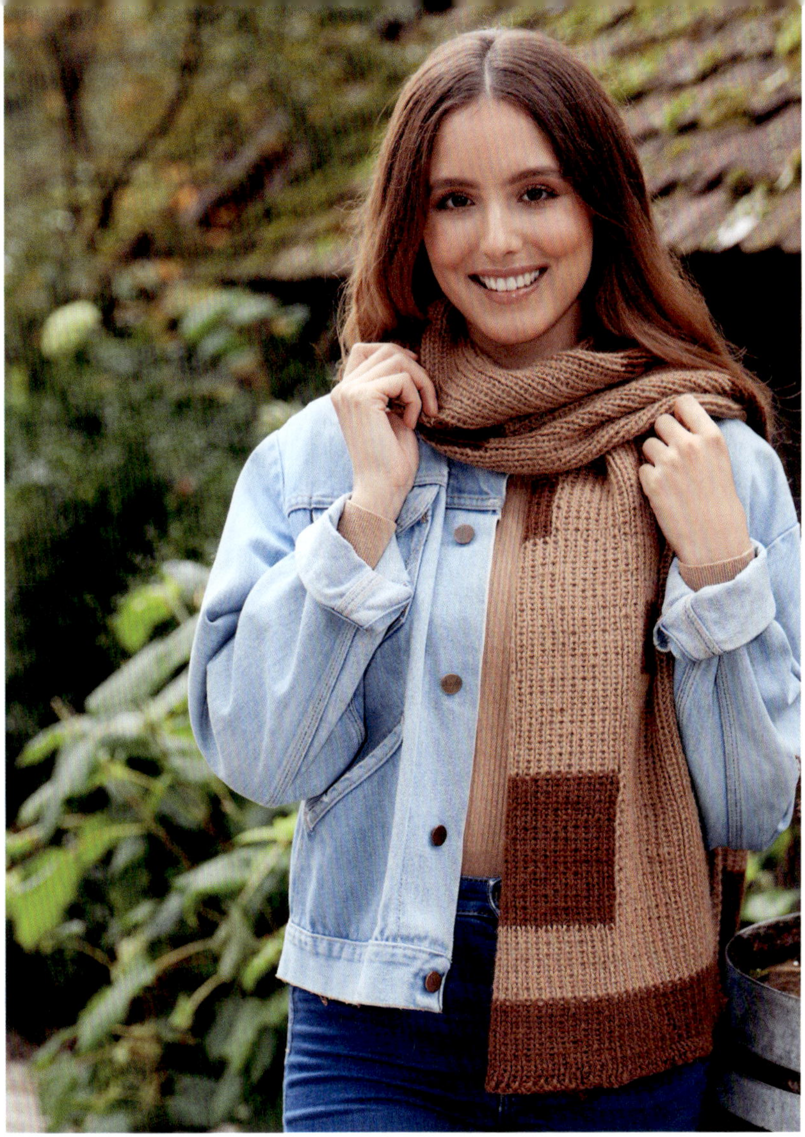

345.-360. R: In Bratapfel (Caramel) str.

361.-386. R
Hinr: 14 M in Bratapfel (Caramel), 30 M in Melba (Toffee), 36 M in Bratapfel (Caramel) str.
Rückr: 36 M in Bratapfel (Caramel), 30 M in Melba (Toffee), 14 M in Bratapfel (Caramel) str.

387.-408. R: In Bratapfel (Caramel) str.
409.-416. R: In Melba (Toffee) str.

In der letzten R alle M abk und Fäden vernähen. Nach Lust und Laune kann der Schal noch mit Fransen verziert werden.
Jetzt noch baden, vorsichtig in Form legen und ausgebreitet trocknen lassen.

Geschafft! Der Cozy Hugs Schal aus Alpakawolle überzeugt durch seine Schlichtheit und bringt einhundert Prozent Kuschelfaktor mit sich.

STULPEN, SÖCKCHEN UND KOLLEKTIONEN

Modisch bestrickt – ich liebe es! Mit Stulpen, Loop oder einer Mütze hat man ratzfatz ein individuelles Geschenk. Und vergesst nicht: Man darf sich auch mal selbst etwas schenken!

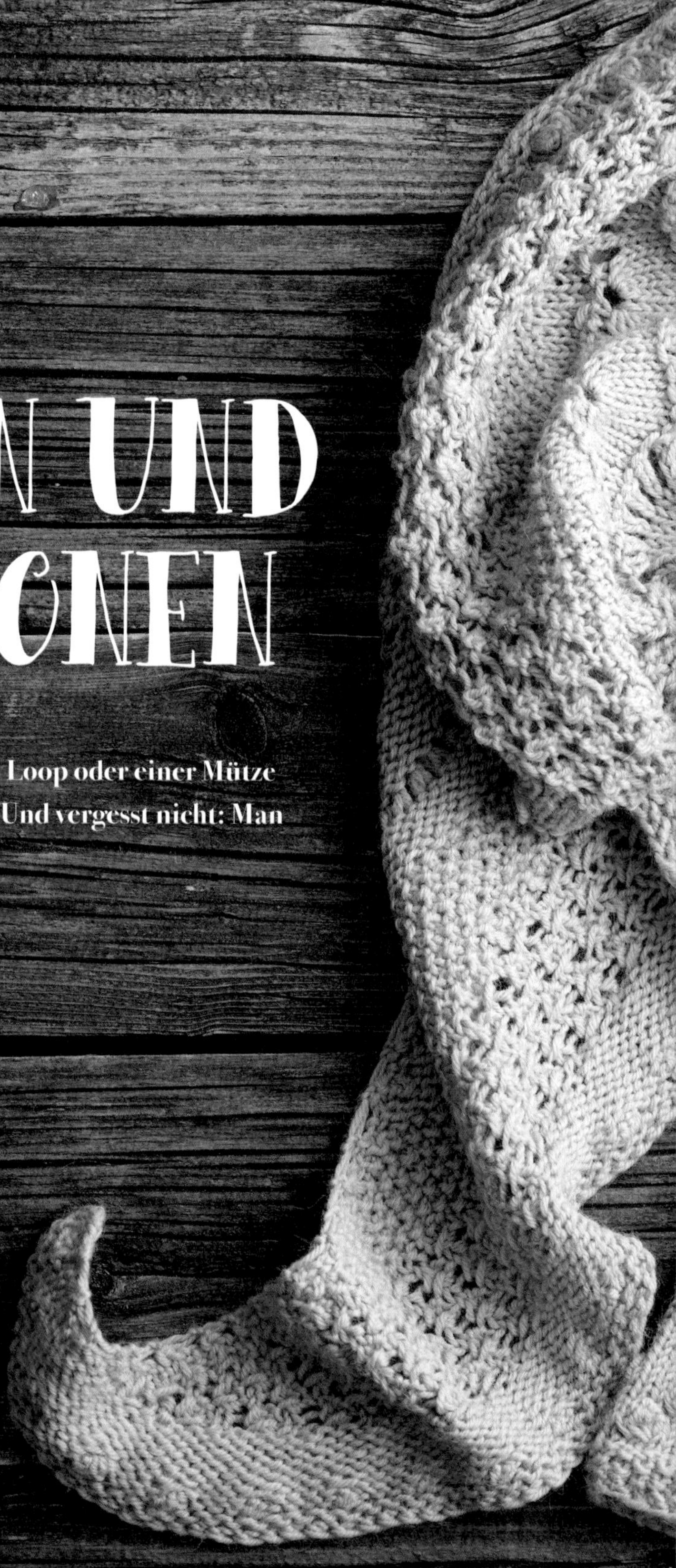

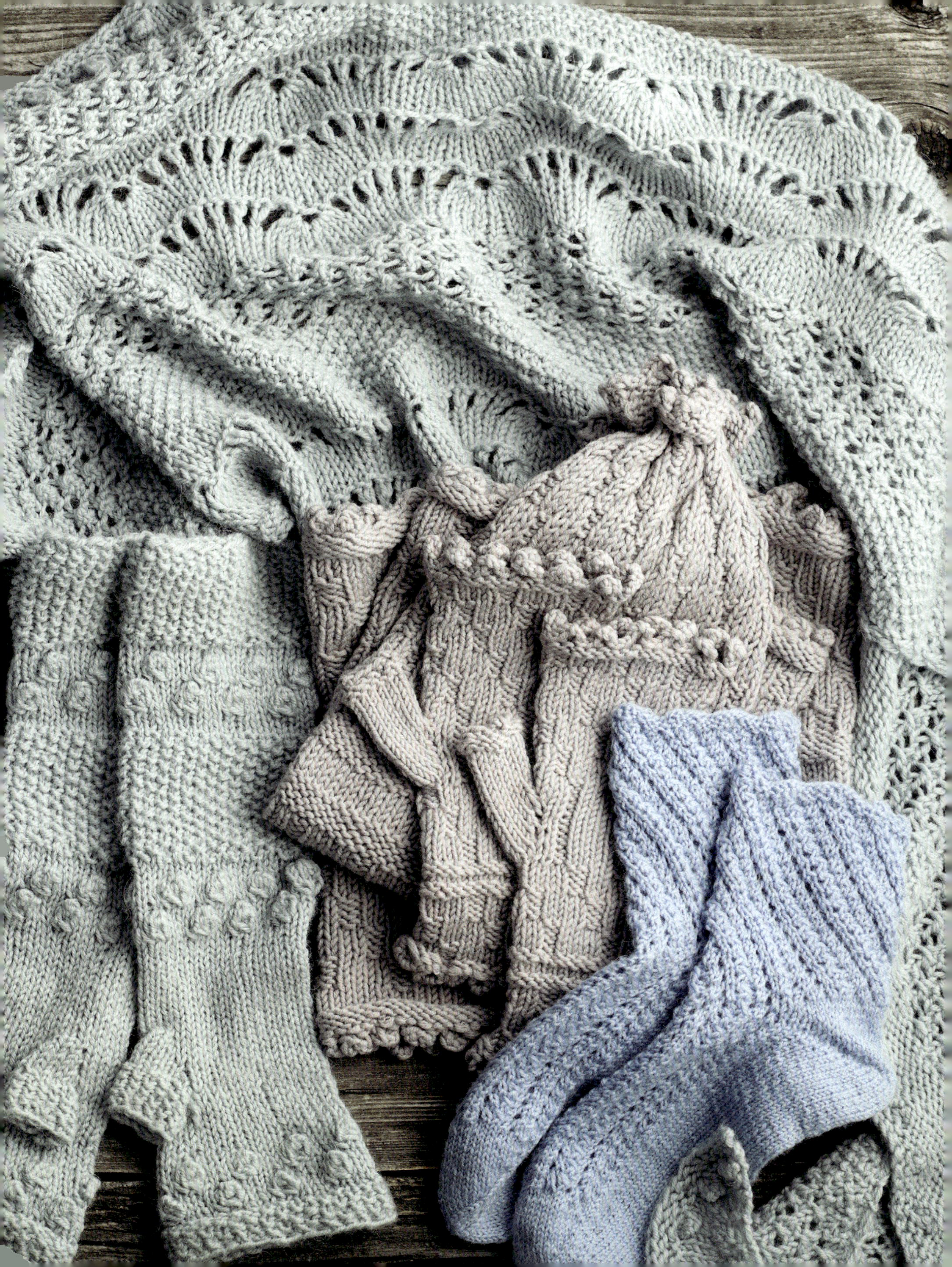

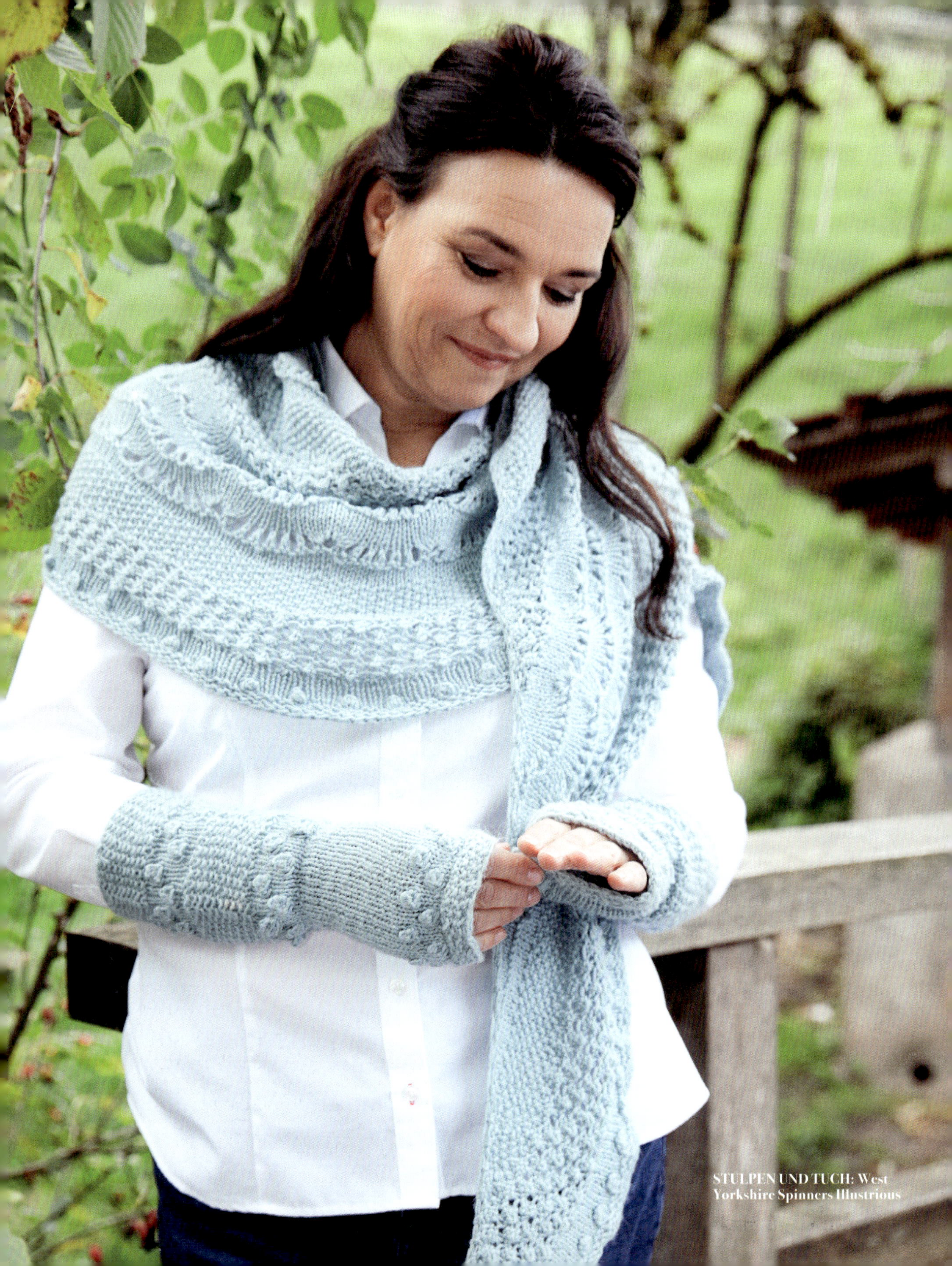

STULPEN UND TUCH: West Yorkshire Spinners Illustrious

Sweet Times

LANGE HAND-STULPEN

Eilidh lachte und strich bewundernd über ihre Hand, die in der Sweet Times Stulpe steckte. »Wunderschön«, jubelte sie. »Jetzt darf es von mir aus Winter werden.«

GRÖSSE
Einheitsgröße

MATERIAL
- Schachenmayr Merino Extrafine 120 (LL 120 m/50 g) in Passion meliert (Fb 127), 100 g
- Nadelspiel 4,0 mm

ALTERNATIV-MATERIAL
- West Yorkshire Spinners Illustrious (LL 225 m/100 g) in Sea Glass (Fb 303), 100 g
- Nadelspiel 4,0 mm

MASCHENPROBE
Glatt rechts mit Nd 4,0 mm sind 22 M und 28 R = 10 cm x 10 cm.

MUSTER

PERLMUSTER

1. Rd: 1 M rechts, 1 M links.
2. Rd: 1 M links, 1 M rechts.
(Das heißt: rechte und linke M werden in jeder Rd versetzt gestrickt.)

BOBBLE

1 kfbfb, Arbeit wenden, 4 M links, Arbeit wenden, 4 M rechts verschränkt zusammenstr.

JETZT GEHT ES LOS

Die Angaben zum Alternativ-Garn stehen in den Klammern.

32 M in Passion meliert (SeaGlass) anschl und in Rd str.
1. Rd: 16x [1 M rechts, 1 M links].
2. Rd: 16x [1 M links, 1 M rechts].
Die 1. und 2. Rd insgesamt 10x arb.
21.-24. Rd: je 32 M rechts.
25. Rd: 4x [2 M rechts, 1 Bobble, 3 M rechts, 1 Bobble, 1 M rechts].
26.-28. Rd: je 32 M rechts.
29. Rd: 8x [1 Bobble, 3 M rechts].
30.-33. Rd: je 32 M rechts.
34. Rd: 16x [1 M rechts, 1 M links].
35. Rd: 16x [1 M links, 1 M rechts].
Die 34. und 35. Rd insgesamt 10x arb.
54.-57. Rd: je 32 M rechts.

58. Rd: 4x [2 M rechts, 1 Bobble, 3 M rechts, 1 Bobble, 1 M rechts].
59.-61. Rd: je 32 M rechts.
62. Rd: 8x [1 Bobble, 3 M rechts].
63.-77. Rd: je 32 M rechts.
78. Rd: 15 M rechts, MM, 1 tavM, 2 M rechts, 1 tafM, MM, 15 M rechts.
79. Rd: 34 M rechts.
80. Rd: 15 M rechts, MM, 1 tavM, 4 M rechts, 1 tafM, MM, 15 M rechts.
81. Rd: 36 M rechts.
82. Rd: 15 M rechts, MM, 1 tavM, 6 M rechts, 1 tafM, MM, 15 M rechts.
83. Rd: 38 M rechts.
84. Rd: 15 M rechts, MM, 1 tavM, 8 M rechts, 1 tafM, MM, 15 M rechts.
85. Rd: 15 M rechts, MM weg, 1 tavM, 10 M rechts stilllegen, MM weg, 1 tafM, 15 M rechts.

Achtung, die aufgenommenen M sollen an dieser Stelle nicht mehr zum Daumen, sondern zum Hauptteil, damit es wieder 32 Maschen sind! Die Verbindung zwischen den ersten 16 und zweiten 16 Maschen – an den stillgelegten Daumenmaschen vorbei – gut anziehen. Ein kleines Loch entsteht, das wird später beim Vernähen geschlossen.

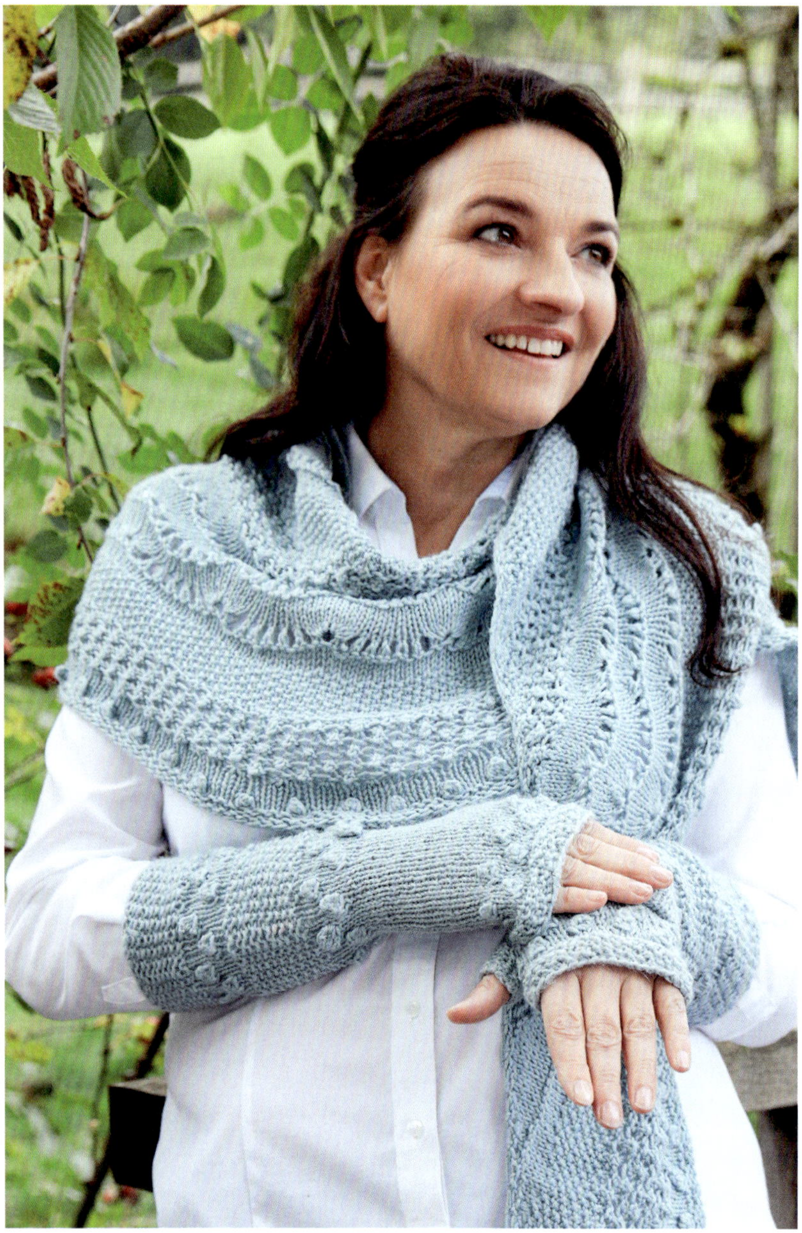

86.-95. Rd: je 32 M rechts.
96. Rd: 8x [1 Bobble, 3 M rechts].
97.-99. Rd: je 32 M rechts.
100. Rd: 4x [2 M rechts, 1 Bobble, 3 M rechts, 1 Bobble, 1 M rechts].
101.-103. Rd: je 32 M rechts.
104.-109. Rd: wie die 1. und 2. Rd str.
110. Rd: 1 M rechts, * (1 M links, beide M zurück auf die linke Nadel legen und 2 M rechts verschränkt zusammenstr), (1 M rechts, beide M zurück auf die linke Nadel legen und 2 M rechts verschränkt zusammenstr), ab * wdh bis zur letzten M.

Zum Abschluss die erste M der abgenommenen Rd nochmal aufnehmen und die letzten 2 M rechts verschränkt zusammenstr.

DAUMEN

Die stillgelegten M aufnehmen (mit 3 statt 4 Nadeln lässt sich der Daumen leichter str). Zusätzlich zu den aufgenommenen M am Daumenansatz auf beiden Seiten je 1 M tiefer gestochen verschränkt aufnehmen.

12 Rd im Perlmuster str und dann elastisch abk, wie oben in Rd 110.

Fäden vernähen und die warmen Hände genießen!

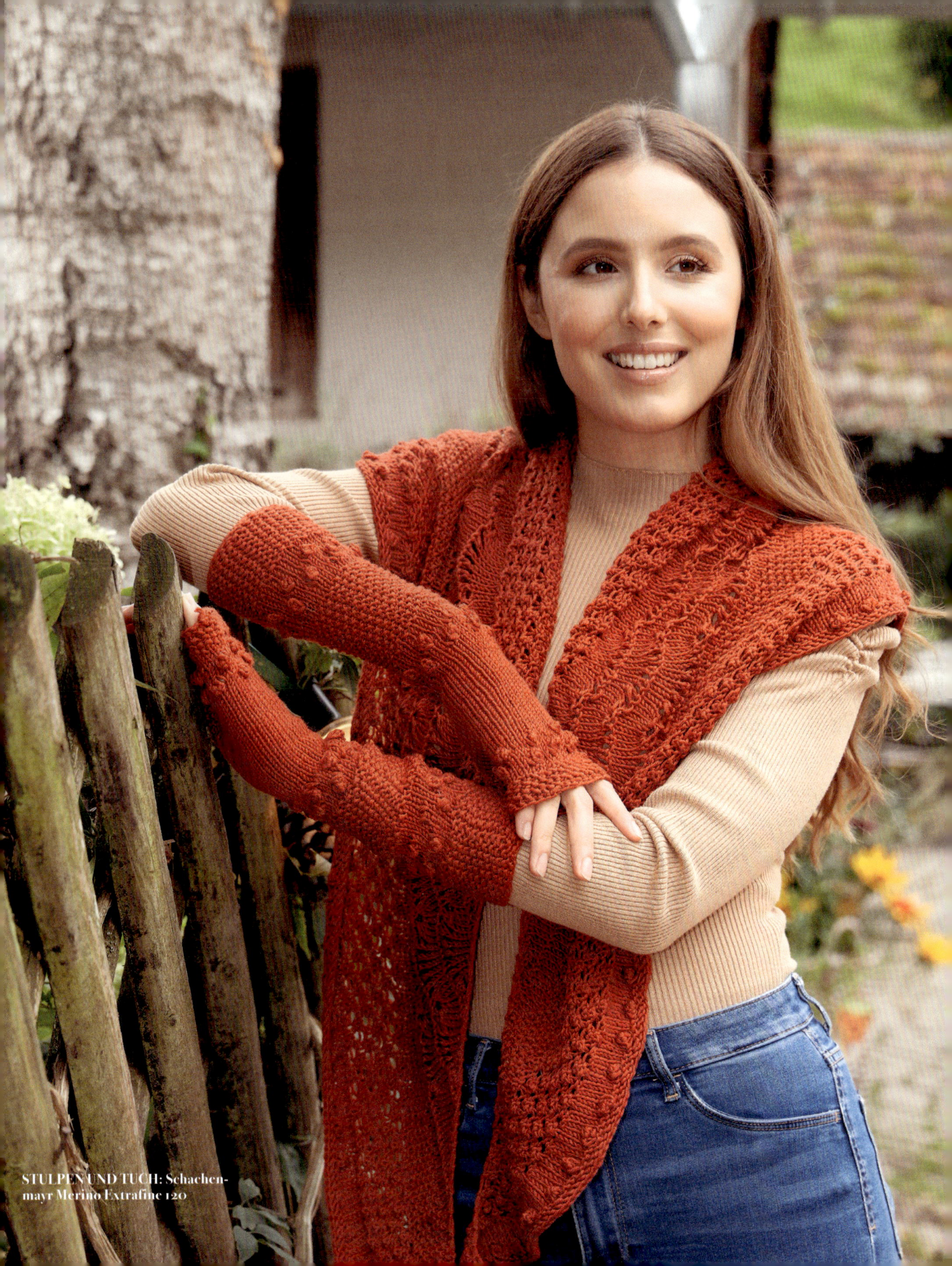

STULPEN UND TUCH: Schachenmayr Merino Extrafine 120

Good Mood

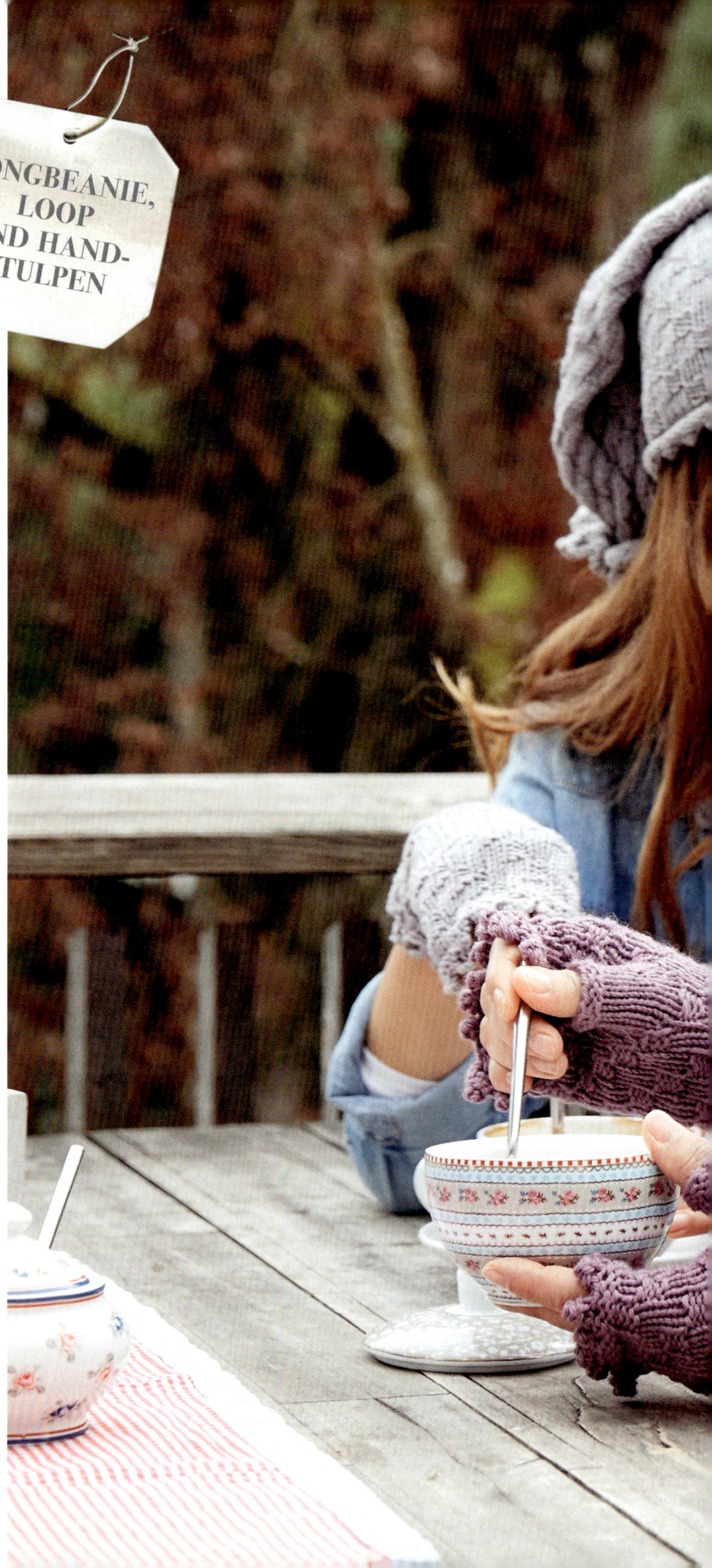

»Was hast du auf der Nadel?«, wollte Chloe wissen. »Etwas, was man immer gebrauchen kann«, antwortete ich. »Ich stricke Masche für Masche gute Laune. Stulpen, Mütze und Loop – ich nenne die Kollektion ›Good Mood‹.«

GRÖSSE
Einheitsgröße

MATERIAL
LONGBEANIE
- Schachenmayr Merino Extrafine 120 (LL 120 m/50 g) in Harmony meliert (Fb 157), 100 g
- Rundstricknadel 4,0 mm, 60 cm lang

ALTERNATIV-MATERIAL
- West Yorkshire Spinners Pure DK (LL 112 m/50 g) in Blackcurrant (Fb 319), 100 g
- Rundstricknadel 4,0 mm, 60 cm lang

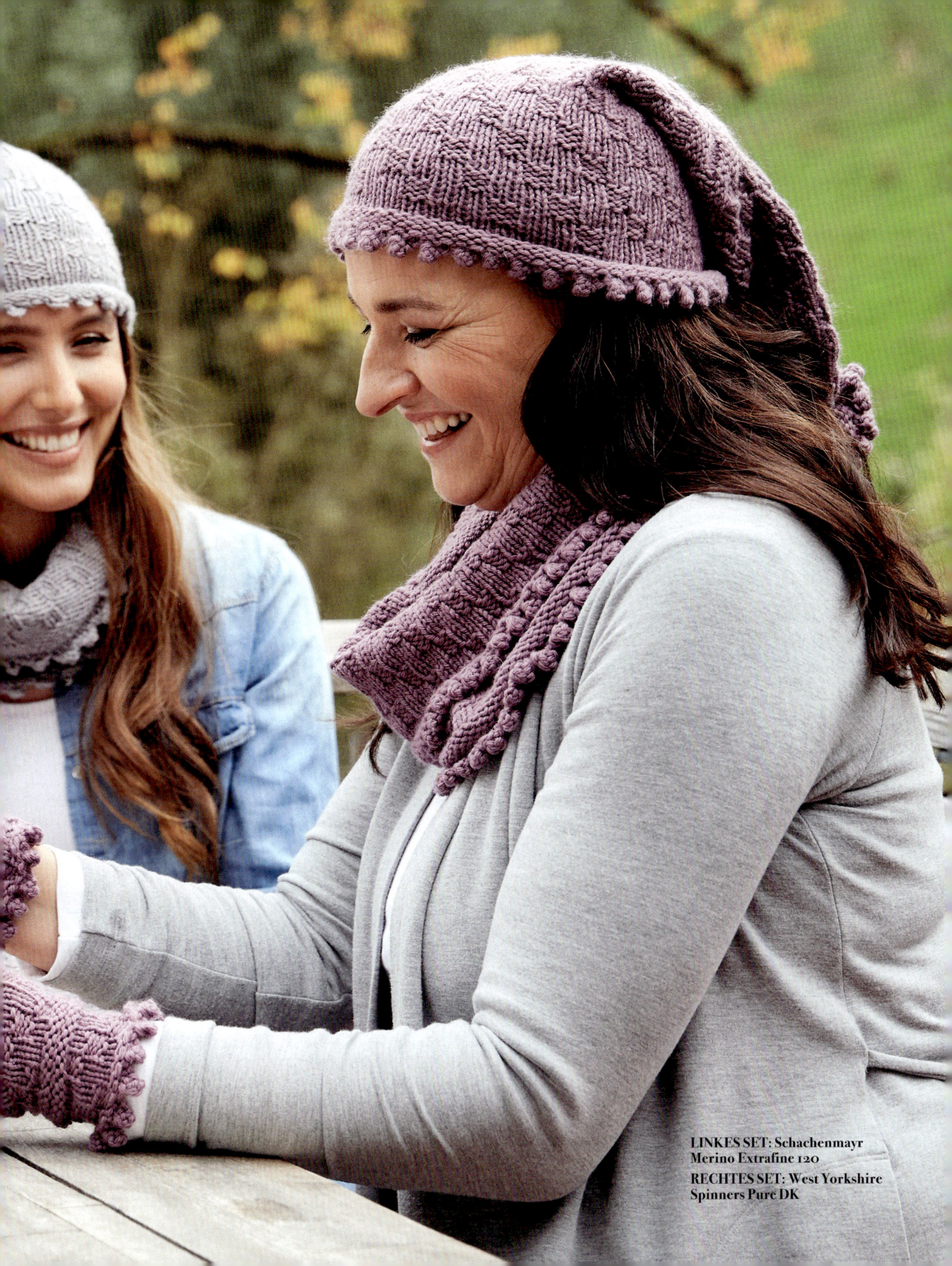

LINKES SET: Schachenmayr Merino Extrafine 120
RECHTES SET: West Yorkshire Spinners Pure DK

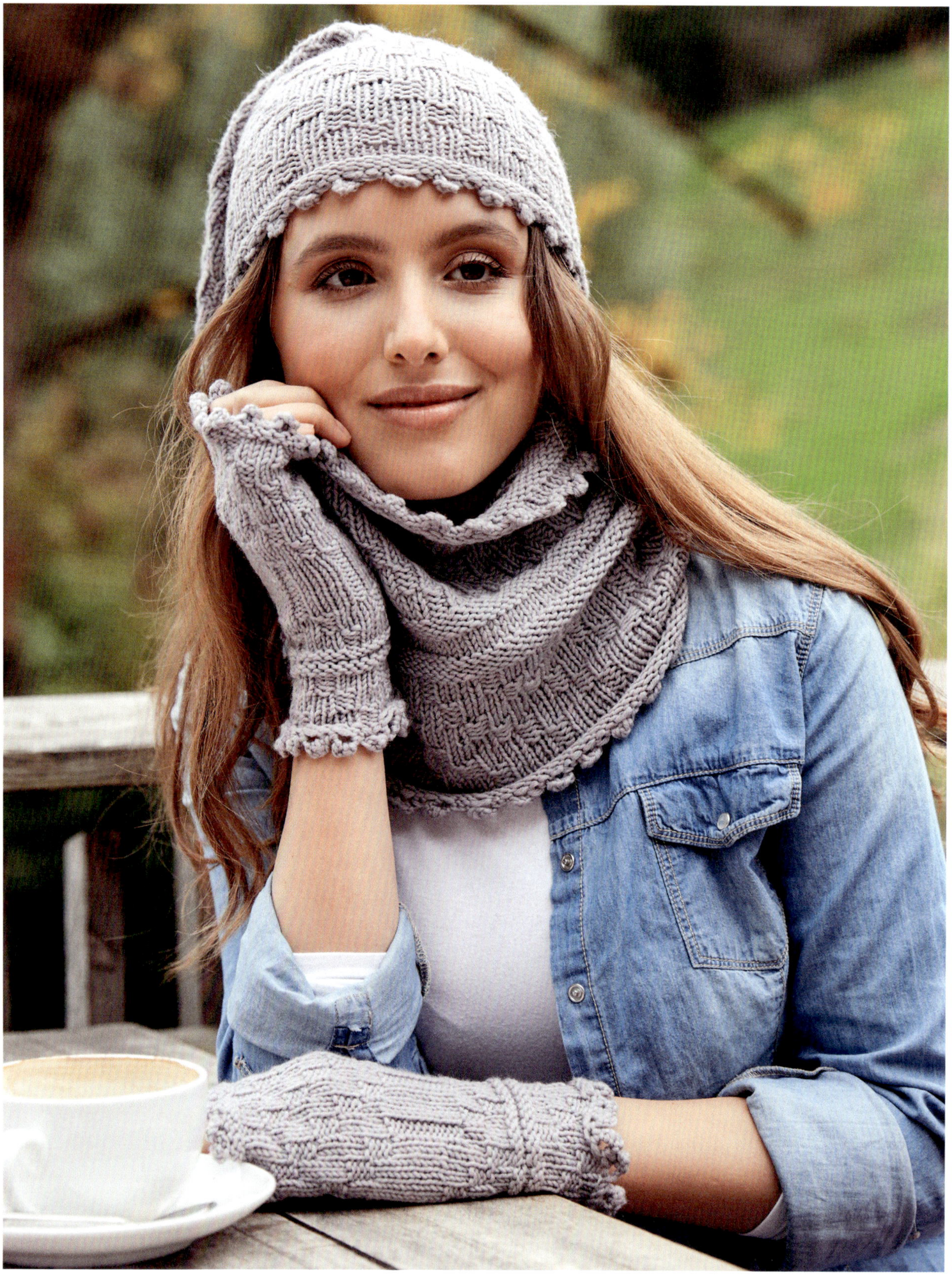

LOOP
- Schachenmayr Merino Extrafine 120 (LL 120 m/50 g) in Harmony meliert (Fb 157), 100 g
- Rundstricknadel 4,0 mm, 60 cm lang

ALTERNATIV-MATERIAL
- West Yorkshire Spinners Pure DK (LL 112 m/50 g) in Blackcurrant (Fb 319), 100 g
- Rundstricknadel 4,0 mm, 60 cm lang

HANDSTULPEN
- Schachenmayr Merino Extrafine 120 (LL 120 m/50 g) in Harmony meliert (Fb 157), 50 g
- Nadelspiel 4,0 mm (oder Sockenrundstricknadel oder Rundstricknadel mit langem Seil für Magic Loop Technik)

ALTERNATIV-MATERIAL
- West Yorkshire Spinners Pure DK (LL 112 m/50 g) in Blackcurrant (Fb 319), 50 g
- Nadelspiel 4,0 mm (oder Sockenrundstricknadel oder Rundstricknadel mit langem Seil für Magic Loop Technik)

MASCHENPROBE
Glatt rechts mit Nd 4,0 mm sind 22 M und 28 R = 10 cm x 10 cm.

MUSTER

GEHÄKELTER ANSCHLAG GRUNDSÄTZLICH

Für den gehäkelten Anschlag nimmt man eine M auf die Häkelnadel, hält die Stricknadel in der linken Hand, die Häkelnadel in der rechten Hand vor der Stricknadel. Der Faden wird hinter die Stricknadel gelegt, vor der Stricknadel mit der Häkelnadel aufgenommen und durch die M, die auf der Häkelnadel liegt, durchgezogen. So hat man eine erste M auf der Stricknadel. Den Faden wieder hinter die Stricknadel legen und mit der Häkelnadel von vorn eine M häkeln. Man häkelt die Stricknadel sozusagen ein. Am Ende legt man die Schlaufe von der Häkelnadel auf die Stricknadel. Achtung, diese M auch mitzählen, sonst hat man eine zu viel.
Der gehäkelte Anschlag ist fertig, ab jetzt wird gestrickt.

GEHÄKELTER ANSCHLAG MIT PICOT (Runde)

1 M anschl, dann den ersten Picot mit 3 Lm, in die mittlere Lm 1 Stb, in die folgende Lm 1 fM häkeln, dann wieder 2 M anschl, Picot häkeln wie anfangs beschrieben, 2 M anschl usw. Nach dem letzten Picot die M von der Häkelnadel auf die Stricknadel nehmen und alles zur Rd schließen.

GEHÄKELTES ABKETTEN MIT PICOT

Die letzte gestrickte M auf die Häkelnadel nehmen, durch die nächste M auf der linken Stricknadel stechen, den Faden holen und durch beide M ziehen, einen Picot mit 3 Lm, 1 Stb, 1 fM häkeln, 2 M gehäkelt abk (wie am Anfang), Picot häkeln usw.

ELASTISCH ABKETTEN

1 M rechts, * (1 M links, beide M zurück auf die linke Nadel legen und 2 M rechts verschränkt zusammenstr), (1 M rechts, beide M zurück auf die linke Nadel legen und 2 M rechts verschränkt zusammenstr), ab * wdh bis zur letzten M.
Zum Abschluss die erste M der abgenommenen Rd nochmal aufnehmen und die letzten 2 M rechts verschränkt zusammenstr.

ALLGEMEINES

MASCHENZAHL BERECHNEN FÜR DIE LONGBEANIE

Du kannst mit Hilfe einer Maschenprobe und deinem Kopfumfang deine benötigte M-Zahl selbst ausrechnen.
Zum Beispiel: 10 cm = 17 M.
58 cm (Kopfumfang) → 17 : 10 x 58 = gerundet 99.

HINWEIS: Um der Dehnung der Wolle Rechnung zu tragen, nimmt man immer etwas weniger als eigentlich ausgerechnet. Bei dieser Mütze fällt das Bündchen weg, das normalerweise für guten Halt sorgt. Deshalb schlage ich noch weniger an, damit die Mütze trotzdem gut sitzt. Mit Bündchen würde ich 90 M anschl, für die Good Mood Beanie nehme ich 72.

JETZT GEHT ES LOS

LONGBEANIE

72 M gehäkelter Anschlag mit Picot.
1.-4. Rd: Alle M links str.
5.-8. Rd: Alle M rechts str.
9.-12. Rd: * 4 M rechts, 2 M links, ab * fortlaufend wdh.
13.-16. Rd: * 2 M links, 4 M rechts, ab * fortlaufend wdh.
17.-20. Rd: * 2 M rechts, 2 M links, 2 M rechts, ab * fortlaufend wdh.
Die 9.-20. Rd insgesamt 4x str.
57.-60. Rd: Alle M links str.
61.-64. Rd: Alle M rechts str.
65.-68. Rd: Alle M links str.
69.-72. Rd: * 4 M rechts, 2 M links, ab * fortlaufend wdh.
73.-76. Rd: * 2 M links, 4 M rechts, ab * fortlaufend wdh.
77.-80. Rd: * 2 M rechts, 2 M links, 2 M rechts, ab * fortlaufend wdh.
Die 69.-80. Rd insgesamt 4x str.
117. Rd: Alle M rechts str, nach jeder 3. M einen U machen und jede 4. und 5. M zusammenstr – hier wird später eine Kordel durchgezogen.
118-120. Rd: Alle M rechts str.
121.-124. Rd: Alle M links str.
In der 125. Rd alle M gehäkelt abk (immer wdh: 1 Picot, 2 Km).
Fäden vernähen.
Eine etwa 20 cm lange Lm-Kordel häkeln und durch die Löcher in der 117. R ziehen. Die Mütze zusammenziehen und eine Schleife binden.

Fertig ist deine neue Longbeanie!

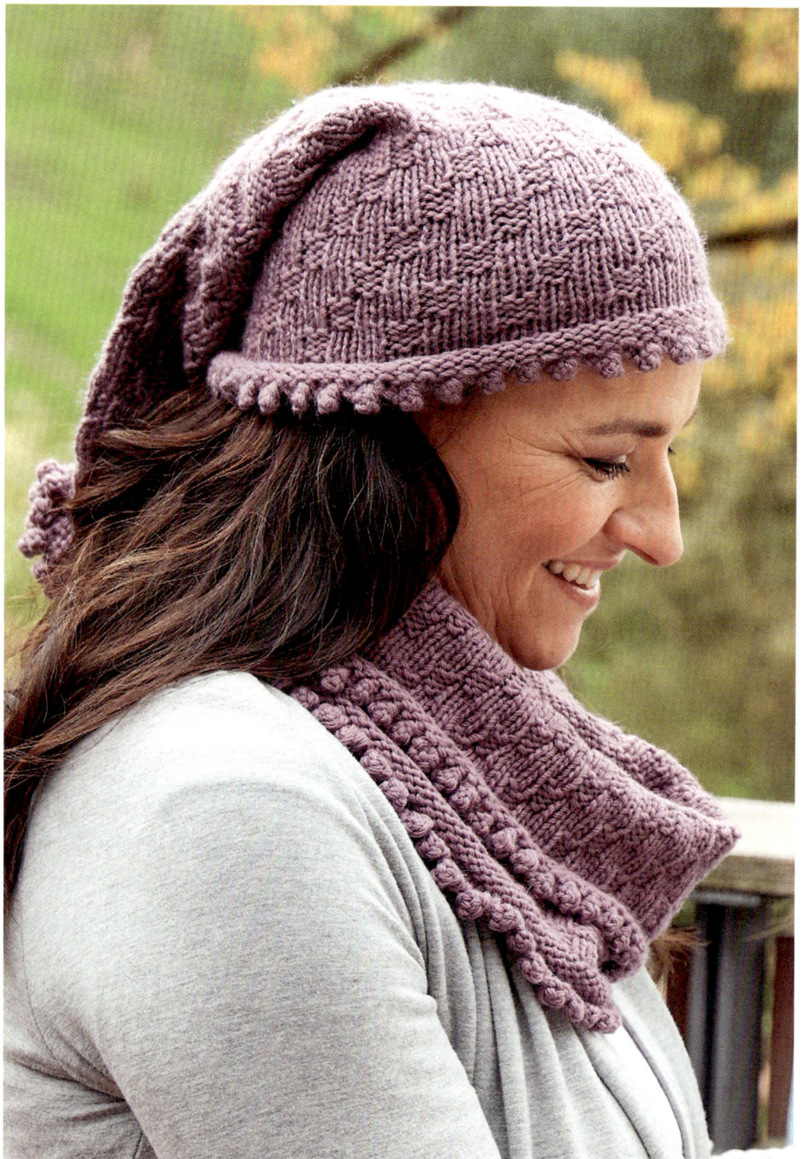

LOOP

90 M gehäkelter Anschlag mit Picot.
1.-4. Rd: Alle M links str.
5.-8. Rd: Alle M rechts str.
9.-12. Rd: * 4 M rechts, 2 M links, ab * fortlaufend wdh.
13.-16. Rd: * 2 M links, 4 M rechts, ab * fortlaufend wdh.
17.-20. Rd: * 2 M rechts, 2 M links, 2 M rechts, ab * fortlaufend wdh.
21.-24. Rd: * 4 M rechts, 2 M links, ab * fortlaufend wdh.
25.-28. Rd: * 2 M links, 4 M rechts, ab * fortlaufend wdh.
29.-32. Rd: * 2 M rechts, 2 M links, 2 M rechts, ab * fortlaufend wdh.
33.-36. Rd: Alle M links str.
37.-40. Rd: Alle M rechts str.
41.-44. Rd: Alle M links str.
45.-48. Rd: * 4 M rechts, 2 M links, ab * fortlaufend wdh.
49.-52. Rd: * 2 M links, 4 M rechts, ab * fortlaufend wdh.
53.-56. Rd: * 2 M rechts, 2 M links, 2 M rechts, ab * fortlaufend wdh.
57.-60. Rd: * 4 M rechts, 2 M links, ab * fortlaufend wdh.
61.-64. Rd: * 2 M links, 4 M rechts, ab * fortlaufend wdh.
65.-68. Rd: * 2 M rechts, 2 M links, 2 M rechts, ab * fortlaufend wdh.
69.-72. Rd: Alle M rechts str.
73.-76. Rd: Alle M links str.

In der 77. Rd. alle M gehäkelt abk (immer wdh: 1 Picot, 2 Km).

Fäden vernähen und fertig!

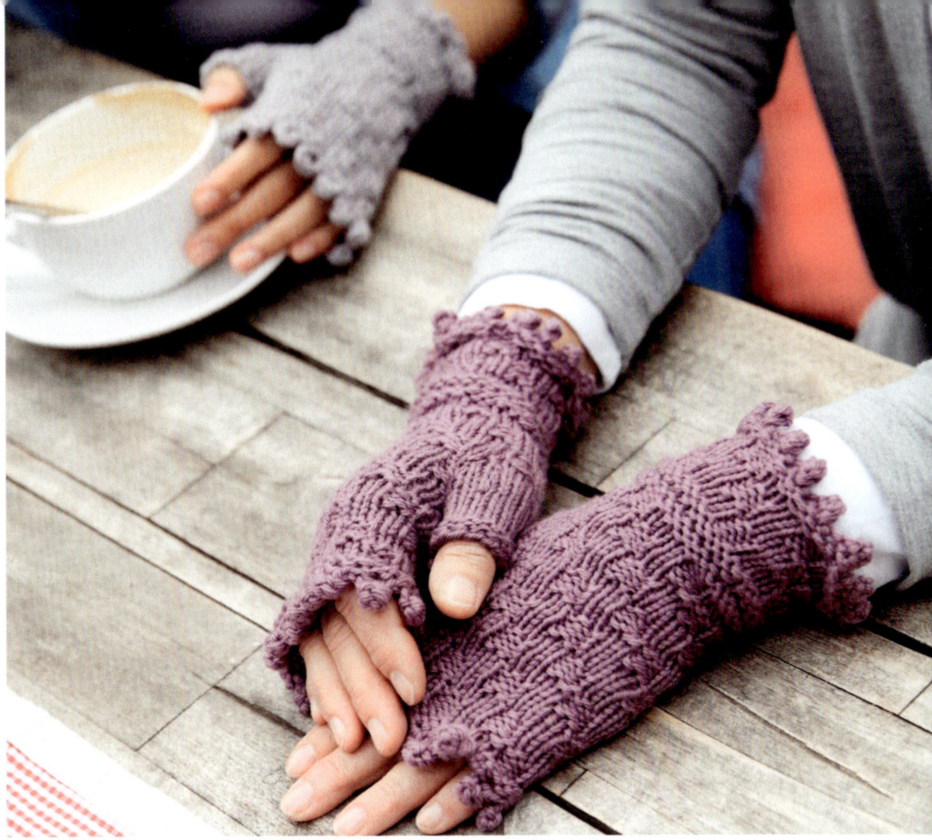

HANDSTULPEN

30 M gehäkelter Anschlag mit Picot

1.+2. Rd: Alle M links str.

3.-6. Rd: * 4 M rechts, 2 M links, ab * fortlaufend wdh.

7.-10. Rd: * 2 M links, 4 M rechts, ab * fortlaufend wdh.

11.-14. Rd: * 2 M rechts, 2 M links, 2 M rechts, ab * fortlaufend wdh.

15.+16. Rd: Alle M links str.

17.+18. Rd: Alle M rechts str.

19.+20. Rd: Alle M links str, dabei in der 20. Rd verteilt 6 M aus dem Querfaden zunehmen (= 36 M).

21.-24. Rd: * 4 M rechts, 2 M links, ab * fortlaufend wdh.

25.-28. Rd: * 2 M links, 4 M rechts, ab * fortlaufend wdh.

29.-32. Rd: * 2 M rechts, 2 M links, 2 M rechts, ab * fortlaufend wdh.

33. Rd: 2x [4 M rechts, 2 M links], 2 M rechts, MM, 1 tavM, 2 M rechts, 1 tafM, MM, 3x [4 M rechts, 2 M links], 2 M rechts.

34. Rd: 2x [4 M rechts, 2 M links], 2 M rechts, MM, 4 M rechts, MM, 3x [4 M rechts, 2 M links], 2 M rechts.

35. Rd: 2x [4 M rechts, 2 M links], 2 M rechts, MM, 1 tavM, 4 M rechts, 1 tafM, MM, 3x [4 M rechts, 2 M links], 2 M rechts.

36. Rd: 2x [4 M rechts, 2 M links], 2 M rechts, MM, 6 M rechts, MM, 3x [4 M rechts, 2 M links], 2 M rechts.

Für die Stulpen in Harmony meliert wie beschrieben weiterstr; für die Variante in Blackcurrant das Muster vor und nach den MM wie zuvor versetzen und bis zum Ende der Stulpe weiterführen.

37. Rd: 2x [4 M rechts, 2 M links], 2 M rechts, MM, 1 tavM, 6 M rechts, 1 tafM, MM, 3x [4 M rechts, 2 M links], 2 M rechts.

38. Rd: 2x [4 M rechts, 2 M links], 2 M rechts, MM, 8 M rechts, MM, 3x [4 M rechts, 2 M links], 2 M rechts.

39. Rd: 2x [4 M rechts, 2 M links], 2 M rechts, MM, 1 tavM, 8 M rechts, 1 tafM, MM, 3x [4 M rechts, 2 M links], 2 M rechts.

40. Rd: 2x [4 M rechts, 2 M links], 2 M rechts, MM weg, 1 tavM, 10 M rechts stilllegen, MM weg, 1 tafM, 3x [4 M rechts, 2 M links], 2 M rechts.

Achtung! Die aufgenommenen M sollen an dieser Stelle (= in der 40. Rd) nicht mehr zum Daumen, sondern zum Hauptteil, damit es wieder 36 M sind! Die Verbindung zwischen den M vor und nach dem Daumen – hinter den stillgelegten Daumen-M vorbei – gut anziehen. Ein kleines Loch entsteht, das wird später beim Vernähen geschlossen.

41.-44. Rd: * 4 M rechts, 2 M links, ab * fortlaufend wdh.

45.-48. Rd: * 2 M links, 4 M rechts, ab * fortlaufend wdh.

49.-52. Rd: * 2 M rechts, 2 M links, 2 M rechts, ab * fortlaufend wdh.

53.-56. Rd: * 4 M rechts, 2 M links, ab * fortlaufend wdh.

57.-60. Rd: * 2 M links, 4 M rechts, ab * fortlaufend wdh.

61.-64. Rd: * 2 M rechts, 2 M links, 2 M rechts, ab * fortlaufend wdh.

65.+66. Rd: Alle M links str.

Alle M gehäkelt abk mit 1 Picot nach jeder zweiten M.

DAUMEN

Die stillgelegten M aufnehmen (mit 3 statt 4 Nadeln lässt sich der Daumen leichter str). Zusätzlich zu den aufgenommenen M am Daumenansatz auf beiden Seiten je eine M tiefer gestochen verschränkt aufnehmen.

10 Rd rechte M und zum Abschluss 2 Rd linke M str. Elastisch abk.

Jetzt kannst du dich über warme Hände freuen.

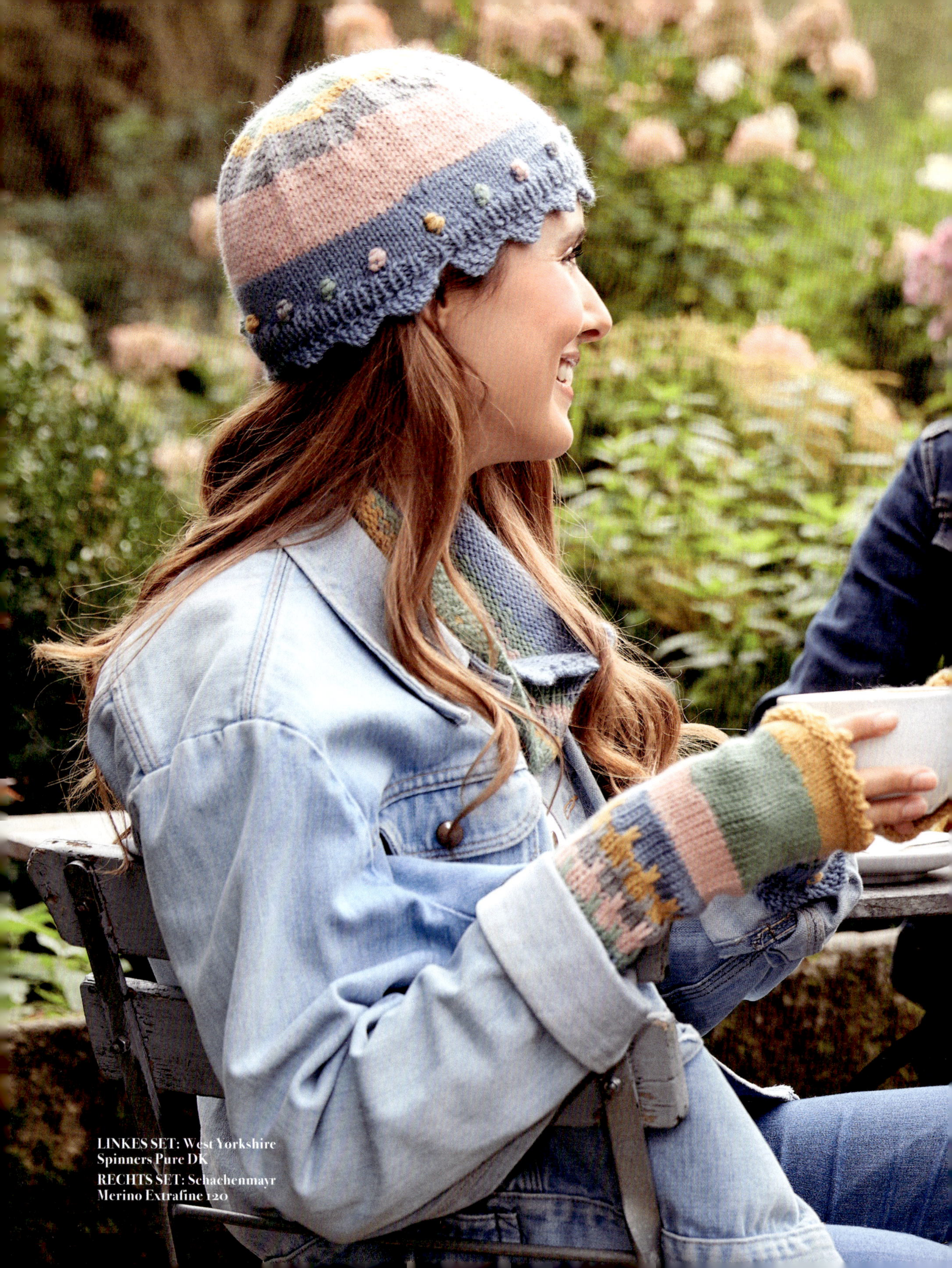

LINKES SET: West Yorkshire Spinners Pure DK
RECHTS SET: Schachenmayr Merino Extrafine 120

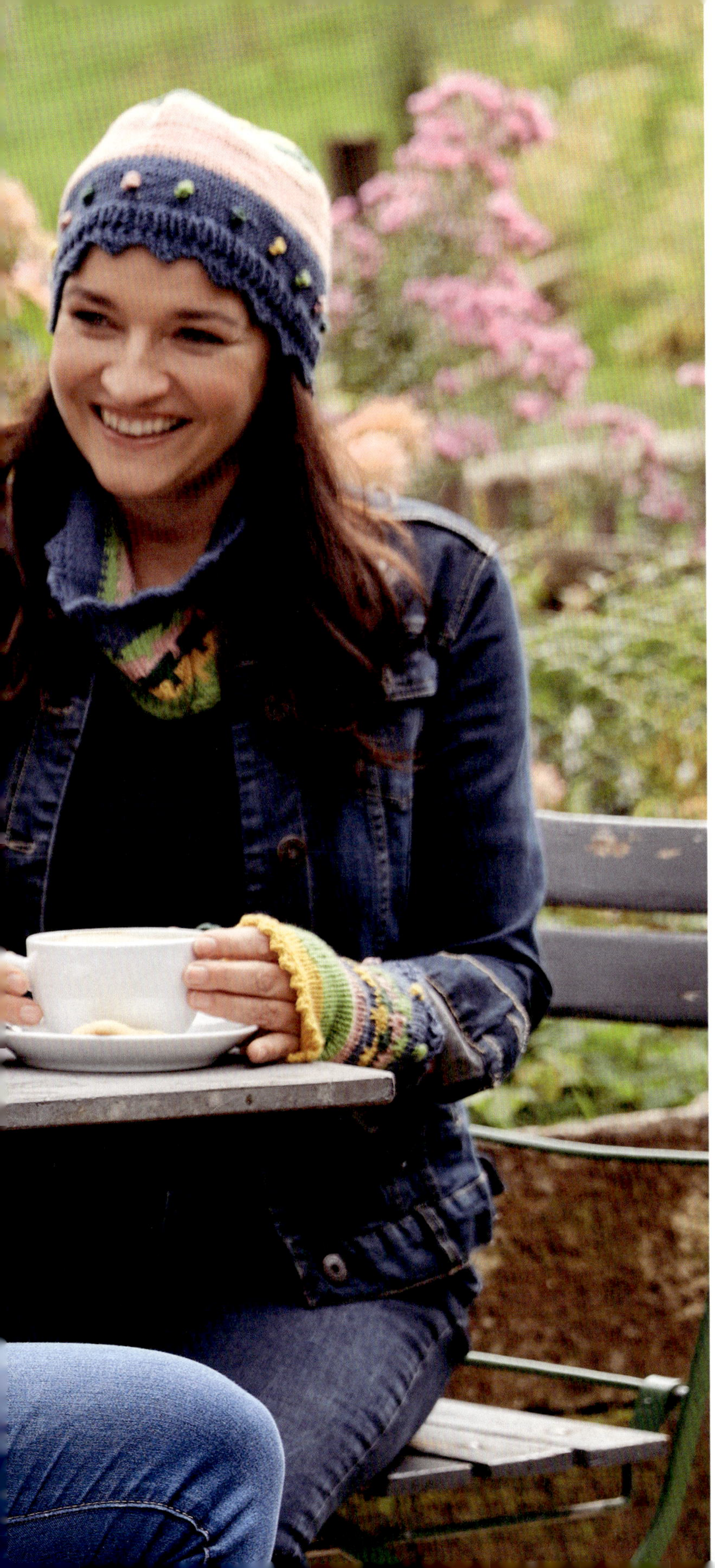

Happy Time

BEANIE, LOOP UND HAND-STULPEN

»Bunt, bunt, bunt, ist alles was ich liebe.« Ich zog mein neues Ensemble an und betrachtete mein Spiegelbild. Dann nickte ich mir zufrieden zu. Damit würde auch ein trister Wintertag einen Farbtupfer bekommen.

GRÖSSE
Beanie: Kopfumfang 55 – 60 cm, Loop und Handstulpen: Einheitsgröße

MATERIAL
BEANIE, LOOP, HANDSTULPEN

- Schachenmayr Merino Extrafine 120 (LL 120 m/50 g) in Rose Pink (Fb 129), Tinte (Fb 159), Apfel (Fb 173), Honig (Fb 123), Tanne (Fb 172), je 50 g
- Nadelspiel 3,5-4,0 mm (oder Sockenrundstricknadel oder Rundstricknadel mit langem Seil für Magic Loop Technik)

ALTERNATIV-MATERIAL

- West Yorkshire Spinners Pure DK (LL 112 m/50 g) in Blush (Fb 287), Rosemary (Fb 381), Dandelion (Fb 446), River (Fb 194), Mist (Fb 166), je 50 g
- Nadelspiel 4,0 mm (oder Sockenrundstricknadel oder Rundstricknadel mit langem Seil für Magic Loop Technik)

MASCHENPROBE
Glatt rechts mit Nd 4,0 mm sind 22 M und 28 R = 10 cm x 10 cm.

MUSTER

BOBBLE

Hinr (alles in 1 M): 1 kfbfb, Arbeit wenden, 4 M links zusammenstr, Arbeit wenden, 1 M rechts (diese rechte M etwas anziehen, um die Noppe zu stabilisieren).

Beim Zusammenstr der 4 M muss man aufpassen, dass man nicht versehentlich eine 5. M erwischt. Immer schön kontrollieren ☺.

Man kann Bobble auch ohne zu wenden str. Dazu findest du ein Video auf dem Youtube-Kanal »Der kleine Strickladen«: www.frech.de/27032NoppenStrickenOhneWenden

HINWEIS: Der Zackenstart wird quer gestrickt und die M am unteren Rand später aufgenommen.

JETZT GEHT ES LOS

BEANIE

Die Mütze kann kleiner oder größer gestrickt werden, indem man entsprechend weniger oder mehr Zacken strickt.
6 M in Tinte (River) anschl.
1. R: Alle M rechts str.
2. R: 1 M rechts, 2 M zusammenstr, 3 M rechts.
3. R: Alle M M rechts str.
4. R: 1 M rechts, 2 M zusammenstr, 2 M rechts.
5. R: Alle M M rechts str.
6. R: 1 M rechts, 2 M zusammenstr, 1 M rechts.
7. R: Alle M rechts str.
8. R: 1 M rechts, 2 M zusammenstr.
Um wieder 6 M auf die Nadel zu bekommen, werden die fehlenden 4 M in der nächsten R aus der 1. M herausgestrickt. Dazu strickt man aus der 1. M eine neue M heraus, legt sie auf die linke Nadel, strickt aus dieser neuen M wieder eine heraus und legt sie auf die Nadel. Das noch 2x wdh.
9. R: 4 M aus der 1. M herausstr, 6 M rechts.
Ab der 2. R noch 14x wdh, bei der letzten Wdh nur noch bis zur 8. R str. In der 9. R die letzten 2 M zusammenstr. Die letzte M auf der Nadel lassen. Das ist der Zackenrand.
Nun an der unteren (geraden) Kante 111 M aufnehmen (zusammen mit der Anfangsmasche, die ja schon auf der Nadel war, liegen dann also 112 M auf der Nadel) und in Runden weiterstr.
1.-4. Rd: Abwechselnd 1 M rechts, 1 M links str.
5. Rd: Alle M rechts str, über die Rd verteilt 4x 2 M rechts zusammenstr.
6.-8. Rd: Alle M rechts str.
9. Rd: * 5 M rechts in Tinte (River), 1 Bobble in einer anderen Farbe (abwechselnd die 4 Farben verwenden), ab * fortlaufend wdh von Anfang bis Ende der Rd.
10.-14. Rd: Alle M rechts str.
Farbwechsel zu Rose pink (Blush).
15.-28. Rd: Alle M rechts str.
Farbwechsel zu Tanne (Mist).
29.+30. Rd: Alle M rechts str.
In der 30. Rd alle 12 M einen MM setzen.
31. Rd: Alle M rechts str, dabei nach jedem MM 2 M rechts zusammenstr.
32.+33. Rd: Alle M rechts str.
34. Rd: Alle M rechts str, dabei nach jedem MM 2 M rechts zusammenstr.
Farbwechsel zu Honig (Dandelion).
35. Rd: Alle M rechts str.
36.+37. Rd: Wie die 34.+35. Rd str.
Farbwechsel zu Apfel (Rosemary).
Die 34.+35. Rd wdh, bis noch je 4 M zwischen den MM sind.
Jetzt noch 2x die 34. Rd wdh.
Den Faden abschneiden, durch alle M fädeln, zusammenziehen und vernähen.

LOOP

6 M in Tinte (River) anschl.
1. R: Alle M rechts str.
2. R: 1 M rechts, 2 M zusammenstr, 3 M rechts.
3. R: Alle M rechts str.
4. R: 1 M rechts, 2 M zusammenstr, 2 M rechts.
5. R: Alle M rechts str.
6. R: 1 M rechts, 2 M zusammenstr, 1 M rechts.
7. R: Alle M rechts str.
8. R: 1 M rechts, 2 M zusammenstr.
Um wieder 6 M auf die Nadel zu bekommen, werden die fehlenden 4 M in der nächsten R aus der 1. M herausgestrickt.
Dazu strickt man aus der 1. M eine neue M heraus, legt sie auf die linke Nadel, strickt aus dieser neuen M wieder eine heraus und legt sie auf die Nadel. Das noch 2x wdh.
9. R: 4 M aus der 1. M herausstr, 6 M rechts.
Ab der 2. R noch 13x wdh, bei der letzten Wdh nur noch bis zur 8. R str.
In der 9. R die letzten 2 M zusammenstr. Die letzte M auf der Nadel lassen. Das ist das Umschlag-Zacken-Bündchen.
Nun an der unteren (geraden) Kante 89 M aufnehmen (zusammen mit der Anfangsmasche, die ja schon auf der Nadel war, liegen dann also 90 M auf der Nadel) und in Runden weiterstr.
1.-7. Rd: Alle M rechts str in Tinte (River).
8. Rd: Alle M rechts str, dabei bei jeder 6. M den Faden doppelt um die Nadel legen.
Farbwechsel zu Apfel (Rosemary).
9.-11. Rd: * 5 M rechts, 1 M abh (wie zum Linksstr, Fd hinter der Arbeit), ab * fortlaufend wdh bis Ende der Rd. Beim Abheben in der ersten Rd die Doppelschlaufe lösen, dadurch wird die M größer.
12. Rd: 2 M rechts, 1 M rechts mit Faden doppelt um die Nadel gelegt, ab jetzt bis Rundenende alle M rechts str (jetzt werden auch die vorher abgehobenen M normal mitgestrickt) und jede 6. M mit doppelt um die Nadel gelegtem Faden str.
Farbwechsel zu Rose pink (Blush).
13.-15. Rd: Alle M rechts str, die verdoppelten M abheben wie zuvor.
16. Rd: Alle M rechts str (jetzt werden auch die vorher abgehobenen M normal mitgestrickt). Dabei bei jeder 6. M den Faden doppelt um die Nadel legen.
Farbwechsel zu Tanne (Mist).
17.-20. Rd: Wie die 9.-12. Rd str.
Farbwechsel zu Honig (Dandelion).
21.-24. Rd: Wie die 13.-16. Rd str.
Farbwechsel zu Apfel (Rosemary).
25.-27. Rd: Alle M rechts str, die verdoppelten M abheben.
28. Rd: Alle M rechts str.
29.+30. Rd: 1 M rechts, 1 M links im Wechsel str.
31. Rd: Alle M elastisch abk (= 1 M rechts, * 1 M rechts, beide M zurück auf die linke Nadel legen und 2 M rechts verschränkt zusammenstr, ab * wdh bis zur letzten M).
Fäden vernähen, waschen, spannen und fertig!

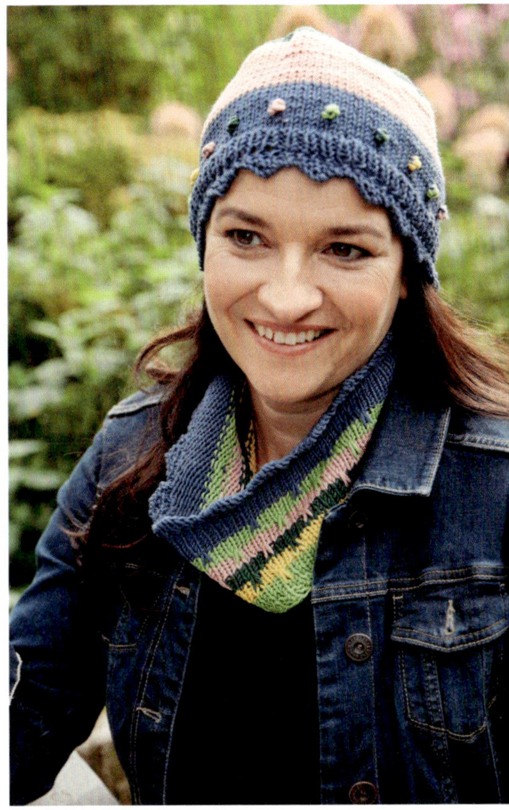

HANDSTULPEN

RECHTE STULPE

6 M in Tinte (River) anschl.
1. R: Alle M rechts str.
2. R: 1 M rechts, 2 M zusammenstr, 3 M rechts.
3. R: Alle M M rechts str.
4. R: 1 M rechts, 2 M zusammenstr, 2 M rechts.
5. R: Alle M M rechts str.
6. R: 1 M rechts, 2 M zusammenstr, 1 M rechts.
7. R: Alle M rechts str.
8. R: 1 M rechts, 2 M zusammenstr.
Um wieder 6 M auf die Nadel zu bekommen, werden die fehlenden 4 M in der nächsten R aus der 1. M herausgestrickt.
Dazu strickt man aus der 1. M eine neue M heraus, legt sie auf die linke Nadel, strickt aus dieser neuen M wieder eine heraus und legt sie auf die Nadel. Das noch 2x wdh.
9. R: 4 M aus der 1. M herausstr, 6 M rechts.
Ab der 2. R noch 5x wdh, bei der letzten Wdh nur noch bis zur 8. R str.
In der 9. R die letzten 2 M zusammenstr. Die letzte M auf der Nadel lassen. Das ist das Umschlag-Zacken-Bündchen.
Nun an der unteren (geraden) Kante 31 M aufnehmen (zusammen mit der Anfangsmasche, die ja schon auf der Nadel war, liegen dann also 32 M auf der Nadel) und in Rd weiterstr.

1. Rd: Alle M rechts str.
2. Rd: Alle M rechts str, über die Rd verteilt 4 M aus dem Zwischenfaden aufnehmen (= 36 M).
3.+4. Rd: Alle M rechts str.
5. Rd: * 5 M rechts in Tinte (River), 1 Bobble in einer anderen Farbe (abwechselnd die 4 Farben verwenden), ab * fortlaufend wdh von Anfang bis Ende der Rd.
6.-8. Rd: Alle M rechts in Tinte (River).
9. M: Alle M rechts str, dabei bei jeder 4. M den Faden doppelt um die Nadel legen.
Farbwechsel zu Apfel (Rosemary).
10.-12. Rd: * 3 M rechts, 1 M abheben (wie zum Linksstr, Faden hinter der Arbeit), ab * fortlaufend wdh bis Ende der Rd. Beim Abheben in der ersten Rd die Doppelschlaufe lösen, dadurch wird die M größer.
13. Rd: 1 M rechts, 1 M rechts mit doppelt um die Nadel gelegtem Faden, ab jetzt bis Ende der Rd alle M rechts str (jetzt werden auch die vorher abgehobenen M normal mitgestrickt) und jede 4. M mit doppelt um die Nadel gelegtem Faden str.
Farbwechsel zu Rose pink (Blush).
14.-16. Rd: Wie in der 10.-12. Rd die verdoppelten M abheben, alle anderen M rechts str.
17. Rd: Wie die 9. Rd str.
Farbwechsel zu Tanne (Mist).
18.-20. Rd: Wie die 10.-12. Rd str.
21. Rd: Wie die 13. Rd str.
Farbwechsel zu Honig (Dandelion).
22.-24. Rd: Wie in der 10.-12. Rd die verdoppelten M abheben, alle anderen M rechts str.
25. Rd: Wie die 9. Rd str.
Farbwechsel zu Tinte (River).
26.-28. Rd: Wie die 10.-12. Rd str.
29.-32. Rd: Alle M rechts str.
Farbwechsel zu Rose pink (Blush).
33. Rd: 26 M rechts, MM, 1 tavM, 2 M rechts, 1 tafM, MM, 8 M rechts.
34. Rd: 26 M rechts, MM, 4 M rechts, MM, 8 M rechts.
35. Rd: 26 M rechts, MM, 1 tavM, 4 M rechts, 1 tafM, MM, 8 M rechts.
36. Rd: 26 M rechts, MM, 6 M rechts, MM 8 M rechts.
37. Rd: 26 M rechts, MM, 1 tavM, 6 M rechts, 1 tafM, MM, 8 M rechts.
38. Rd: 26 M rechts, MM, 8 M rechts, MM, 8 M rechts.
39. Rd: 26 M rechts, MM, 1 tavM, 8 M rechts, 1 tafM, MM, 8 M rechts.
40. Rd: 26 M rechts, MM weg, 1 tavM, 10 M rechts stilllegen, MM weg, 1 tafM, 8 M rechts.
Achtung! Die aufgenommenen M sollen an dieser Stelle nicht mehr zum Daumen, sondern zum Hauptteil, damit es wieder 36 M sind! Die Verbindung hinter den stillgelegten Daumenmaschen vorbei gut anziehen. Ein kleines Loch entsteht, das wird später beim Vernähen geschlossen.
41.-56. Rd: In Apfel (Rosemary) alle M rechts str.
Farbwechsel zu Honig (Dandelion).
57.-63. Rd: Alle M rechts str.
64.+65. Rd: Alle M links str.
66. Rd: Alle M mit Spitzen abk.
Dazu 1 M rechts, dann die nächste M rechts anstr, aber auf der Nadel lassen. Die angefangene M abk, 1 U, abk, 1 U, abk und jetzt die M noch einmal str und abk. 1 M rechts und diese M direkt abk.
Dann die nächste M wieder rechts anstr, aber auf der Nadel lassen und fortfahren wie oben beschrieben. Wdh, bis alle M abgekettet sind.

▶ Dazu findest du ein Video auf dem YouTube-Kanal »Der kleine Strickladen«: www.frech.de/27032Spitze Abketten

DAUMEN

In Tanne (Mist) arb.
Die stillgelegten M aufnehmen (mit 3 statt 4 Nadeln lässt sich der Daumen leichter str). Zusätzlich zu den aufgenommenen M am Daumenansatz auf beiden Seiten je eine M tiefer gestochen verschränkt aufnehmen.
10 Rd rechte M und zum Abschluss 2 Rd linke M str. Mit Spitzen abk.

LINKE STULPE

Wie die rechte Stulpe arb, nur der Daumen wird versetzt, damit die Farbwechselkante unter der Hand liegt. Das heißt, die Rd mit dem Daumenkeil sind anders aufgeteilt:
33. Rd: 8 M rechts, MM, 1 tavM, 2 M rechts, 1 tafM, MM, 26 M rechts.
34. Rd: 8 M rechts, MM, 4 M rechts, MM, 26 M rechts.
35. Rd: 8 M rechts, MM, 1 tavM, 4 M rechts, 1 tafM, MM, 26 M rechts.
36. Rd: 8 M rechts, MM, 6 M rechts, MM, 26 M rechts.
37. Rd: 8 M rechts, MM, 1 tavM, 6 M rechts, 1 tafM, MM, 26 M rechts.
38. Rd: 8 M rechts, MM, 8 M rechts, MM, 26 M rechts.
39. Rd: 8 M rechts, MM, 1 tavM, 8 M rechts, 1 tafM, MM, 26 M rechts.
40. Rd: 8 M rechts, MM weg, 1 tavM, 10 M rechts stilllegen, MM weg, 1 tafM, 26 M rechts.
Fäden vernähen.

Viel Freude mit deiner farbenfrohen Kollektion!

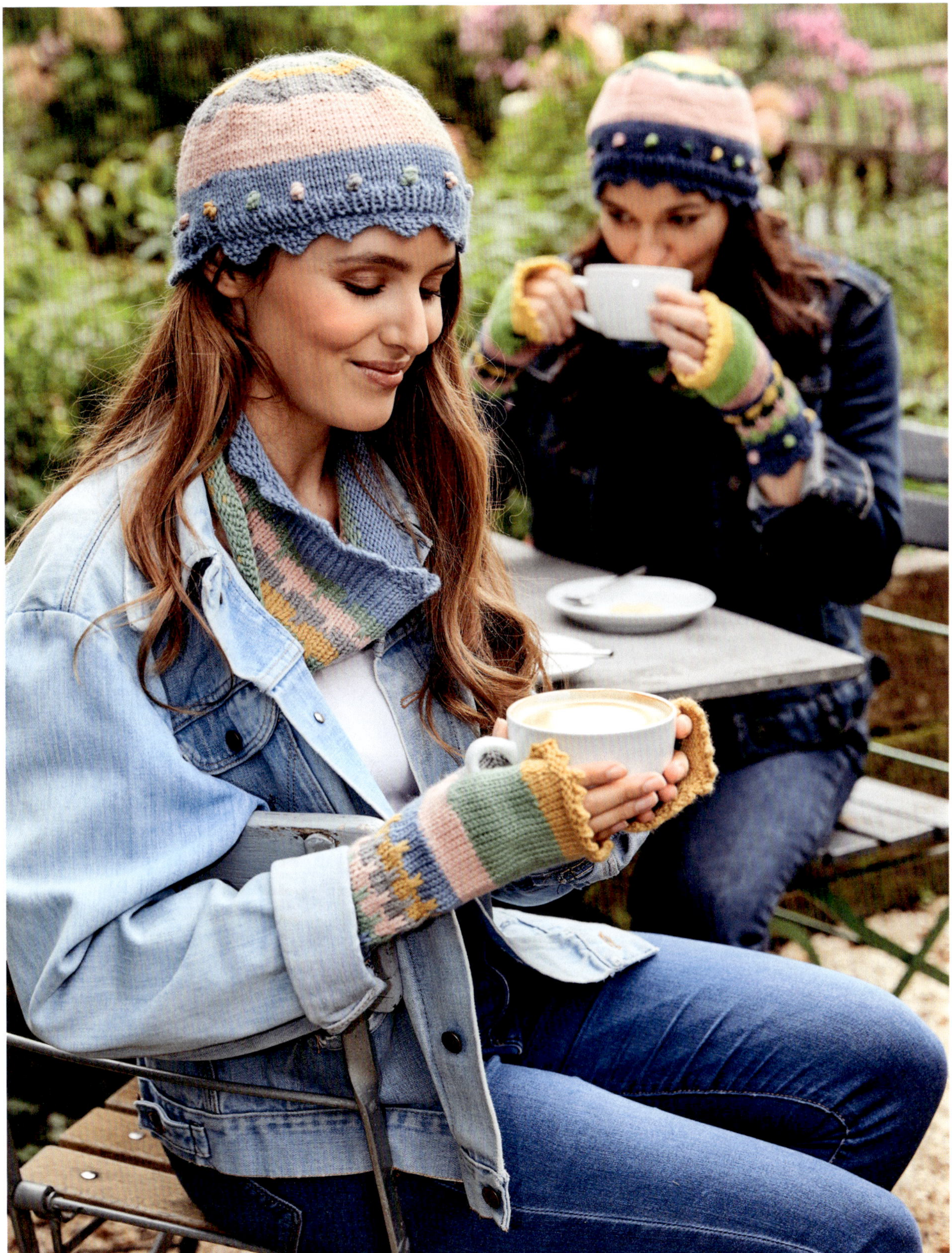

No frills

BEANIE UND HANDSTULPEN

»Perfekt.« Ich drehte mich glücklich und lachte. Chloe kicherte. »Mit der Mütze hast du ein bisschen Ähnlichkeit mit einem Wichtel«, sagte sie. »Ich mag Wichtel«, konterte ich und grinste. »Du etwa nicht?«

GRÖSSE
Beanie: Individuell anpassbar,
Handstulpen: Einheitsgröße

MATERIAL
BEANIE
- Schachenmayr Tuscany Tweed (LL 170 m/50 g) in Erde (Fb 10) und Hanf (Fb 5), je 50 g
- Rundstricknadel 3,5 mm, 80 cm lang
- Nadelspiel 3,5 mm (oder Sockenrundstricknadel oder Rundstricknadel mit langem Seil für Magic Loop Technik)
- 4 Maschenmarkierer
- Wollnadel

HANDSTULPEN
- Schachenmayr Tuscany Tweed (LL 170 m/50 g) in Erde (Fb 10) und Hanf (Fb 5), je 50 g
- Nadelspiel 3,5 mm (oder Sockenrundstricknadel oder Rundstricknadel mit langem Seil für Magic Loop Technik)

MASCHENPROBE
Glatt rechts mit Nd 3,5 mm sind 18 M und 28 R = 10 cm x 10 cm.

MUSTER

GLATT RECHTS IN REIHEN
In Hinr rechte M, in Rückr linke M str.

GLATT RECHTS IN RUNDEN
Immer rechte M str.

RIPPENMUSTER
1 M rechts, 1 M links im Wechsel str.

JETZT GEHT ES LOS

BEANIE

HINWEIS: Die benötigte Maschenzahl für die Beanie wird so ausgerechnet (Beispiel): 10 cm = 18 M
58 cm → 18 : 10 x 58 = gerundet 104.
Diese Mütze soll locker sitzen, deshalb ziehe ich nur wenig Dehnungsfaktor ab und nehme 100 M.

In Erde 100 M anschl und zur Rd schließen.
Einen MM setzen, um den Rd-Anfang zu markieren.
Für das Bündchen 5 cm im Rippenmuster str.
Weiter glatt rechts str.
Farbwechsel zu Hanf bei einer Gesamthöhe von 23 cm.
Die Abnahmen beginnen bei einer Gesamthöhe von 25 cm.
Hierzu alle 25 M einen MM setzen, so muss nicht gezählt werden.
In jeder 2. Rd vor jedem MM die letzten 2 M übergezogen zusammenstr.
Die Zwischen-Rd ohne Abnahmen str.
Bei 40 M Rest noch in 4 Rd ohne Zwischen-Rd vor jedem MM abnehmen.
Den Faden großzügig abschneiden, auf eine Wollnadel fädeln und durch die letzten 24 M führen. Den Faden festziehen, alle Fäden vernähen.

HANDSTULPEN
Die Angaben zur Farbe von Stulpe 1 stehen vor, die von Stulpe 2 in den Klammern.
In Erde (Hanf) 36 M anschl und zur Rd schließen.
1.-20. Rd: Im Rippenmuster str.
21.-30. Rd: Glatt rechts str.
In Farbe Erde (Erde) weiterstr.
31.-40. Rd: Glatt rechts str.
Jetzt kommt das Daumenloch, deshalb geht es in R weiter.
41.-46. R: Glatt rechts str.
Wieder zur Rd schließen
47.-52. Rd: Glatt rechts str.
In Farbe Hanf (Erde) weiterstr.
53.-58. Rd: Glatt rechts str.
59.-64. Rd: Im Rippenmuster str.
Alle M abk.

Ich wünsche dir wunderbar warme Hände!

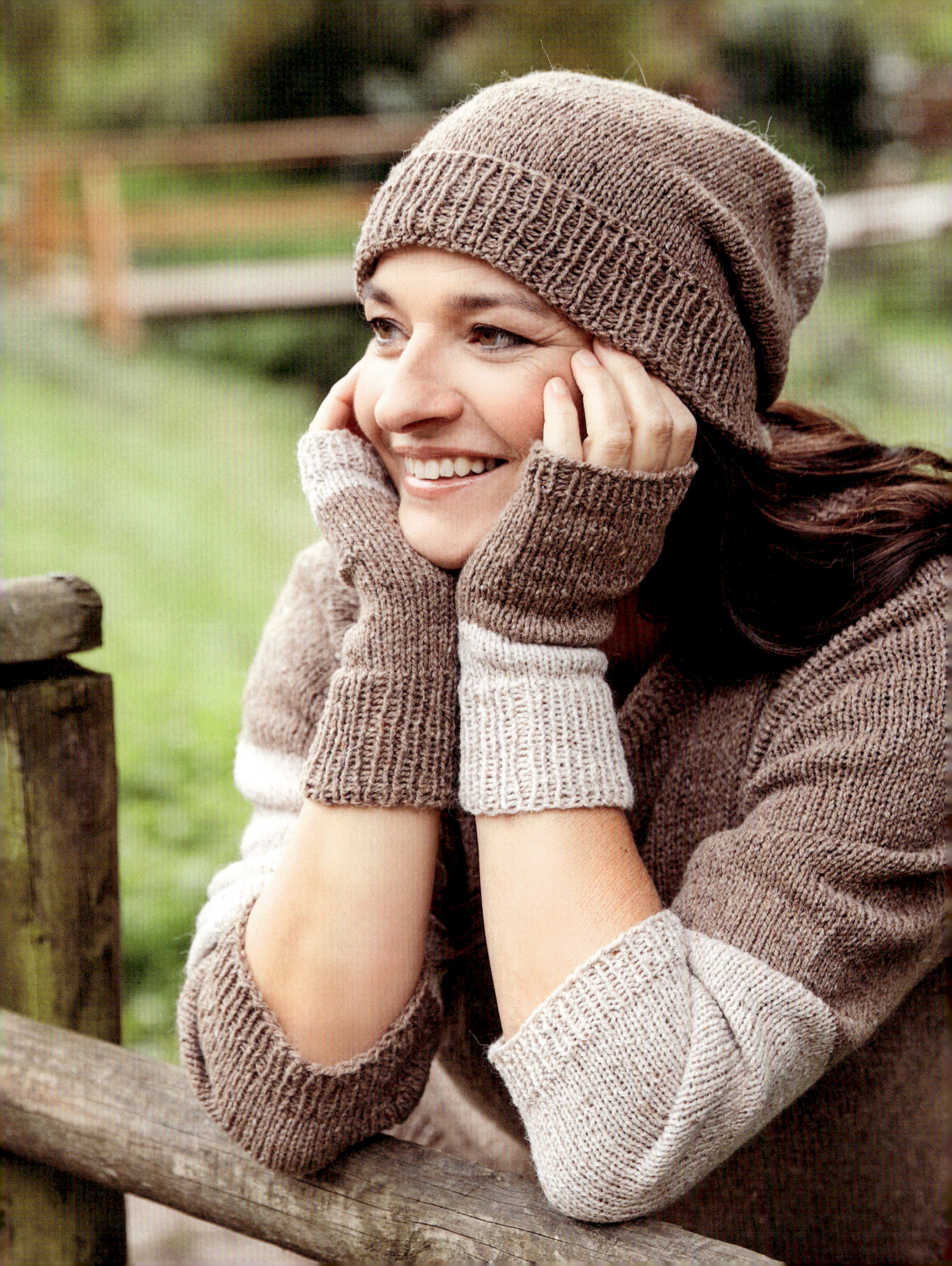

Maighreads Yogasocken

FREIHEIT FÜR FERSE & ZEHEN

»Wenn ich ein Baum sein sollte, hätte ich Wurzeln und keine Füße«, protestierte Peter, nachdem er schon wieder umgefallen war. Er rappelte sich auf. »Ach komm, du schaffst das«, feuerte Amely ihn an. Sie hatte ihn zum Yoga überredet. Peter konnte ihr einfach keinen Wunsch abschlagen. Er seufzte, brachte sich wieder in Position und schwankte. Der nächste gefällte Baum würde sicher nicht lange auf sich warten lassen.

GRÖSSE
39 – 42 (ca. 15 cm Schafthöhe, 12 cm Fußlänge)

MATERIAL
- Schachenmayr Tuscany Tweed (LL 170 m/50 g) in Hellgrau (Fb 92), 50 g
- Nadelspiel 3,5 mm (oder Sockenrundstricknadel oder Rundstricknadel mit langem Seil für Magic Loop Technik)
- Häkelnadel 3,5 mm

ALTERNATIV-MATERIAL
- Novita Woolly Wood (LL 225 m/100 g) in Blueberry Milk (Fb 730), 100 g
- Nadelspiel 4,0 mm (oder Sockenrundstricknadel oder Rundstricknadel mit langem Seil für Magic Loop Technik)
- Häkelnadel 3,5 mm

MASCHENPROBE
Glatt rechts mit Tuscany Tweed und Nd 3,5 mm sind 18 M und 28 R = 10 cm x 10 cm; mit Woolly Wood und Nd 4,0 mm sind 20 M und 30 R = 10 cm x 10 cm.

MUSTER

GLATT RECHTS IN RUNDEN
Immer rechte M str.

STRUKTURMUSTER
1.-3. Rd: * 4 M rechts, 4 M links, ab * fortlaufend wdh.
4.-6. Rd: Alle M rechts str.
7.-9. Rd: * 4 M links, 4 M rechts, ab * fortlaufend wdh.
10.-12. Rd: Alle M links str.

HINWEIS: Die Größe kann angepasst werden.

HINWEIS: Bei Yogasocken bleiben Ferse und Zehen ab den Ballen frei, sodass man nicht rutscht und ein guter Stand gewährleistet ist.

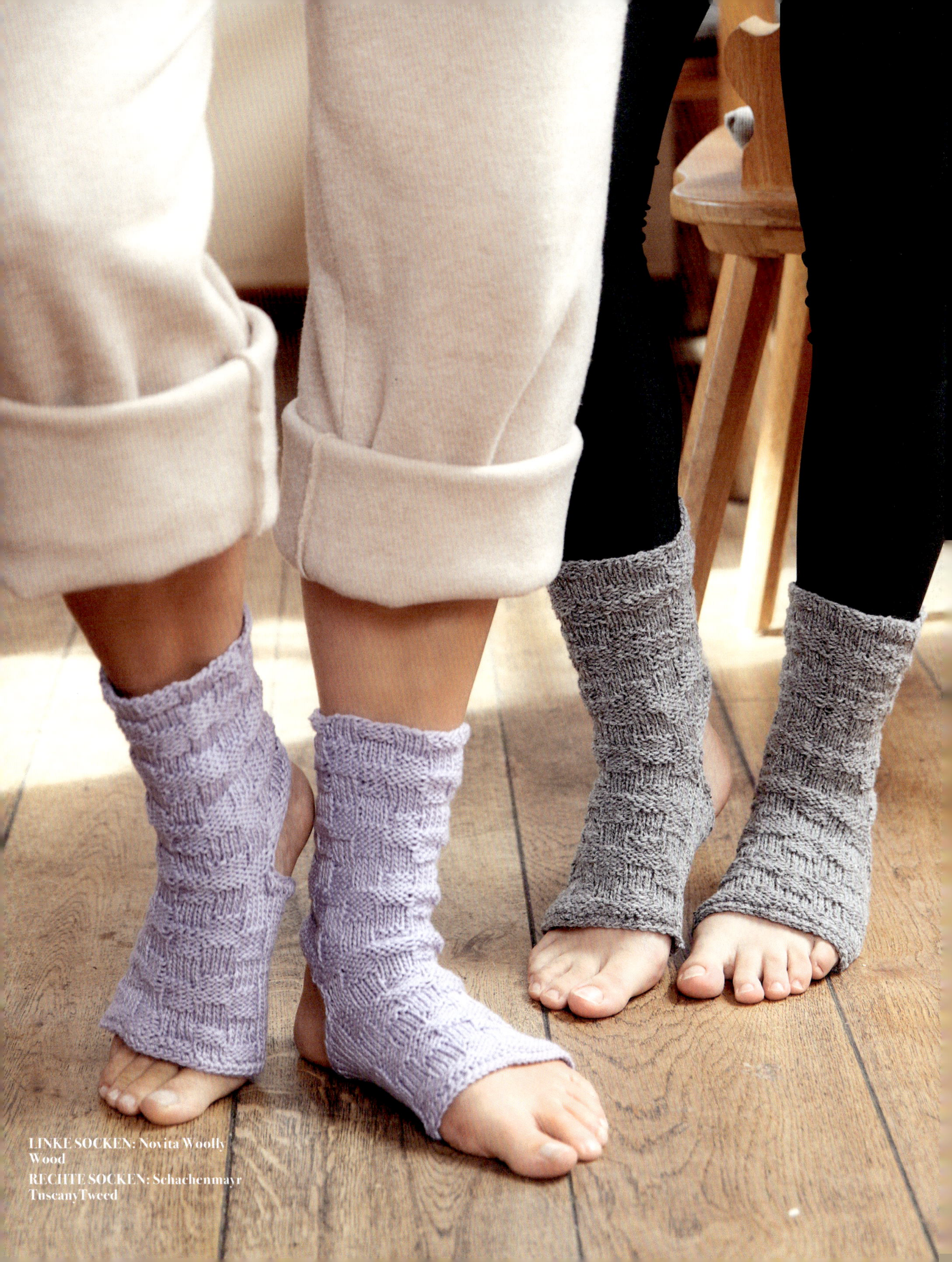

LINKE SOCKEN: Novita Woolly Wood

RECHTE SOCKEN: Schachenmayr TuscanyTweed

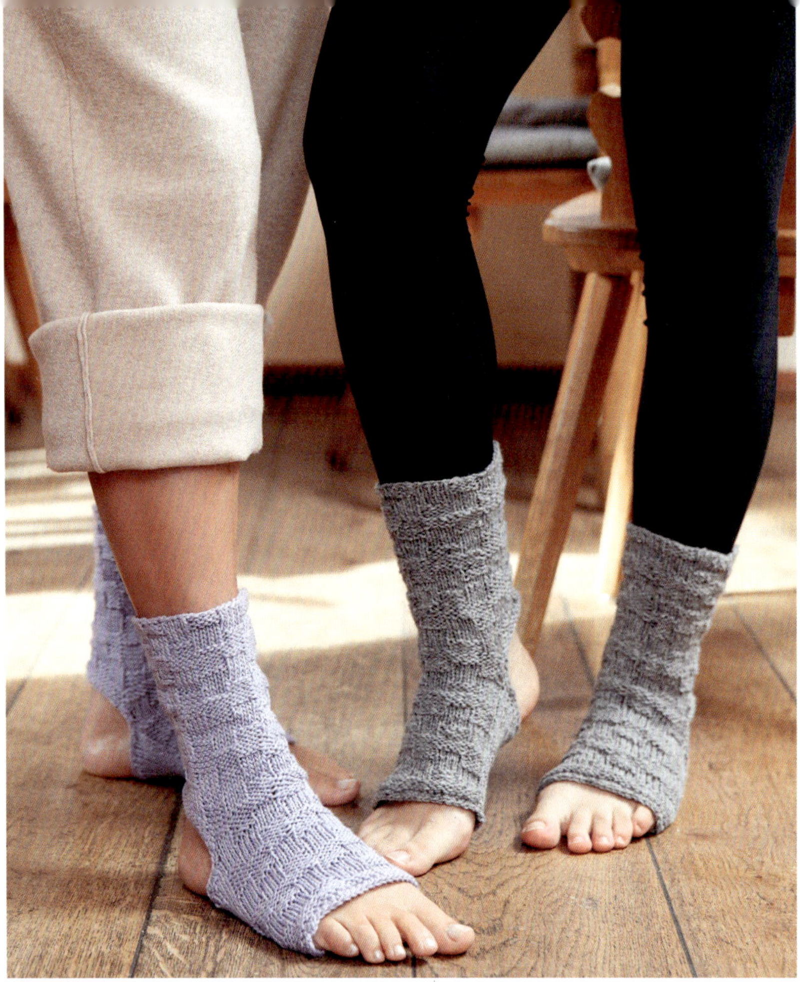

FUSS

Am Fuß wird das Muster nur am Fußrücken (24 M) gestrickt, die Fußsohle wird über die neu aufgenommenen M glatt rechts gearbeitet.
Den Mustersatz (nur auf dem Fußrücken) in der Höhe 3x wdh bzw. es kann nun die Fußlänge an die Schuhgröße angepasst werden. Vor dem Zehenballen alle M abk – Yogasocken sind an der Ferse und an den Zehen samt Ballen offen.

Um den Rändern mehr Stabilität zu geben, werden das Fersenloch und auch der Abschluss vor dem Zehenballen einmal mit fM umhäkelt.

Fäden vernähen und fertig. Namaste.

JETZT GEHT ES LOS

HINWEIS: Die Socken werden ohne Bündchen gestrickt, es geht direkt mit dem Muster los.

48 M anschl.

SCHAFT

Im Strukturmuster str. Nach der 12. Rd wieder mit der 1. Rd beginnen. Den Mustersatz für den Schaft in der Höhe 4x wdh, dann hat man etwa 15 cm Schafthöhe.
Jetzt werden 24 M abgekettet und die nächsten 24 M im Musterverlauf gestrickt. Am Anfang der abgeketteten M angekommen, werden 24 M mit einem gehäkelten Anschlag neu aufgenommen. Ich drehe dafür das Strickstück mit der linken Seite zu mir, nehme die letzte gestrickte M auf die Häkelnadel und häkle die 24 M. Dabei lege ich immer den Faden um die Stricknadel herum, sodass eine M entsteht.

Dazu findest du ein Video auf dem YouTube-Kanal »Der kleine Strickladen«: www.frech.de/27032GehaekelterAnschlag

Beim gehäkelten Anschlag entsteht zu Beginn der Aufnahme ein Loch. Ich nehme deshalb in der nächsten Rd immer eine M aus dem Querfaden auf, lege sie auf die linke Nadel zurück und stricke sie direkt mit der ersten neu aufgenommen M zusammen.

Twisties

LUFTIGE SOMMER-SOCKEN

»Luftig leicht und schick«, sagte Chloe. Sie streckte ihren Fuß hoch und wackelte mit den Zehen. »Danke, Maighread. Sie sind wunderschön!« »Und das nächste Paar strickst du dir selbst«, sagte ich. »Ich weiß, dass du das kannst.«

GRÖSSE
Variabel

MATERIAL
- West Yorkshire Spinners Signature (LL 400 m/100 g) in Cornflower (Fb 325), 100 g
- Nadelspiel 2,0 mm (oder Sockenrundstricknadel oder Rundstricknadel mit langem Seil für Magic Loop Technik)

MASCHENPROBE
Glatt rechts mit Nd 2,0 mm sind 28 M und 36 R = 10 cm x 10 cm.

MUSTER

GLATT RECHTS

In Hinr rechte M, in Rückr linke M str.

JETZT GEHT ES LOS

Die Anleitung ist für Erwachsenensöckchen, die Fußlänge wird auf die entsprechende Größe angepasst. Durch das Muster bekommt der Schaft eine Drehung.

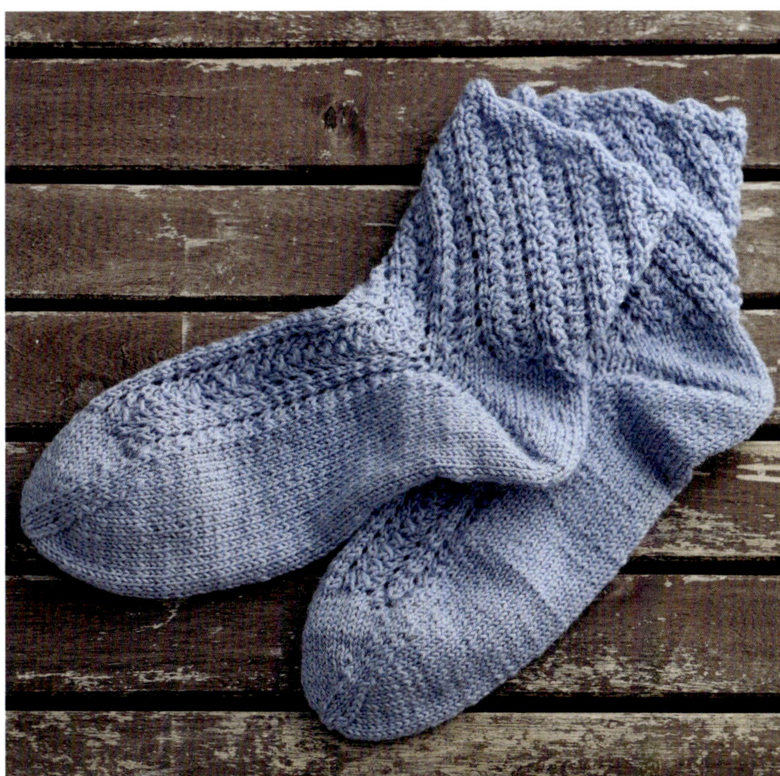

56 M anschl und zur Rd schließen.
1.+2. Rd: Alle M links str.
3. Rd: 8x [3 M überzogen zusammenstr, 1 M rechts, 1 U, 2 M rechts, 1 U, 1 M rechts].
4.+5. Rd: Alle M rechts str.
Die 3.-5. Rd so oft wdh, bis die gewünschte Schafthöhe erreicht ist.
Für diese leichten Sommersocken bietet sich ein kürzerer Schaft an.

Jetzt wird die Ferse gearbeitet, das kann selbstverständlich jeder machen, wie er möchte.

Hier die Anleitung zur Bumerangferse, wie ich sie arbeite:

▶ Dazu findest du ein Video auf dem YouTube-Kanal »Der kleine Strickladen«: www.frech.de/27032Bumerangferse

Der Schaft endet mit dem Muster in einer 3. Rd.
Für die Ferse werden 28 M gestrickt, es wird glatt rechts gearbeitet.
In der 1. R rechte M bis vor die letzte der 28 M str. Das Füßchen der M unter der letzten M nach oben auf die Nadel holen, rechts str und die M zu der darüberliegenden M auf die linke Nadel zurückrutschen lassen – man hat nun eine doppelte M gebildet. Arbeit wenden.
Die doppelte M nicht str, die restlichen M links str bis vor die letzte M. Die letzte M auf die rechte Nadel holen. Mit der linken Nadel den Kragen der letzten M hochholen, diesen links str und zurück zu der M auf die rechte Nadel rutschen lassen. Jetzt hat man wieder eine doppelte M gebildet. Arbeit wenden.
Die doppelte M wird nicht gestrickt, die restlichen M bis zur M vor der doppelten M als rechte M str.
Die M vor der doppelten wird nun auch verdoppelt, das heißt, das Füßchen der M drunter hochholen, str und auf die linke Nadel zurückrutschen lassen. Arbeit wenden.
Die doppelte M wird nicht gestrickt. Linke M str bis vor die M vor der doppelten M. Diese M auf die rechte Nadel rüber nehmen, mit der linken Nadel den Kragen der M nach oben holen, links str und zur anderen M auf die rechte Nadel rutschen lassen. Arbeit wenden.
Jetzt haben wir schon auf beiden Seiten 2 doppelte M. Das wird wiederholt, bis wir rechts und links je 9 doppelte M haben. Nachdem die letzte linke M verdoppelt wurde, werden 2 Rd rechte M über alle 56 M gestrickt. Dabei werden die doppelten M wie eine M abgestrickt.
In der 3. Rd werden die Fersen-M rechts gestrickt, die vorderen M im Muster (wie in der 3. Muster-Rd).
Jetzt geht es mit der Ferse weiter.
19 M rechts str, die 20. M wie gewohnt verdoppeln. Arbeit wenden.
Doppelte M nicht str, dann 10 M links str, die nächste M (das ist die 9. vor Fersenende) verdoppeln. Arbeit wenden.
Rechte M str bis zur doppelten M, diese auch rechts als eine M str und die nächste M verdoppeln. Arbeit wenden.
Linke M str bis zur doppelten M, diese ebenfalls als eine M links str, die nächste M verdoppeln. Arbeit wenden.
So weiterarb, bis alle M bis zum Rand verdoppelt wurden. Nachdem die letzte linke M verdoppelt wurde, geht es in Rd mit allen 56 M weiter.
Die ersten 2 Rd alle M rechts str.
Jetzt geht es mit dem Fußrückenmuster weiter.
Die 28 M der Fußsohle werden immer rechts gestrickt.

FUSSRÜCKEN

1. Rd: 4x [3 M überzogen zusammenstr, 1 M rechts, 1 U, 2 M rechts, 1 U, 1 M rechts].
2.+3. Rd: Alle M rechts str.
4. Rd: 2 M rechts zusammenstr, 3x [1 U, 2 M rechts, 1 U, 1 M rechts, 3 M überzogen zusammenstr, 1 M rechts], enden mit 1 U, 2 M rechts, 1 U, 1 M rechts, 2 M rechts zusammenstr.
Die 2.-4. Rd bis zum Beginn der Spitze wdh, dabei die 28 M der Fußsohle immer rechts str.

SPITZE

Dann die Spitze (jeder wie er mag) glatt rechts arb.
Ich mache eine Bandspitze (rechts und links seitlich des Fußes), das heißt die 2. und 3. M werden übergezogen, die drittletzte und zweitletzte M auf der anderen Seite werden zusammengestrickt.
Abgenommen wird:
1x in der 4. Rd
2x in jeder 3. Rd
3x in der 2. Rd
und dann in jeder Rd bis noch 8 M übrig sind.
Faden abschneiden, durch die letzten M führen und zusammenziehen.

Viel Spaß mit deinen neuen Sommersöckchen.

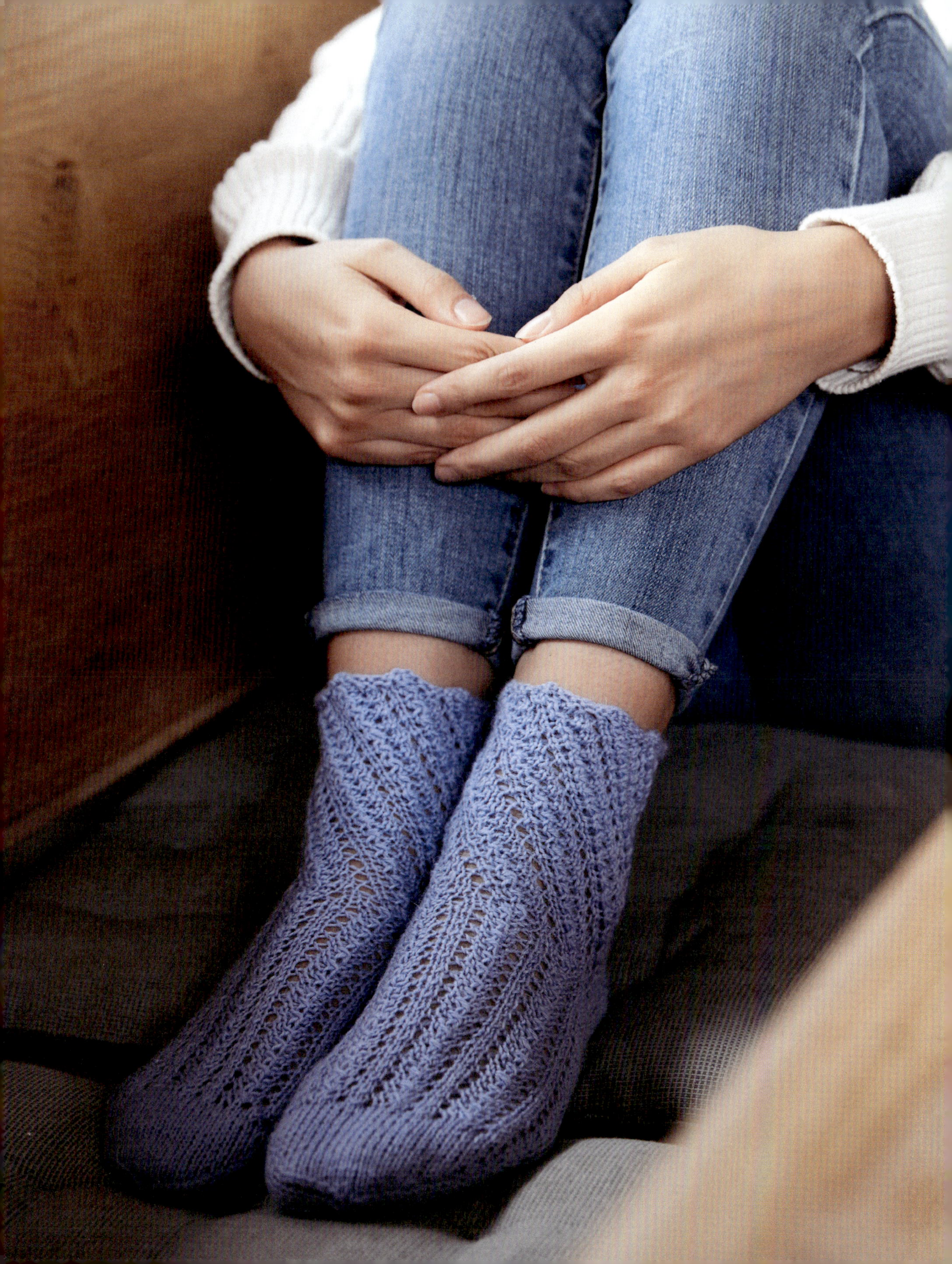

ETWAS WARMES FÜR DRÜBER

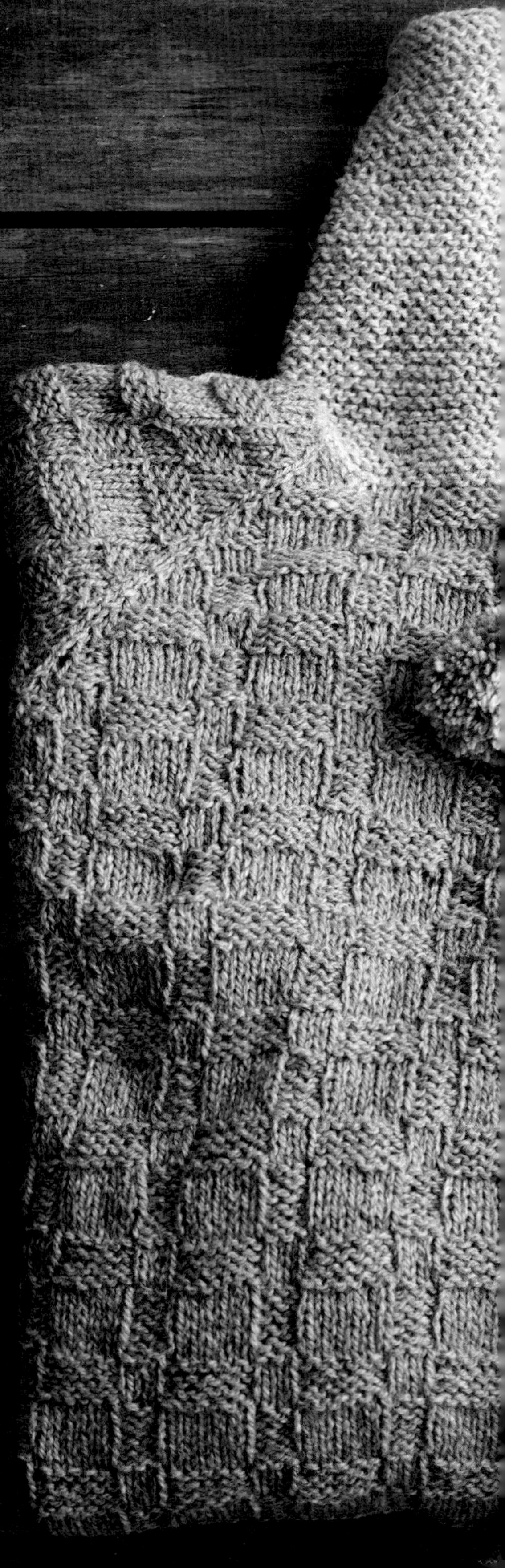

Kuschelt ihr euch auch so gerne in Wollsachen ein? Den Warming Thoughts Seelenwärmer, den ich meiner Granny gestrickt habe, liebt sie bis heute.

Ich mag es aber auch, wenn es schwingt. Deshalb stricke ich so gern Umhänge oder Ponchos. Bei jeder Drehung streichelt die Wolle meine Haut und meine Seele.

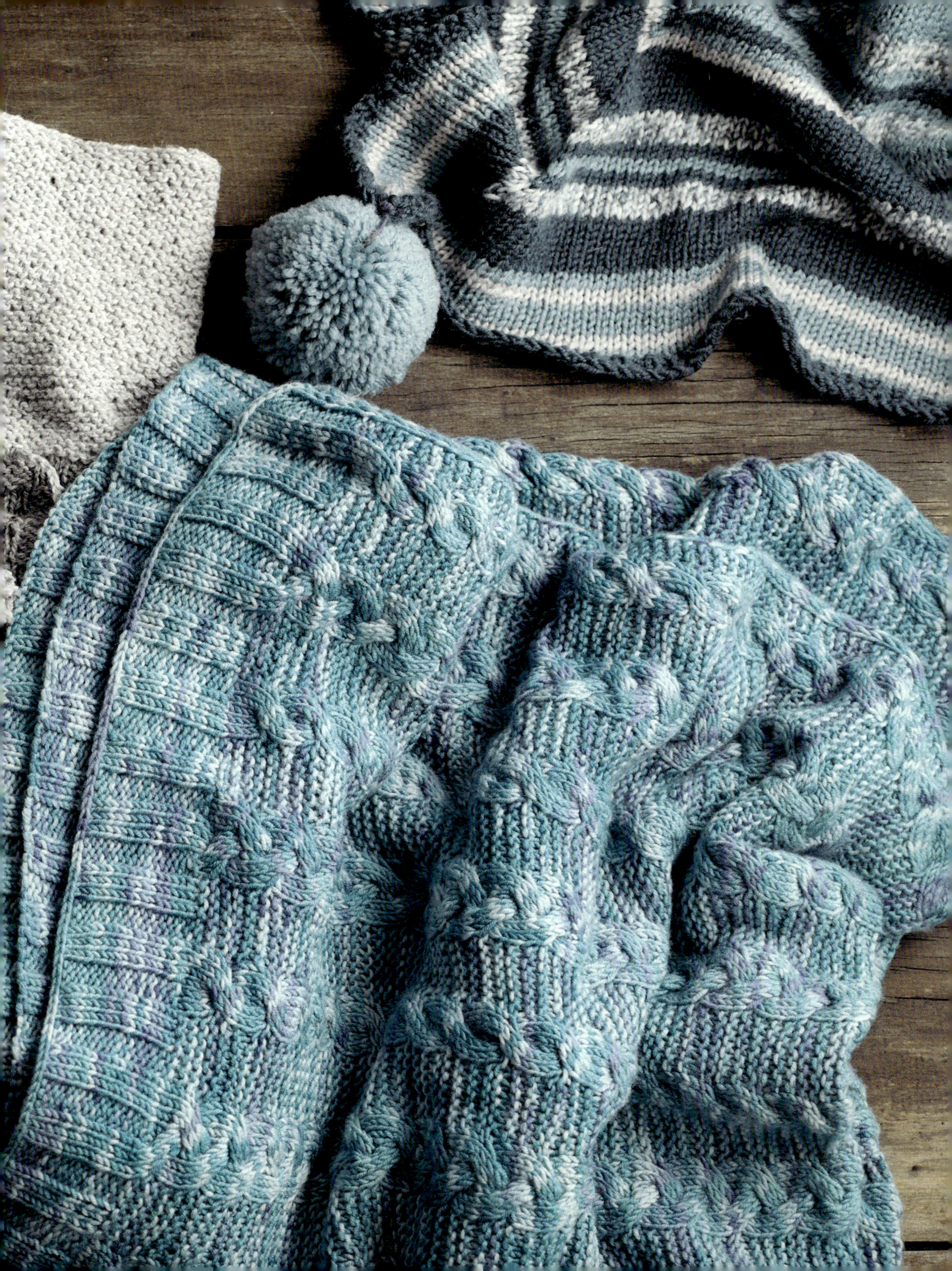

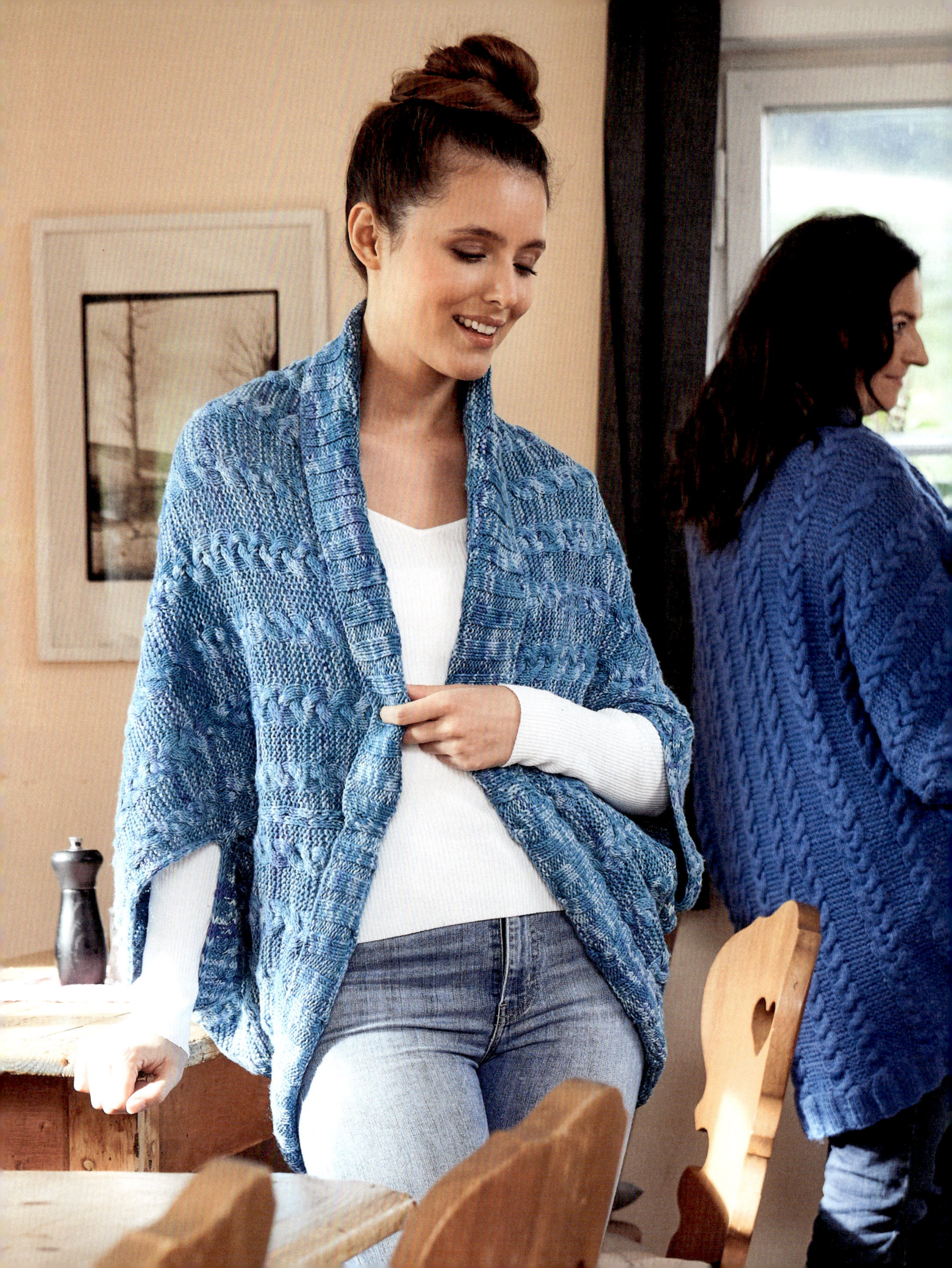

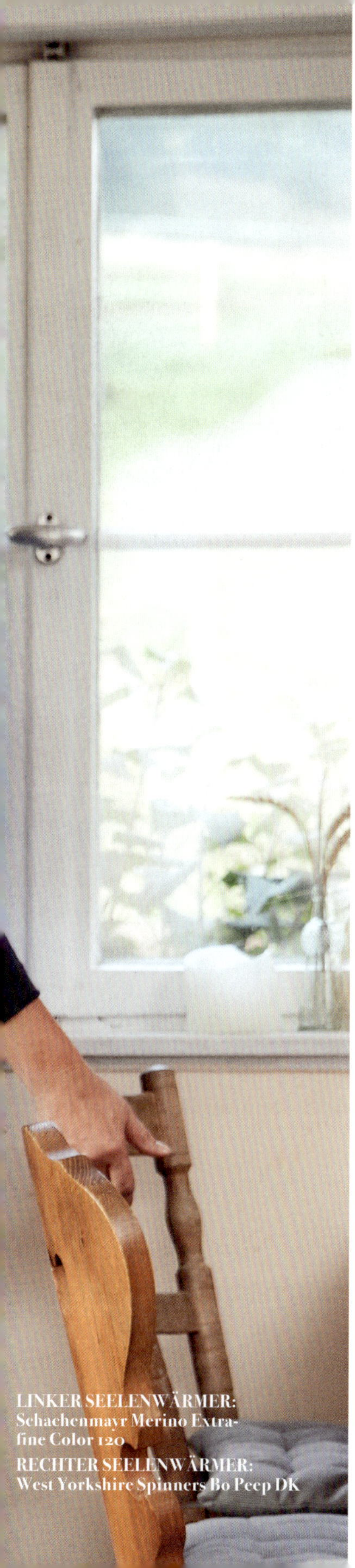

LINKER SEELENWÄRMER:
Schachenmayr Merino Extrafine Color 120
RECHTER SEELENWÄRMER:
West Yorkshire Spinners Bo Peep DK

Warming Thoughts

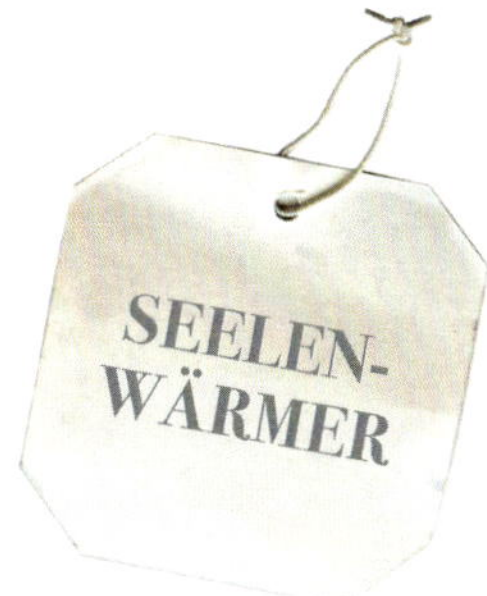

»Hey, wirst du wohl die Wolle in Ruhe lassen«, protestierte ich. Ich saß inmitten der Herde und strickte. »Määhh!« Das Lamm prustete mir ins Ohr und sprang dann zurück zu seiner Mutter. Wenn es keine Wolle haben durfte, dann wenigstens Milch.

GRÖSSE
Einheitsgröße;
Rechteck 100 cm x 120 cm

MATERIAL
- Schachenmayr Merino Extrafine Color 120 (LL 120 m/50 g) in Aqua Color (Fb 486), 750 g
- Rundstricknadel 4,0 mm, 120 cm lang

ALTERNATIV-MATERIAL
- West Yorkshire Spinners Bo Peep DK (LL 112 m/50 g) in Space Hopper (Fb 725), 750 g
- Rundstricknadel 4,0 mm, 120 cm lang

MASCHENPROBE
Glatt rechts mit Merino Extrafine Color und Nd 4,0 mm sind 22 M und 30 R = 10 cm x 10 cm; mit Bo Peep DK und Nd 4,0 mm sind 24 M und 28 R = 10 cm x 10 cm.

MUSTER

BÜNDCHENMUSTER

3 M rechts, 3 M links im Wechsel str.

KRAUS RECHTS

In Hin- und Rückr rechte M str.

3 M RAND

Über je 3 M am Anfang und Ende der Reihe.

Hinr: 1. M rechts str, 2. M abheben (Faden vor der Masche), 3. M rechts.

Rückr: 1. M abheben (Faden vor der Masche), 2. M rechts str, 3. M abheben (Faden vor der Masche).

ZOPFMUSTER A

Über 6 M und 8 R.

1. R: Alle M rechts str.

2. R: Alle M links str.

3. R: 3 M auf einer Hilfsnadel hinter die Arbeit legen, 3 M rechts str, dann die 3 M der Hilfsnadel rechts str.

4. R: Alle M links str.

5. R: Alle M rechts str.

6. R: Alle M links str.

7. R: Alle M rechts str.

8. R: Alle M links str.

Hier ist der Höhenrapport zu Ende, danach wieder mit der 1. R beginnen und den nächsten Rapport str.

ZOPFMUSTER B

Über 9 M und 8 R.

1. R: Alle M rechts str.

2. R: Alle M links str.

3. R: [3 M auf einer Hilfsnadel hinter die Arbeit legen, 3 M rechts str, dann die 3 M der Hilfsnadel rechts str]. 3 M rechts str.

4. R: Alle M links str.

5. R: Alle M rechts str.

6. R: Alle M links str.

7. R: 3 M rechts str, [3 M auf einer Hilfsnadel vor die Arbeit legen, 3 M rechts str, dann die 3 M der Hilfsnadel rechts str].

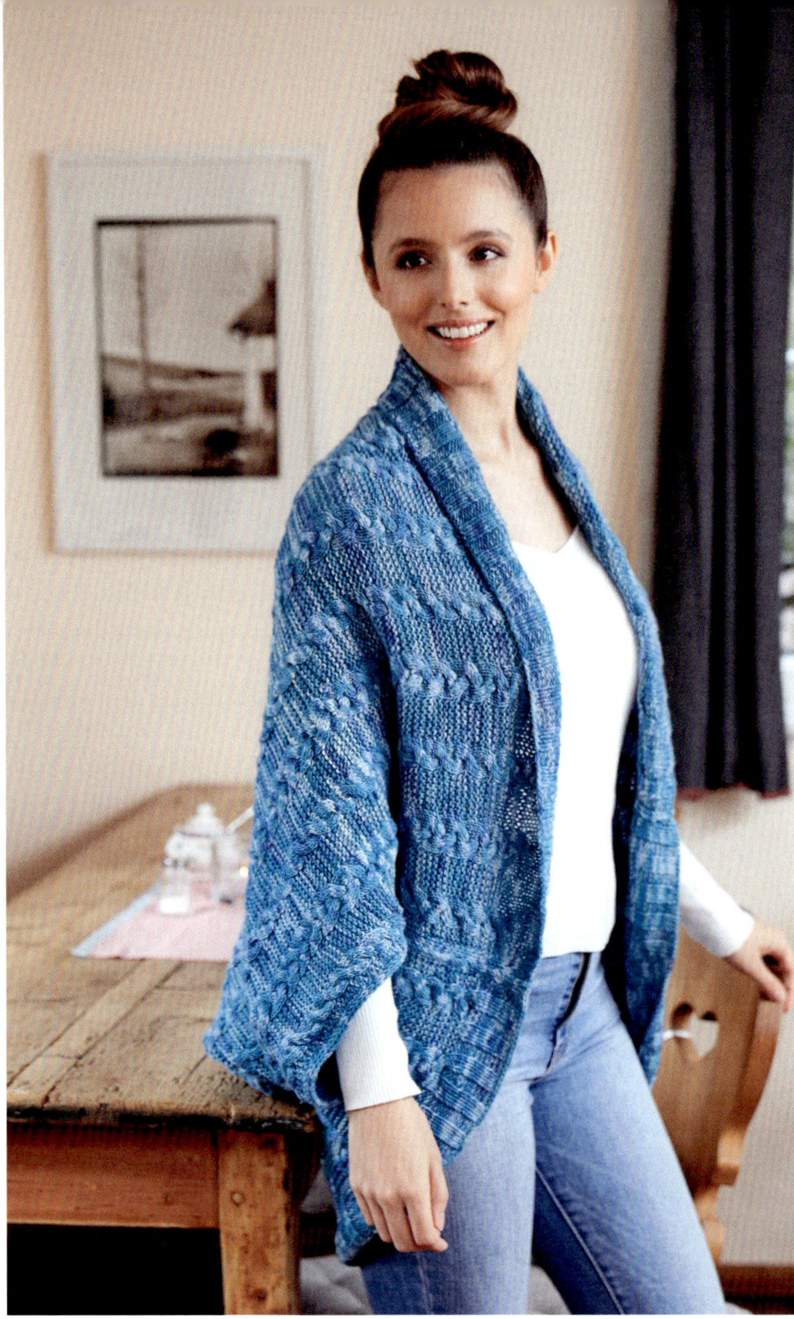

ZOPFMUSTER A

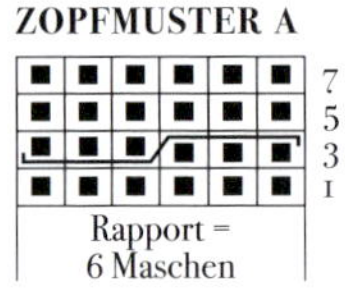

ZOPFMUSTER B

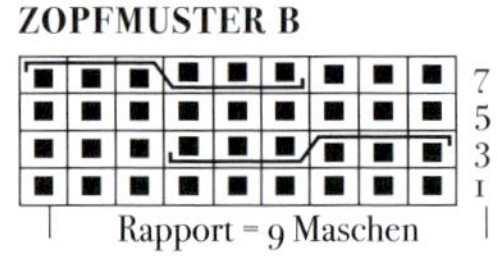

ZEICHENERKLÄRUNG

■ = 1 Masche rechts

= 6 Maschen nach rechts verzopfen: 3 Maschen auf einer Hilfsnadel hinter die Arbeit legen, 3 Maschen rechts stricken, 3 Maschen rechts von der Hilfsnadel arbeiten.

= 6 Maschen nach links verzopfen: 3 Maschen auf einer Hilfsnadel vor die Arbeit legen, 3 Maschen rechts stricken, 3 Maschen rechts von der Hilfnadel arbeiten.

8. R: Alle M links str.

Hier ist der Höhenrapport zu Ende, danach wieder mit der 1. R beginnen und den nächsten Rapport str.

Setze nach dem Bündchen bei jedem Wechsel zwischen einem Zopfmuster und den kraus rechts-M einen MM, dann musst du bei den Rückr nicht zählen.

JETZT GEHT ES LOS

225 M anschl.
5 cm im Bündchenmuster str.
Nächste R: 3 M Rand, 3 M kraus rechts, 3x [6 M Zopfmuster A, 6 M kraus rechts, 9 M Zopfmuster B, 6 M kraus rechts], 6 M Zopfmuster A, 3 M kraus rechts, 6 M Zopfmuster A, 6 M kraus rechts, 9 M Zopfmuster B, 6 M kraus rechts, 6 M Zopfmuster A, 3 M kraus rechts, 3x [6 M Zopfmuster A, 6 M kraus rechts, 9 M Zopfmuster B, 6 M kraus rechts], 6 Zopfmuster A, 3 M kraus rechts, 3 M Rand.
In dieser Mustereinteilung bis zu einer Höhe von etwa 115 cm str (liegend gemessen).
Dann für den Abschluss nochmal 5 cm im Bündchenmuster str. In der letzten R alle M abk.

HINWEIS: Für sehr kleine oder große Personen kann das Muster angepasst werden. Hierzu je 12 M auf beiden Seiten nach den 3 Rdm nach Bedarf hinzufügen oder weglassen.

FERTIGSTELLUNG

Fäden vernähen, das Strickstück baden und spannen.
Das Rechteck der Länge nach (im Strickverlauf) auf die Hälfte zusammenlegen und an den Seiten ein Stück zusammennähen. Die Armöffnung bleibt offen.

Jetzt kann gekuschelt werden.

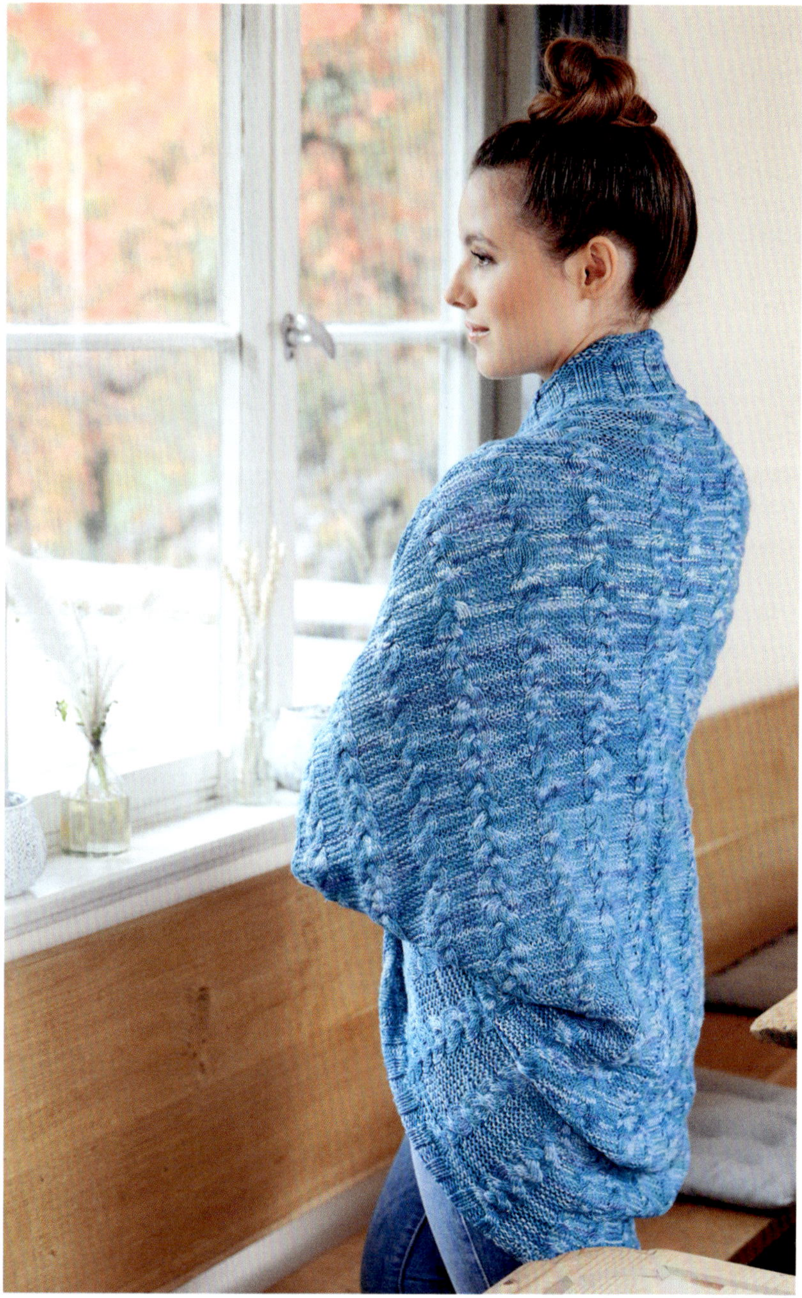

Cuddle me

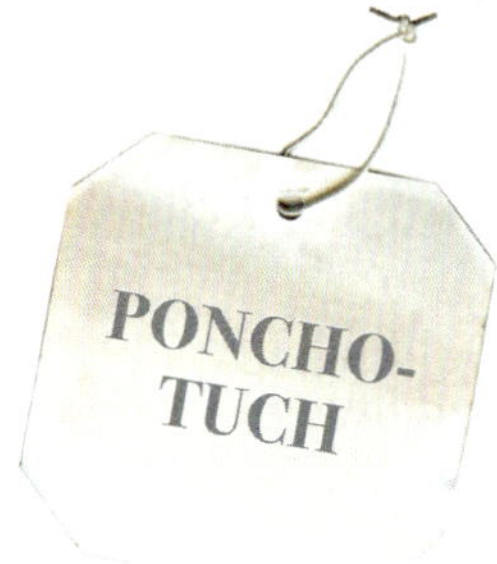

Chloe und ich wanderten am Ufer des Loch Lomond entlang. Wir hatten beide unsere Ponchotücher umgelegt. An einer engen Stelle ging ich voraus.
»Wenn du dein Cuddle me trägst, wirken deine Schritte immer, als würdest du tanzen«, sagte Chloe bewundernd. Der Pfad wurde breiter. Spontan wandte ich mich zu Chloe um, streckte die Hand aus und sagte lächelnd: »Darf ich bitten?«

GRÖSSE
Seitenkante ca. 90 (80) cm,
Spannweite ca. 480 (400) cm

FORM
Mit 5 Zipfeln

MATERIAL
- Schachenmayr Merino extrafine 120 (LL 120 m/50 g) in Nostalgy (Fb 143), 250 g, in Antikrosa (Fb 10134), 200 g, in Leinen (Fb 103) und Natur (Fb 102), je 100 g
- Rundstricknadel 4,0 mm, 120 cm lang
- 5 Maschenmarkierer
- Pompon-Schablone für ø 45 mm

ALTERNATIV-MATERIAL
- West Yorkshire Spinners The Croft DK (LL 225 m/100 g) in Nista (Fb 348), und Norby (Fb 353), je 200 g, in Northdale (Fb 808) und Colsay (Fb 212), je 100 g
- Rundstricknadel 4,0 mm, 120 cm lang
- 5 Maschenmarkierer
- Pompon-Schablone für ø 45 mm

MASCHENPROBE
Glatt rechts mit Merino extrafine und Nd 4,0 mm sind 20 M und 28 R = 10 cm x 10 cm; mit Croft DK und Nd 4,0 mm sind 18 M und 26 R = 10 cm x 10 cm.

HINWEIS: Natürlich kann man das Cuddle me wie Maighread auch mit der Pure DK stricken.

ALLGEMEINES

Dieses Tuch wird glatt rechts gestrickt. Besonderen Reiz bekommt es nicht nur durch die Größe, sondern auch durch die in sich symmetrischen Farbwechsel und die durch die gleichmäßigen Aufnahmen entstehenden fünf Zipfel, die durch Pompons betont werden. Durch diese Form schwingt es beim Gehen und Drehen und umspielt den Körper.
Zu Beginn – bis zur 7. R – werden die M aus dem Querfaden aufgenommen und verschränkt gestrickt. Das gibt dem Strickstück Stabilität und sorgt dafür, dass es am Hals nicht ausleiert. Danach gibt es nur noch tiefergestochene Zunahmen.
Je nachdem, ob aus der vorherigen M oder aus der folgenden M aufgenommen wird, neigen sich die M in unterschiedliche Richtungen. So ergibt sich die schöne Raglanlinie.
Jeweils rechts und links der MM liegen die beiden M der Zunahmelinie.
Die M-Aufnahme erfolgt ab der 9. R in jeder Hinr immer im gleichen Rhythmus:
Nach dem ersten MM am Anfang der R und vor dem letzten MM am Ende der R werden aus den 2 re M je 1 M einmal tafM und einmal tavM aufge-

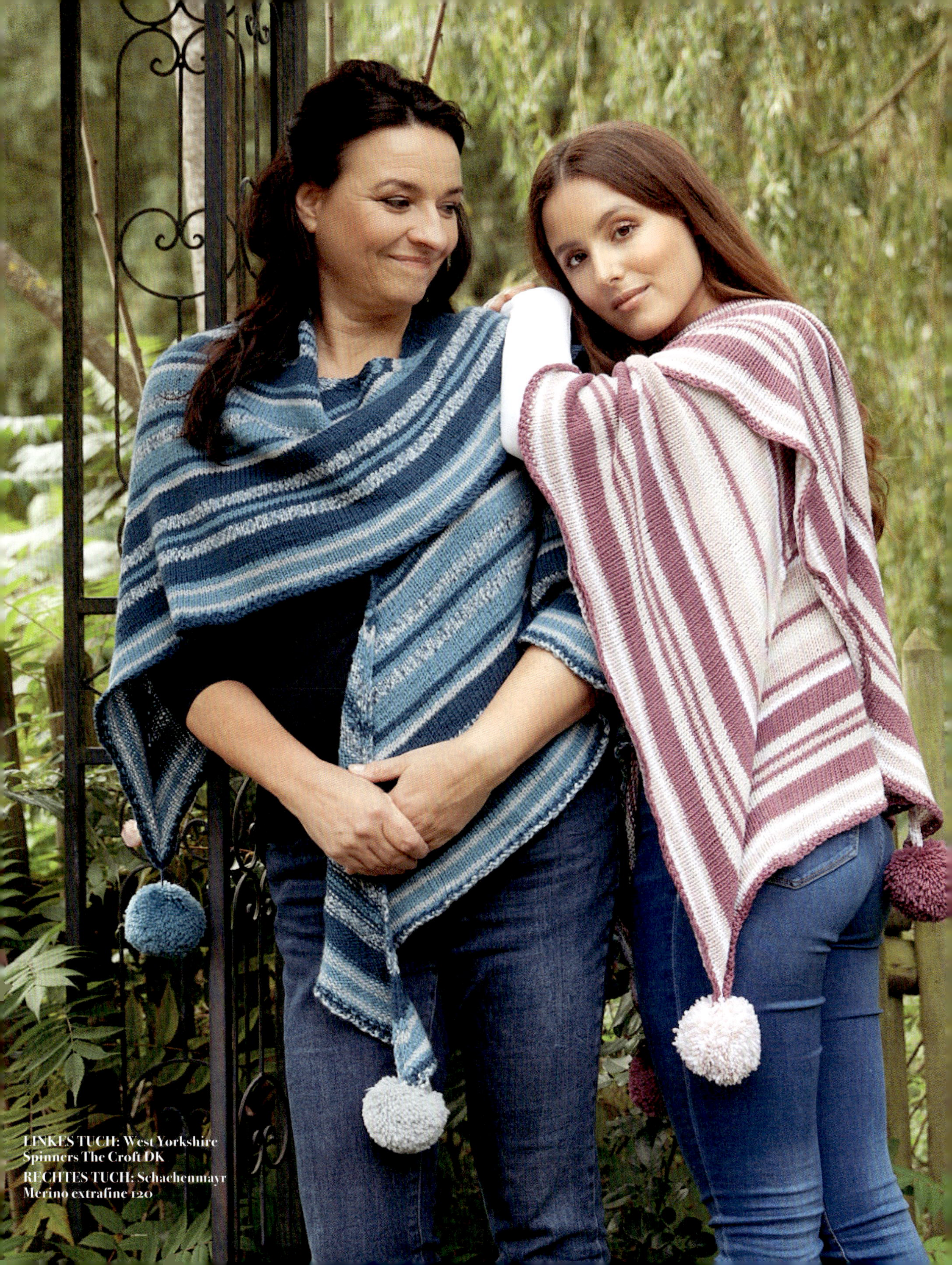

LINKES TUCH: West Yorkshire Spinners The Croft DK
RECHTES TUCH: Schachenmayr Merino extrafine 120

nommen. Bei den 3 anderen MM wird immer aus der M vorher und aus der M nachher je eine tafM und eine tavM aufgenommen.

Auf diese Weise kommen in jeder Hinr 10 M dazu.

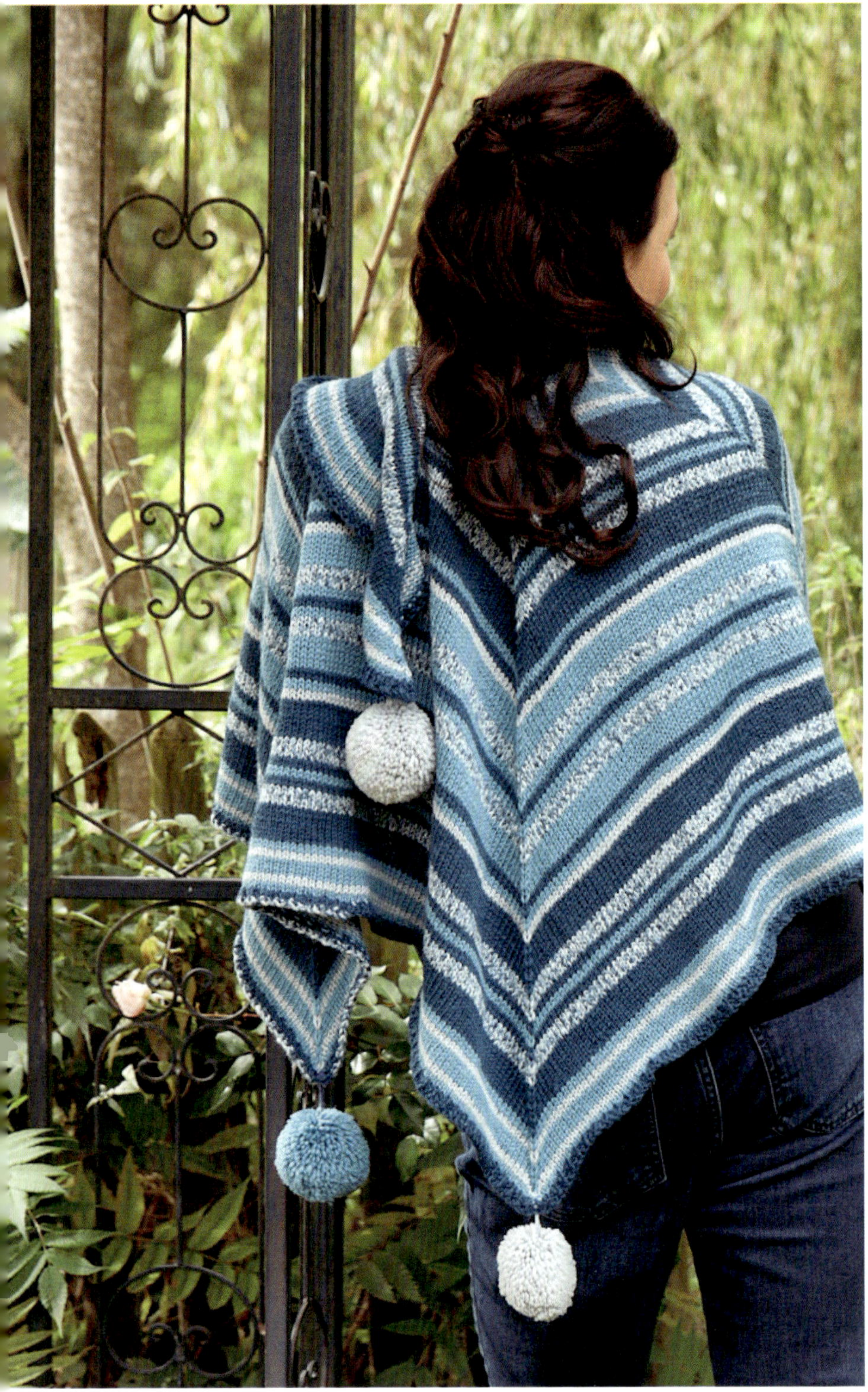

MUSTER

GLATT RECHTS

In Hinr rechte M, in Rückr linke M str.

PERLMUSTER

1. R: 1 M rechts, 1 M links.
2. R: 1 M links, 1 M rechts.
(Das heißt: rechte und linke M werden in der 2. R versetzt gestrickt.)

FARBAUFTEILUNG

18 R in Nostalgy (Norby)
je 2 R in Antikrosa (Nista) und Natur (Colsay) = 4 R
4 R in Antikrosa (Nista)
je 2 R in Natur (Colsay) und Antikrosa (Nista) = 4 R
8 R in Nostalgy (Norby)
4 R in Leinen (Northdale)
je 2 R in Nostalgy (Norby), Antikrosa (Nista) und Nostalgy (Norby) = 6 R
4 R in Leinen (Northdale)
8 R in Nostalgy (Norby)
je 2 R in Antikrosa (Nista), Nostalgy (Norby) und Natur (Colsay) = 6 R
6 R in Antikrosa (Nista)
4 R in Leinen (Northdale)
je 2 R in Antikrosa (Nista), Nostalgy (Norby) und Antikrosa (Nista) = 6 R
4 R in Leinen (Northdale)
6 R in Antikrosa (Nista)
je 2 R in Nostalgy (Norby), Antikrosa (Nista) und Natur (Colsay) = 6 R
8 R in Nostalgy (Norby)
4 R in Leinen (Northdale)
je 2 R in Nostalgy (Norby), Antikrosa (Nista) und Nostalgy (Norby) = 6 R
4 R in Leinen (Northdale)
8 R in Nostalgy (Norby)
je 2 R in Antikrosa (Nista) und Natur (Colsay) = 4 R
4 R in Antikrosa (Nista)

je 2 R in Natur (Colsay) und Antikrosa (Nista) = 4 R
Die letzten 4 R werden im Perlmuster gearbeitet.
4 R in Nostalgy (Norby)

ELASTISCH ABKETTEN

1 M rechts, * 1 M rechts, beide M zurück auf die linke Nadel legen und 2 M rechts verschränkt zusammenstr, ab * wdh bis zur letzten M.

JETZT GEHT ES LOS

Die Angaben zum Alternativ-Garn stehen in den Klammern.
3 M in Nostalgy (Norby) anschl.
(Eine Rückr str, die aber nicht als R gezählt wird): 3 M links str.
Weiter glatt rechts in der Farbaufteilung str.
1. R: 1 M rechts, 1 M rechts verschränkt aus dem Querfaden aufnehmen, 1 M rechts, 1 M rechts verschränkt aus dem Querfaden aufnehmen, 1 M rechts (= 5 M).
2. R: Alle M links str.
3. R: 1 M rechts, 4x [1 M rechts verschränkt aus dem Querfaden aufnehmen, 1 M rechts] (= 9 M).
4. R: Alle M links str.
5. R: 1 M rechts, 8x [1 M rechts verschränkt aus dem Querfaden aufnehmen, 1 M rechts] (= 17 M).
6. R: Alle M links str.
Ab der 7. Reihe kommt rechts und links ein Perlrand über 3 M hinzu.
7. R: 1 M rechts, 1 M links, 1 M rechts, 2x [1 M rechts, 1 M rechts verschränkt aus dem Querfaden aufnehmen, 1 M rechts], 1 M rechts, 3x [1 M rechts, 1 M rechts verschränkt aus dem Querfaden aufnehmen, 1 M rechts], 1 M rechts, 1 M links, 1 M rechts (= 22 M).
In der 8. R werden MM gesetzt. Nicht wundern, am Rand sitzt der MM zwischen dem Perlrand und den beiden M für die Aufnahmelinie, im Mittelfeld immer zwischen den beiden M der Aufnahmelinie.
8. R: 1 M rechts, 1 M links, 1 M rechts, MM, 4 M links, MM, 4 M links, MM, 4 M links, MM, 4 M links, MM, 1 M rechts, 1 M links, 1 M rechts.
Ab der 9. R werden die M tiefergestochen aufgenommen.
9. R: 1 M rechts, 1 M links, 1 M rechts, MM, 1 tafM, 2 M rechts, 1 tavM, 1 M rechts, 1 tafM, 1 M rechts, MM, 1 M rechts, 1 tavM, 2 M rechts, 1 tafM, 1 M rechts, MM, 1 M rechts, 1 tavM, 2 M rechts, 1 tafM, 1 M rechts, MM, 1 M rechts, 1 tavM, 1 M rechts, 1 tafM, 2 M rechts, 1 tavM, MM, 1 M rechts, 1 M links, 1 M rechts (= 32 M).
Ab jetzt in diesem Rhythmus weiterstr. Perlrand über 3 M auf beiden Seiten und die Aufnahmen wie in der 9. R gesetzt, am Rand direkt nach den 3 Perlrandmaschen und im Mittelteil rechts und links von den MM.
Dabei die Farbwechsel laut der Farbeinteilung beachten.

So oft wie möglich den Faden am Rand mit nach oben laufen lassen. Man muss nicht bei jedem Farbwechsel den Faden abschneiden.
Bei größeren Abständen zwischen einer Farbe kann man den Faden abschneiden und direkt in das Strickstück einweben. Dazu strickt man das Fadenendstück abwechselnd einmal mit ab und führt es einmal hinten mit. Dieses Verweben erspart einem am Ende das Vernähen der losen Fäden. In der nächsten Hinr kann man dann das Fadenende der neuen Wolle ebenso einweben.

Dazu findest du ein Video auf dem YouTube-Kanal »Der kleineStrickladen«: www.frech.de/27032FarbwechselOhneVernaehen

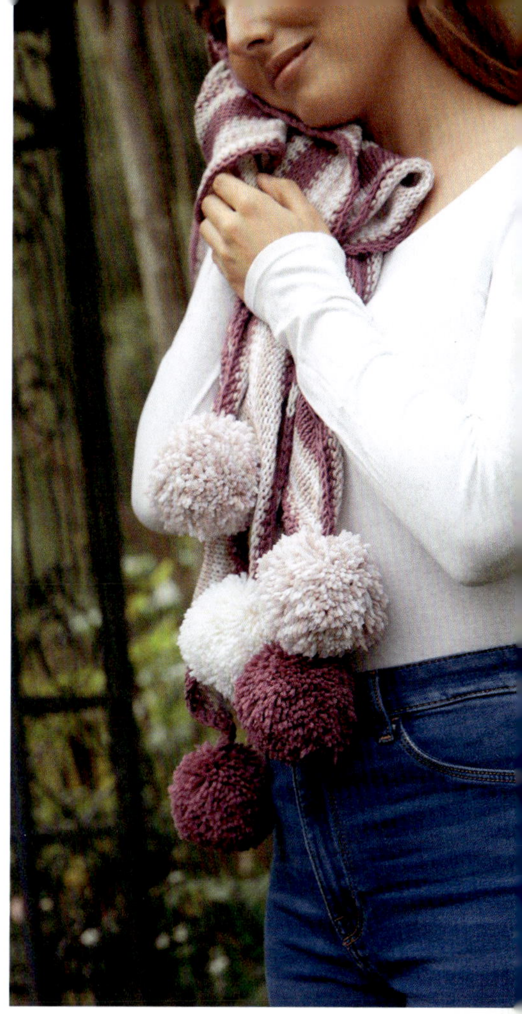

Die auf diese Weise verwebten Fäden schneide ich erst nach dem Spannen ab.
Nach den letzten 4 R im Perlmuster alle M elastisch abk.
Fäden vernähen. Das Tuch baden und spannen. Dabei die Aufnahmelinien ein bisschen in die Länge ziehen, sodass sich kleine Zipfel bilden.

LETZTER ARBEITSSCHRITT

Aus der restlichen Wolle fünf gleichgroße Pompons arbeiten – das geht mit einem Pomponmaker oder mit einer selbst hergestellten Schablone aus Pappe. Die Pompons an den 5 Enden der Aufnahmelinien befestigen.

Jetzt kannst du das Tuch umlegen und schwingen lassen. Viel Spaß!

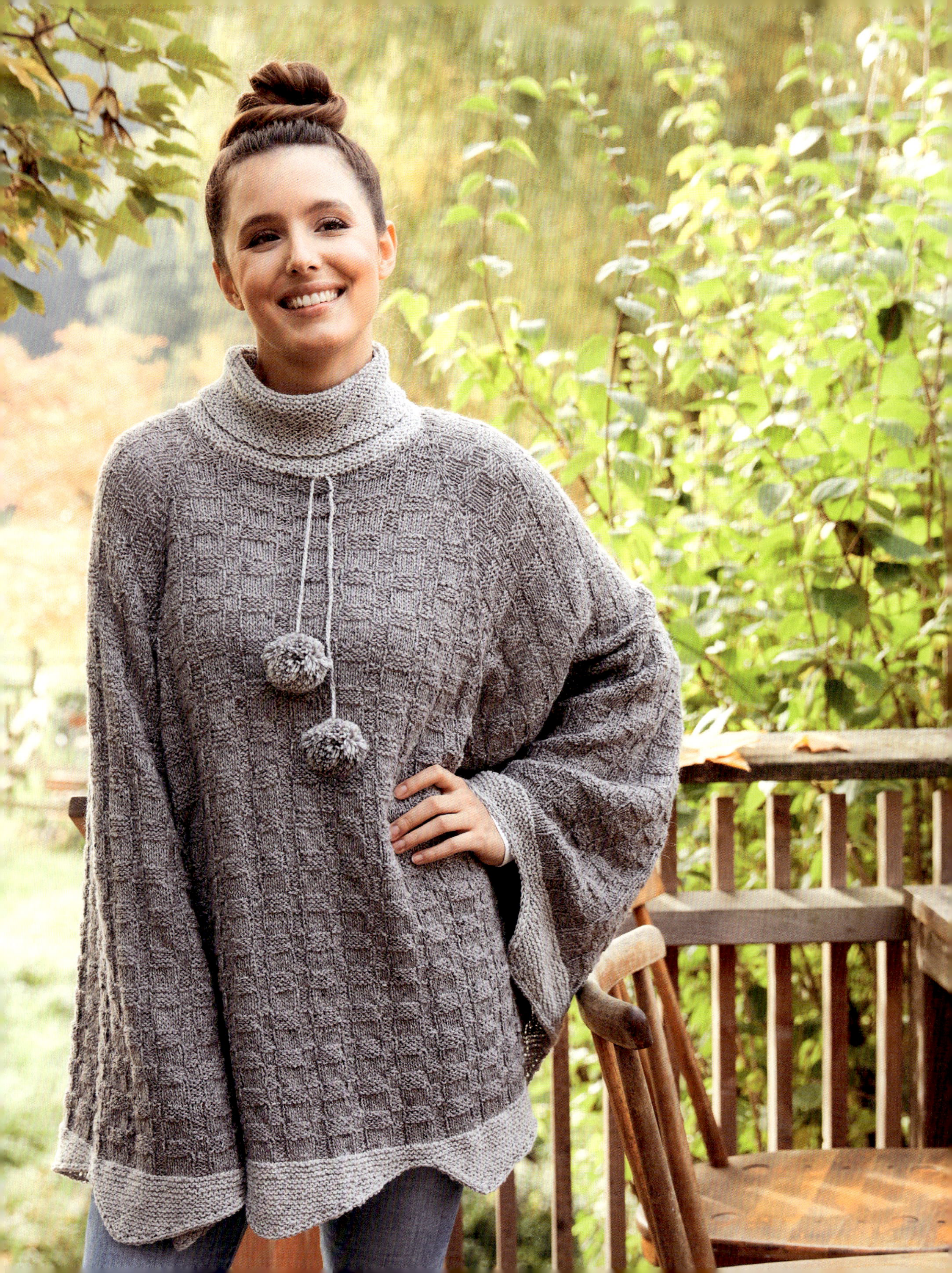

Swinging Weave

PONCHO

Sonnenuntergang am Ufer des Loch Lomond. »Liebling, es ist perfekt«, flüsterte Joshua. Er saß hinter mir und küsste mich zart auf den Hals. »Noch nicht«, verkündete ich, zauberte eine Flasche Sekt und zwei Gläser unter meinem Poncho hervor und lachte. Die Gläser klangen leise, als wir miteinander anstießen. »Jetzt ist es perfekt«, entschied ich und lehnte mich glücklich an Joshua.

GRÖSSE
Einheitsgröße

MATERIAL
- Schachenmayr Tuscany Tweed (LL 170 m/50 g) in Hellgrau (Fb 92), 600 g und in Silber (Fb 90), 100 g
- Rundstricknadel 3,5-4,0 mm, 60-80 cm und 100-120 cm lang

MASCHENPROBE
Glatt rechts mit Nd 3,5-4,0 mm sind 20 M und 28 R = 10 cm x 10 cm.

ALLGEMEINES

In der ersten R werden MM gesetzt. Der R-Anfang wird durch einen andersfarbigen Markierer gekennzeichnet.
Die ersten 8 R werden in Hin- und Rückr gestrickt. Dann werden die restlichen M für den Halsausschnitt aufgenommen und alles zur Runde geschlossen.
Je nachdem, ob aus der vorherigen M oder aus der folgenden M tiefergestochen aufgenommen wird, neigen sich die M in unterschiedliche Richtungen. So ergibt sich die schöne Linie.
Jeweils rechts und links der MM liegen die 2 M der Zunahmelinie.
Die Maschenaufnahme erfolgt in jeder zweiten R. Es wird immer aus der M vor und nach dem MM der Raglanlinie aufgenommen – also werden jedes Mal 8 M aufgenommen.
Die aufgenommenen M werden in das große Flechtmuster eingefügt.

MUSTER

KRAUS RECHTS IN RUNDEN

1 Rd rechte M, 1 Rd linke M im Wechsel str.

GROSSES FLECHTMUSTER

Über 9 M und 10 Rd
1.-6. Rd: 6 M rechts, 3 M links.
7.-10. Rd: 6 M links, 3 M rechts.
Ein Mustersatz geht über 9 M und 10 R und wird ständig wiederholt.
Das Muster geht immer von MM zu MM und an den Raglanlinien wird das Muster um die aufgenommenen M erweitert. Jeweils die M vor und hinter dem MM bilden die Raglanlinie. Diese 2 M werden immer rechts gestrickt.

MASCHEN VERDOPPELN

Rechte M: 1 R tiefer einstechen, das Füßchen str und zur M auf die linke Nadel rutschen lassen.

JETZT GEHT ES LOS

70 M in Hellgrau anschl.

1. R: 3 M rechts, MM, 16 M rechts, MM, 32 M rechts, MM, 16 M rechts, MM, 3 M rechts.

2. R: Alle M links str.

Ab hier beginnt das große Flechtmuster.

3. R: 2 M links, 1 tafM, 1 M rechts, MM, 1 M rechts, 1 tavM, 6 M rechts, 3 M links, 5 M rechts, 1 tafM, 1 M rechts, MM, 1 M rechts, 1 tavM, 2 M links, 3x [6 M rechts, 3 M links], 1 M rechts, 1 tafM, 1 M rechts, MM, 1 M rechts, 1 tavM, 6 M rechts, 3 M links, 5 M rechts, 1 tafM, 1 M rechts, MM, 1 M rechts, 1 tavM, 2 M rechts.

(Ab jetzt schreibe ich die MM nicht mehr extra hin, sie bleiben die ganze Zeit da wo sie sind)

4. R: 11 M links, 3 M rechts, 6 M links, 1 M rechts, 4 M links, 3x [3 M rechts, 6 M links], 3 M rechts, 8 M links, 3 M rechts, 6 M links, 1 M rechts, 3 M links, 2 M rechts.

5. R: 2 M links, 1 M rechts, 1 tafM, 2 M rechts, 1 tavM, 1 M links, 6 M rechts, 3 M links, 6 M rechts, 1 tafM, 2 M rechts, 1 tavM, 3 M links, 3x [6 M rechts, 3 M links], 2 M rechts, 1 tafM, 2 M rechts, 1 tavM, 1 M links, 6 M rechts, 3 M links, 6 M rechts, 1 tafM, 2 M rechts, 1 tavM, 3 M rechts.

6. R: 13 M links, 3 M rechts, 6 M links, 2 M rechts, 5 M links, 3x [3 M rechts, 6 M links], 3 M rechts, 3 M links, 1 M rechts, 6 M links, 3 M rechts, 6 M links, 2 M rechts, 4 M links, 2 M rechts.

7. R: 2 M links, 2 M rechts, 1 tafM, 2 M rechts, 1 tavM, 2 M links, 6 M rechts, 3 M links, 6 M rechts, 1 M links, 1 tafM, 2 M rechts, 1 tavM, 1 M rechts, 3x [3 M links, 6 M rechts], 3 M links, 3 M rechts, 1 tafM, 2 M rechts, 1 tavM, 2 M links, 6 M rechts, 3 M links, 6 M rechts, 1 M links, 1 tafM, 2 M rechts, 1 tavM, 4 M rechts.

Am Ende dieser Reihe 28 M für das Vorderteil aufnehmen und alles zur Runde schließen (= 122 M).

Ich mache dazu einen gehäkelten Anschlag, das heißt, ich drehe das Strickstück mit der linken Seite zu mir, nehme die letzte gestrickte M auf die Häkelnadel und häkle die 28 M. Dabei lege ich immer den Faden um die Stricknadel herum, sodass eine M entsteht.

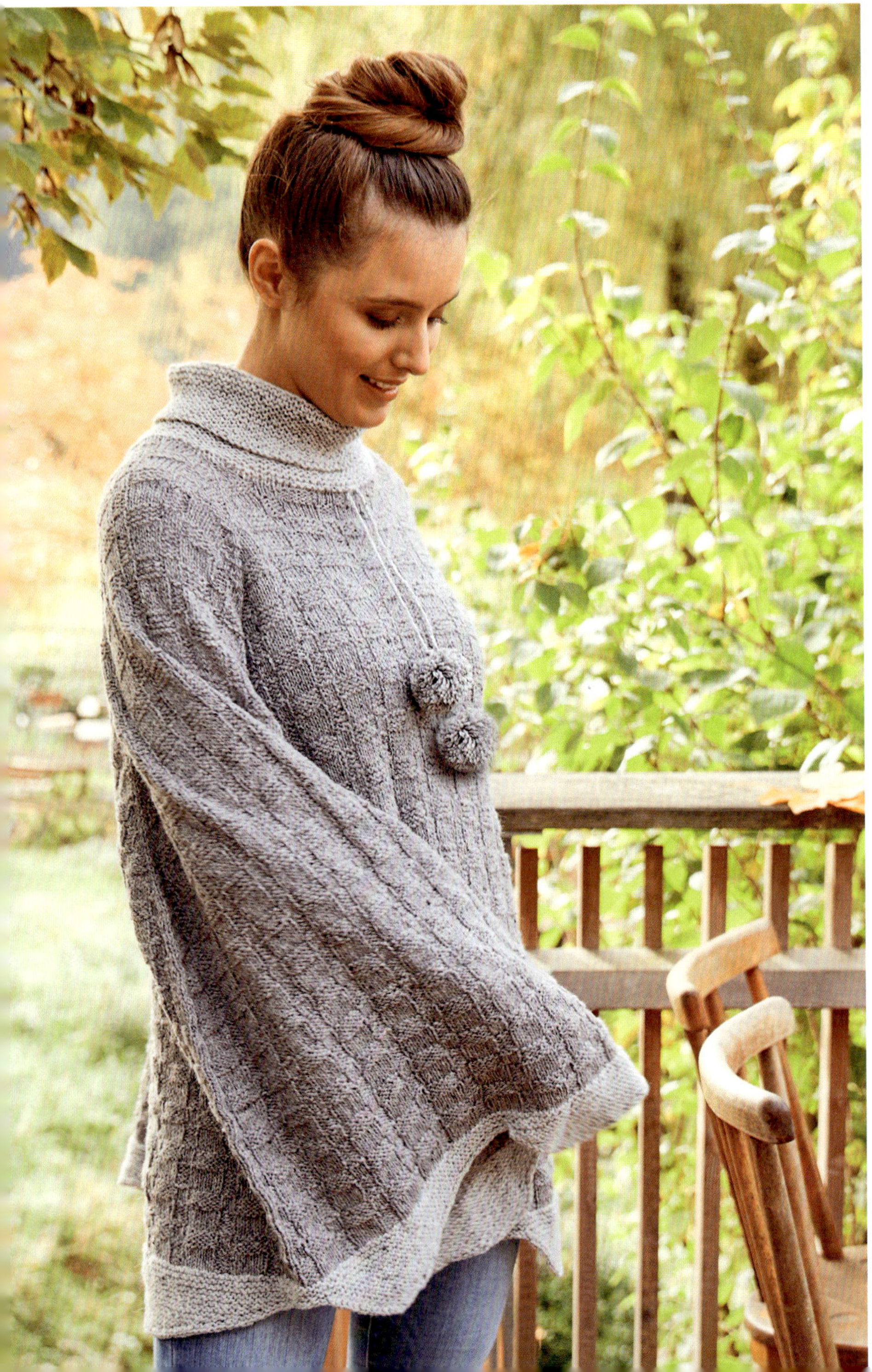

▶ Dazu findest du ein Video auf dem YouTube-Kanal »Der kleine Strickladen«: www.frech.de/27032GehaekelterAnschlag

Ab jetzt geht es in Runden weiter. In den geraden Runden wird nicht aufgenommen. Je eine Masche rechts und links vom MM wird immer rechts gestrickt, der Rest im Musterverlauf.
In der 8. Rd wird der Rd-Anfang um 5 M versetzt, das heißt nach dem Ende der Rd wird noch über weitere 5 M gestrickt und dort ist dann der neue Rd-Beginn, da es schöner ist, wenn der folgende Musterwechsel im neuen Abschnitt beginnt.
8. Rd: 2 M links, 5 M rechts, 2x [3 M links, 6 M rechts], 2 M links, 4 M rechts, 6x [3 M links, 6 M rechts], 2 M links, 4x [6 M rechts, 3 M links], 4 M rechts.
Ab jetzt beginnt die neue Runde immer eine M vor dem MM.
In der 9. Rd kommt der erste Wechsel (6 M links, 3 M rechts) im Musterverlauf.
9. Rd: 1 tafM, 2 M rechts, 1 tavM, 2x [3 M rechts, 6 M links], 2 M rechts, 1 tafM, 2 M rechts, 1 tavM, 2 M links, 3x [3 M rechts, 6 M links], 3 M rechts, 4 M links, 1 tafM, 2 M rechts, 1 tavM, 2x [3 M rechts, 6 M links], 2 M rechts, 1 tafM, 2 M rechts, 1 tavM, 4 M links, 3x [3 M rechts, 6 M links], 3 M rechts, 4 M links.
10. Rd: Im Musterverlauf str, die aufgenommenen M in das Muster integrieren.
11. Rd: Im Musterverlauf str, M wie gehabt aufnehmen.
12. Rd: Wie die 10. Rd str.
13. Rd: Musterwechsel zu (6 M rechts, 3 M links), M wie gehabt aufnehmen.
In diesem Rhythmus immer weiter str, bis 450 M auf der Nadel sind.
Ab da werden die Abstände der letzten 5 Aufnahmerunden langsam vergrößert. Erst 2 Zwischenrunden, dann 4, dann zwischen den letzten Aufnahmen je 8 Zwischenrunden.
Bei 490 M hören die Aufnahmen auf (die MM bleiben drin, damit man sieht, wo der neue Musterabschnitt beginnt). Bis zu einer Länge von etwa 60 cm im Muster weiter str.
Die MM rausnehmen.
Jetzt zu Silber wechseln.
6 Rd kraus rechts str, dabei alle 49 M einen Maschenmarkierer setzen – sodass es am Ende 10 Abschnitte sind.
Jetzt geht es an den Wellenbund, hierzu werden die Abschnitte einzeln mit verkürzten R gestrickt.

1. ABSCHNITT

48 M rechts, 1 M verdoppeln, wenden.
47 M rechts, 1 M verdoppeln, wenden.
44 M rechts, 1 M verdoppeln, wenden.
43 M rechts, 1 M verdoppeln, wenden.
40 M rechts, 1 M verdoppeln, wenden.
39 M rechts, 1 M verdoppeln, wenden.
36 M rechts, 1 M verdoppeln, wenden.
35 M rechts, 1 M verdoppeln, wenden.
32 M rechts, 1 M verdoppeln, wenden.
31 M rechts, 1 M verdoppeln, wenden.
28 M rechts, 1 M verdoppeln, wenden.
27 M rechts, 1 M verdoppeln, wenden.
24 M rechts, 1 M verdoppeln, wenden.
23 M rechts, 1 M verdoppeln, wenden.
20 M rechts, 1 M verdoppeln, wenden.
19 M rechts, 1 M verdoppeln, wenden.
16 M rechts, 1 M verdoppeln, wenden.
15 M rechts, 1 M verdoppeln, wenden.
12 M rechts, 1 v M erdoppeln, wenden.
11 M rechts, 1 M verdoppeln, wenden.
8 M rechts, 1 M verdoppeln, wenden.
7 M rechts, 1 M verdoppeln, wenden.
4 M rechts, 1 M verdoppeln, wenden.
3 M rechts, 1 M verdoppeln, wenden.
Jetzt bis zum nächsten Abschnitt str, dabei die verdoppelten M als eine Masche str.
Den nächsten und alle weiteren Abschnitte ebenso arb.
Am Ende alle M einmal li str und in der nächsten Rd abk.

KRAGEN

In Silber am Halsausschnitt 80 M aufnehmen und kraus rechts 20 cm stricken und in einer R re M elastisch abk wie folgt: 1 M rechts, * 1 M rechts, beide M zurück auf die linke Nadel legen und 2 M rechts verschränkt zusammenstr, ab * wdh bis zur letzten M.

Und jetzt kommt noch das Tüpfelchen auf das i bzw. die Bommel an den Poncho ☺.
Zwei Bommel in Silber arb. Zwei Luftmaschenketten häkeln und die Bommel daran befestigen.
Die Luftmaschenketten vorne unterhalb des Kragens durch den Poncho ziehen und auf der Innenseite verknoten. Auf diese Weise kann die Länge nach Belieben angepasst werden.

Und wie immer am Ende einer Strickarbeit werden jetzt noch die Fäden vernäht, das Strickstück gewaschen und gespannt. Ich habe den Poncho über einen Sessel gezogen, ihn leicht feucht eingesprüht und trocken lassen. Das genügt.

Viel Spaß mit deinem herrlich warmen neuen Poncho!

RAGLAN VON OBEN

Einen Pulli am Stück von oben zu stricken macht richtig Spaß. Und das Beste daran ist – man muss nichts zusammennähen und kann den Pullover während des Strickens jederzeit anprobieren.

Oft sagen meine Kundinnen und Kunden, dass sie Angst hätten, einen RVO zu stricken. Wenn ich dann erkläre, dass es ganz einfach ist, staunen sie und schütteln ungläubig den Kopf. Grund genug für mich, eine Anleitung für einen RVO ohne Schnickschnack zu schreiben.

Wenn man das Prinzip einmal verstanden hat, sind der Fantasie kaum noch Grenzen gesetzt.

Was ist mit dir? Strickst du schon oder schüttelst du noch den Kopf?

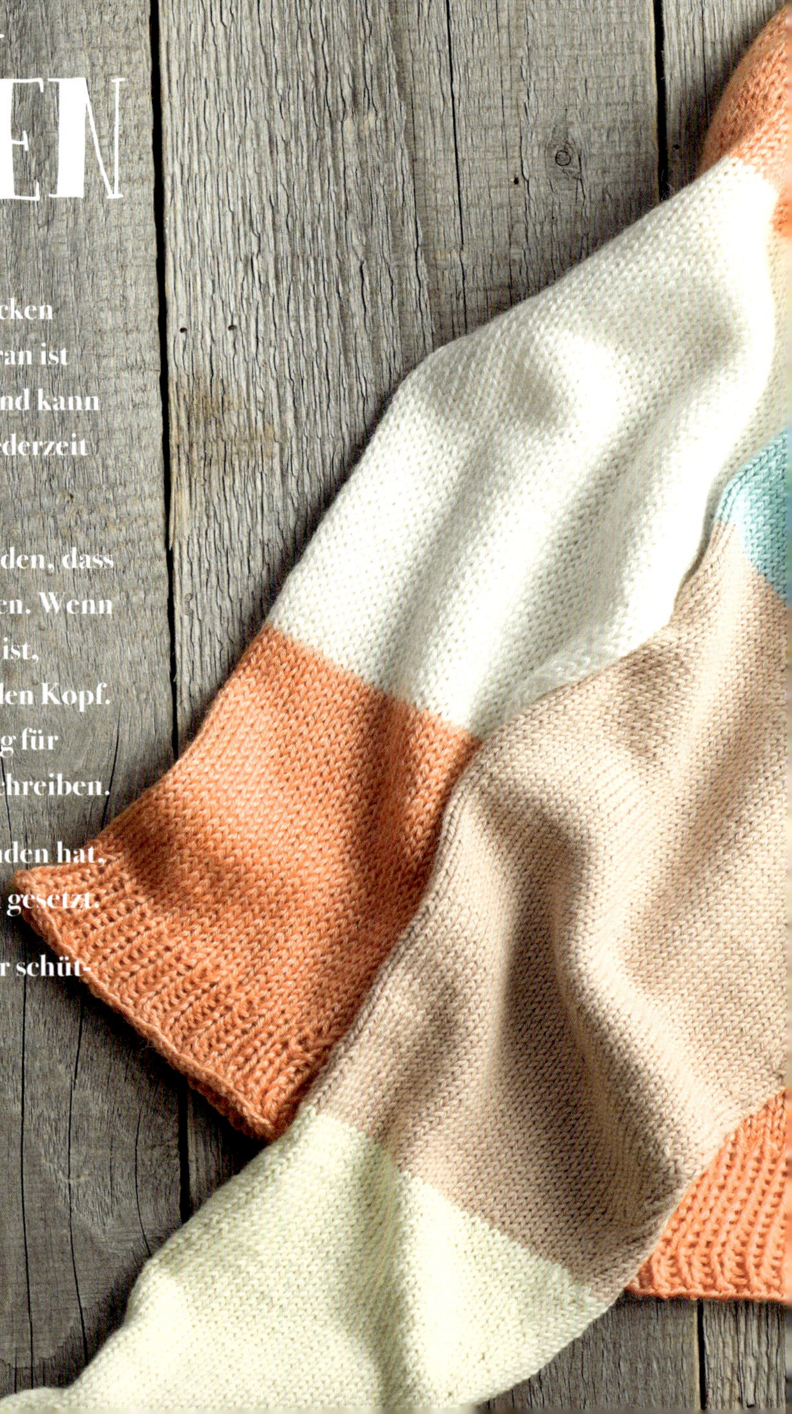

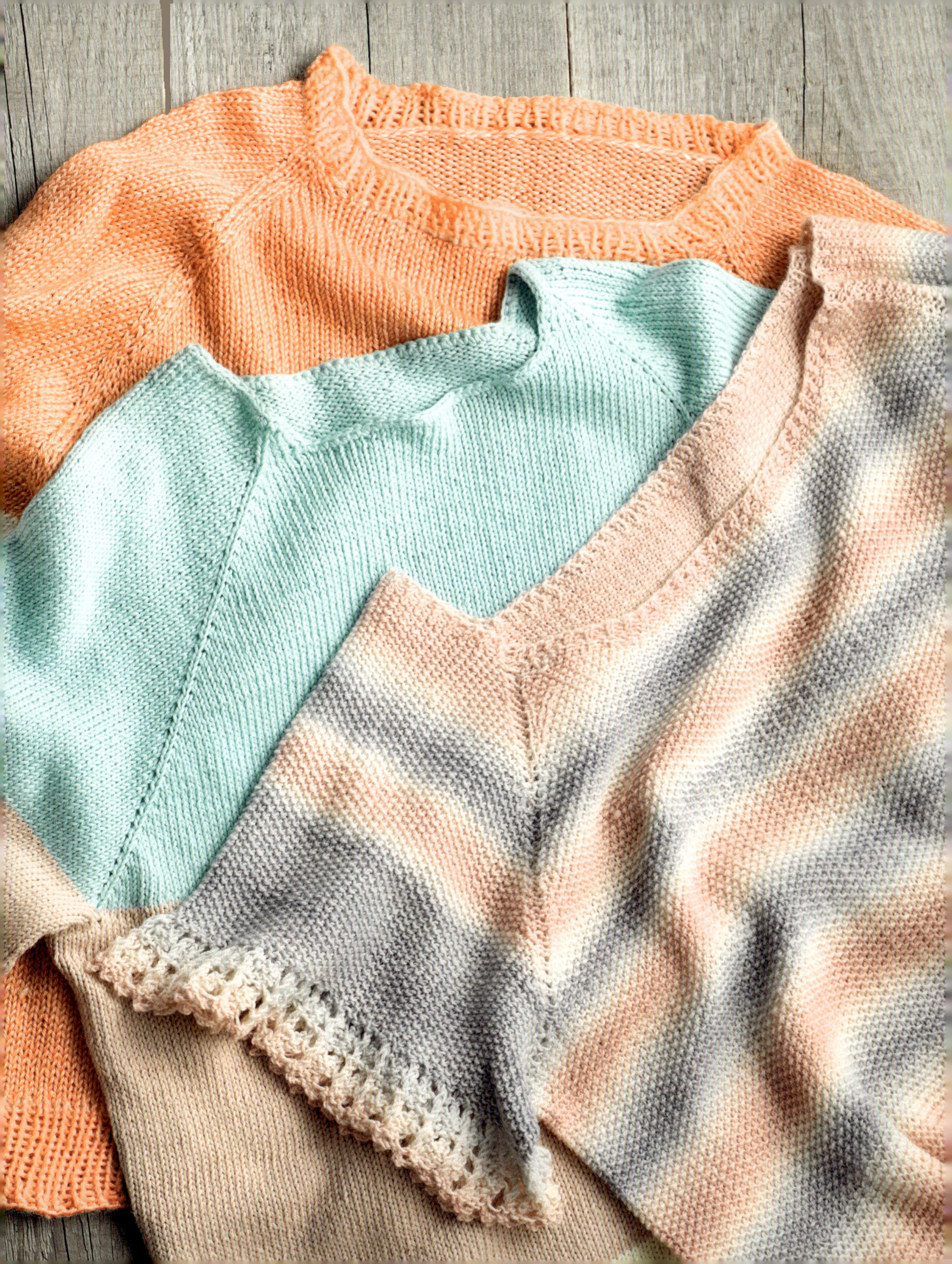

CHLOE UND DIE MASCHEN-PROBE

»Sehr gut«, kommentierte ich, nachdem Chloe drei Musterstücke mit unterschiedlichen Nadelstärken gestrickt und ausgemessen hatte. Auf dem Zettel stand nun neben der Nadelstärke und Wollsorte jeweils die Maschen- und Reihenzahl für ein Stück mit der Größe von 10 x 10 Zentimetern. »Und jetzt werden die Proben gebadet, gespannt und nach dem Trocknen erneut ausgezählt«, erklärte ich.
Chloe zog eine Schnute. »Ist das nicht ein bisschen übertrieben?«, fragte sie. »Ich würde jetzt lieber endlich losstricken. Nachdem du mich schon überredet hast, es mit einem Raglan von oben zu versuchen, juckt es mich in den Fingern.«
»Du möchtest ein möglichst grobes Maschenbild?«, fragte ich.
Chloe nickte. »Ganz genau. Deshalb würde ich auch mit der größeren Nadel stricken«, erklärte sie.
»Und der Pullover soll dir auch nach dem ersten Waschen noch passen?«
»Was für eine Frage. Selbstverständlich. Den werde ich eines Tages meinem Menschlein vererben«, sagte sie und streichelte versonnen ihren deutlich gewölbten Bauch. »Mamas allererster Pullover. Das ist doch was, oder?«
Bei dem Gedanken an das Menschlein, das in Chloe heranwuchs, leuchtete sie von innen. Schwanger zu sein, stand ihr ausgesprochen gut. Aber ich ließ mich nicht beirren und blieb beim Thema.
»Wenn du nicht möchtest, dass es Mamas erster ausgeleierter Pullover wird, badest du jetzt besser die Maschenproben«, forderte ich sie streng auf, musste dann aber doch lachen. »Wir tasten uns an die richtige Nadelstärke heran. Je nachdem, wie locker oder fest man strickt, behält das Strickstück auch nach dem Baden seine Form, geht auseinander und leiert aus oder wird so fest, dass es fast schon verfilzt wirkt.«
»Und das alles kannst du an den drei Proben sehen?« Chloe sah mich mit großen Augen an.
»Das und noch mehr. Es kommt immer darauf an, was ich erreichen möchte. Bei Tüchern mag ich es, mit größerer Nadelstärke zu stricken, als eigentlich für die Wolle vorgesehen. Durch das Baden gehen die Tücher auseinander und werden locker und leicht. Bei einem Pullover wäre das fatal, er soll auch nach dem Waschen seine Form behalten. Wir sehen außerdem erst nach dem Baden, wie das Maschenbild am Ende wirklich erscheint.«
»Alles klar.« Chloe nickte und warf mir einen bewundernden Blick zu. Sie schnappte sich ihre Musterstücke und ging nach hinten, um sie in dem kleinen Waschbecken im Nebenraum zu baden.
Ich trank einen Schluck Tee und nahm sehr mit mir zufrieden mein Strickzeug zur Hand. Chloes erster Pullover würde wunderschön werden und das perfekte Maschenbild haben.

Strandlust

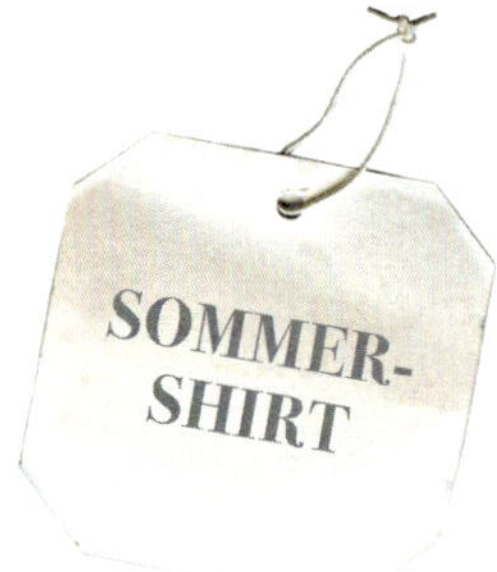

»Wir sollten Amely und Peter mal wieder auf einen Whisky besuchen, oder zwei.« Joshua setzte sich neben mich auf das Sofa. »Dreiundzwanzig, vierundzwanzig …«, murmelte ich absichtlich etwas lauter. Joshua lachte. »Ich wusste gar nicht, dass ich so ein versoffenes Weib habe«, ulkte er. Er gab mir einen Kuss, und ließ mich in Ruhe die Maschen zu Ende zählen.

GRÖSSE
Individuell anpassbar, die Basis bildet ein Shirt in Größe 44/46.

FORM
RVO (Raglan von oben)

MATERIAL
- Schachenmayr Merino extrafine 285 Lace (LL 285 m/50 g) in Étude (Fb 580) oder Jardin (Fb 585), 200-300 g
- Rundstricknadel 5,5 mm, 80 cm und 100-120 cm lang
- Nadelspiel 5,5 mm (oder Sockenrundstricknadel oder Rundstricknadel mit langem Seil für Magic Loop Technik)
- 4 Maschenmarkierer

ALTERNATIV-MATERIAL
- West Yorkshire Spinners Exquisite Lace (LL 800 m/100 g) in Lagoon (Fb 519), 200 g
- Rundstricknadel 4,0 mm, 80 cm und 100-120 cm lang
- Nadelspiel 4,0 mm (oder Sockenrundstricknadel oder Rundstricknadel mit langem Seil für Magic Loop Technik)
- 4 Maschenmarkierer

MASCHENPROBE
Im Webmuster mit Merino extrafine 285 Lace und Nd 5,5 mm sind 28 M und 50 R = 10 cm x 10 cm; mit Exquisite Lace und Nd 4,0 mm sind 30 M und 58 R = 10 cm x 10 cm. Glatt rechts mit Merino extrafine 285 Lace und Nd 5,5 mm sind 26 M und 30 R = 10 cm x 10 cm; mit Exquisite Lace und Nd 4,0 mm sind 28 M und 36 R = 10 cm x 10 cm.

HINWEIS: Das Webmuster verdichtet das Strickstück, deshalb muss man immer eine größere Stricknadel verwenden, als auf dem Wolletikett angegeben. Falls es mit der angegebenen Nadelstärke zu fest wird, ruhig noch eine Nadelstärke größer wählen.

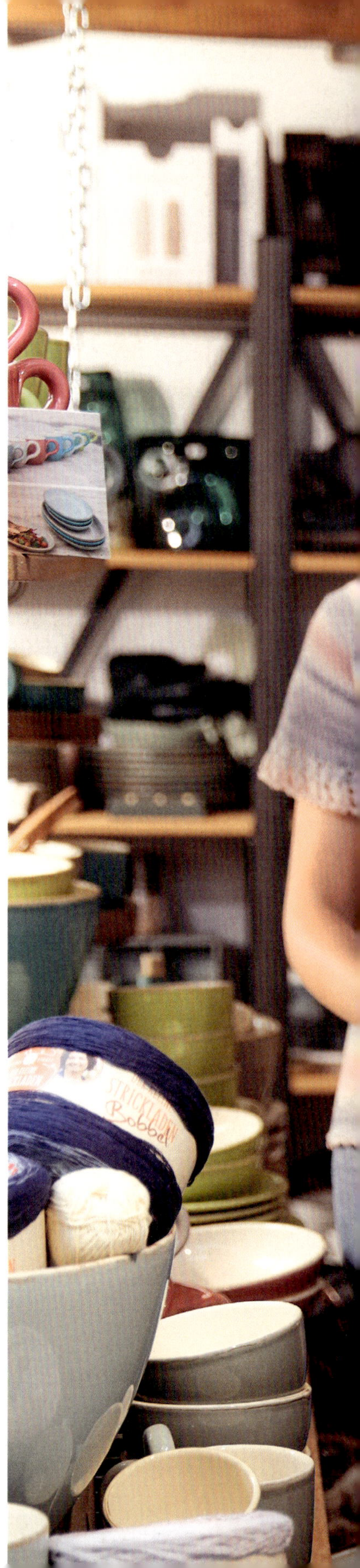

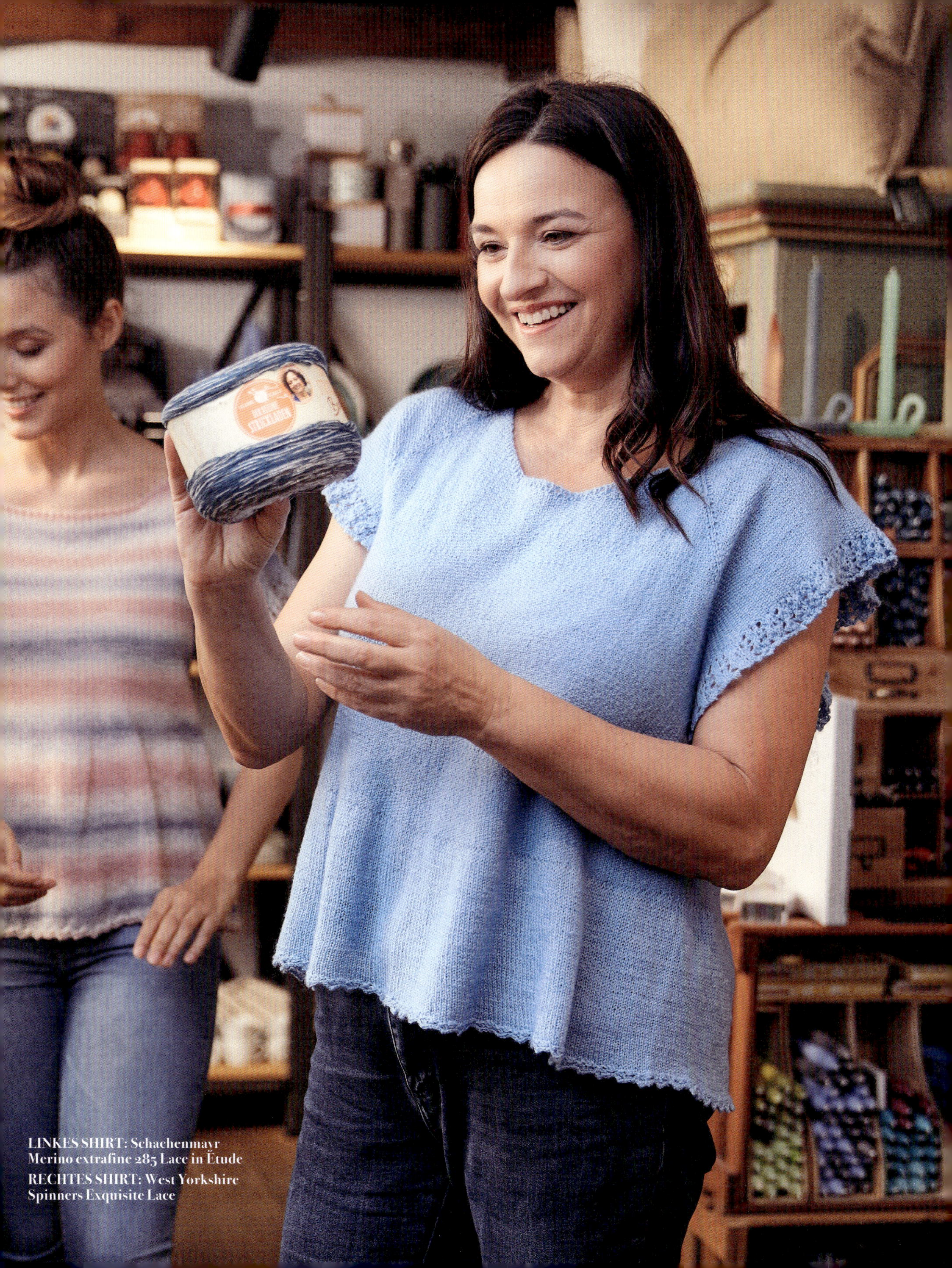

LINKES SHIRT: Schachenmayr Merino extrafine 285 Lace in Étude
RECHTES SHIRT: West Yorkshire Spinners Exquisite Lace

HINWEIS: Diese Anleitung ist für Fortgeschrittene oder ambitionierte Anfänger mit schon etwas Strickroutine. Die einzelnen Punkte sind zwar nicht schwierig zu str, aber die Kombination aus den Raglanzunahmen, dem erhöhten Rücken mit verkürzten R und dem Webmuster ist etwas anspruchsvoll.

ALLGEMEINES ZU RAGLAN VON OBEN

Es gibt viele unterschiedliche Herangehensweisen für einen Raglan-von-oben-Pullover oder ein Shirt:
Mit und ohne erhöhten hinteren Halsausschnitt, begonnen mit Hin- und Rückr oder auch direkt in Rd und dafür für die hintere Erhöhung mit verkürzten R. Der hinten erhöhte Halsausschnitt sorgt für mehr Tragekomfort.
Die Größe des Pullis oder Shirts entscheidet sich über die Länge der Raglanlinie.
Die angeschlagene M-Zahl ist für alle Größen von S bis XXXL gleich. Die M-Zahlen im Verlauf der Arbeit sind nur Richtwerte. Es hängt davon ab, wie fest oder locker du strickst und wie figurbetont oder locker das Oberteil sitzen soll. Am besten ziehst du die M auf eine lange Nadel und probierst das Strickstück an, wenn du das Gefühl hast, die Raglanlinie reicht bis unter deine Achsel und ist lang genug. Du kannst auch deinen Brustumfang und die Breite der Passe (ohne Ärmel) messen. Dabei musst du aber an die Zugabe denken, die rechts und links zwischen Vorder- und Rückenteil durch die Aufnahme unter den Armausschnitten dazukommt.

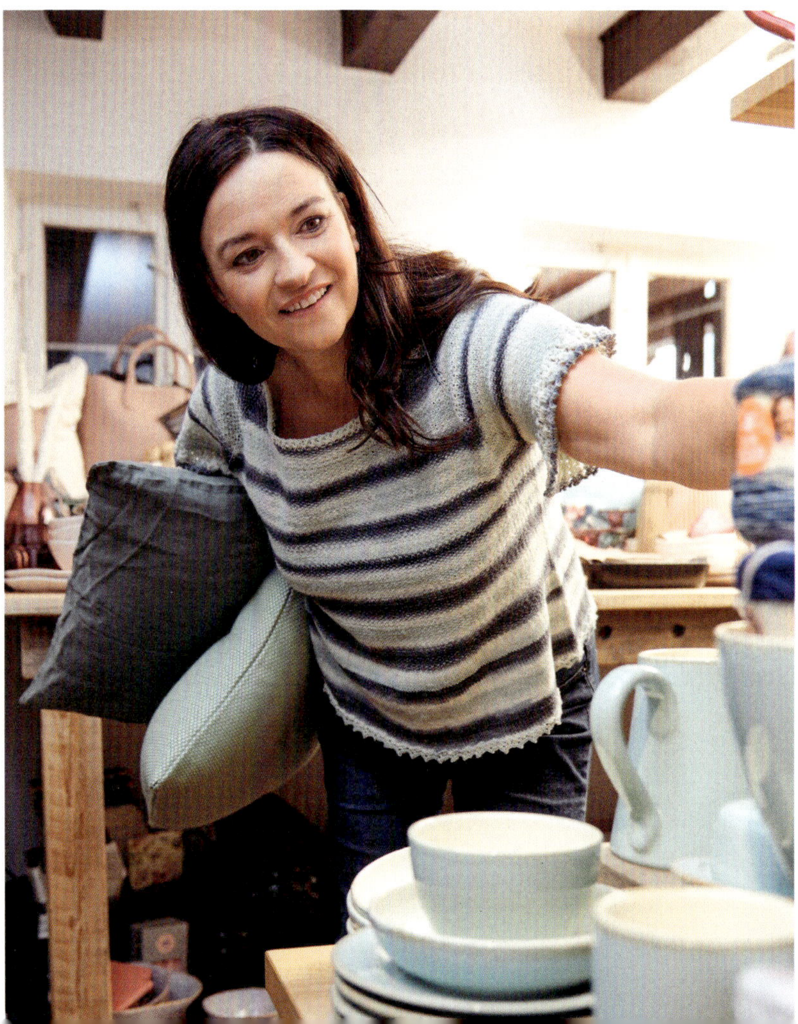

MUSTER

BÜNDCHENMUSTER

1 M rechts, 1 M links im Wechsel str.

GLATT RECHTS IN REIHEN

In Hinr rechte M, in Rückr linke M str.

GLATT RECHTS IN RUNDEN

Immer rechte M str.

WEBMUSTER IN REIHEN

Hinr: * 1 M rechts, 1 M wie zum Links-str abheben mit dem Faden vor der Arbeit, ab * fortlaufend wdh.
Rückr: * 1 M links, 1 M wie zum Links-str abheben mit dem Faden hinter der Arbeit, ab * fortlaufend wdh.

WEBMUSTER IN RUNDEN

1. Rd: * 1 M rechts, 1 M wie zum Links-str abheben mit dem Faden vor der Arbeit, ab * fortlaufend wdh.
2. Rd: * 1 M wie zum Links-str abheben mit dem Faden vor der Arbeit, 1 M rechts, ab * fortlaufend wdh.
Immer in der nächsten R/Rd das Muster versetzen.

MASCHEN VERDOPPELN

Rechte M: 1 R tiefer einstechen, das Füßchen rechts str und zur M auf die linke Nadel rutschen lassen.
Linke M: M auf die rechte Nadel nehmen. Mit der linken Nadel den Maschenkragen hochholen, links str und zur rübergehobenen M auf die rechte Nadel rutschen lassen.
Eine Aufnahme aus der vorherigen M führt zu einer anderen Neigung als

aus der folgenden M. Durch die Kombination ergibt sich die schöne Zunahmelinie.

Im Unterschied zu der tiefergestochenen Aufnahme werden bei der Verdoppelung die beiden M später als eine M gestrickt, dadurch kommt es zu keiner Zunahme.

Jeweils rechts und links der 4 MM liegen die 2 M der Raglanlinie. Aus diesen beiden M wird aufgenommen. Also werden jeweils 8 M aufgenommen.

Die Aufnahme erfolgt in jeder zweiten R/Rd.

Das ist eine der einfachsten Varianten der Raglanlinie. Man kann diese Linie auch breiter str, mit einem Muster versehen oder die Zunahmen anders wählen. Statt tiefergestochen kann man mit U oder aus dem Querfaden aufnehmen. Der Fantasie sind kaum Grenzen gesetzt. Da das Sommershirt aber von dem einfachen Webmuster lebt, soll die Raglanlinie sich zurückhaltend einfügen.

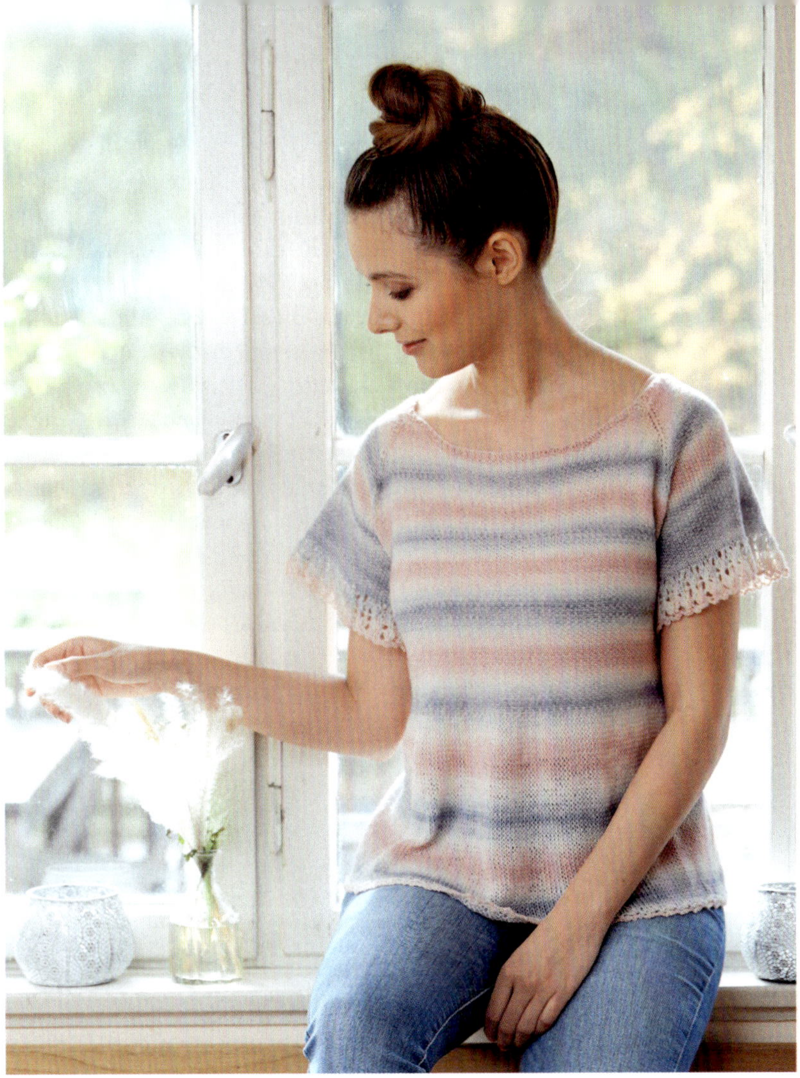

VERKÜRZTE REIHEN

Wie der Name schon sagt, verlaufen die verkürzten Reihen nicht über die gesamte Breite des Strickstücks, sondern werden eingesetzt, um dem Strickstück Form zu geben oder zum Beispiel Farben über einen bestimmten Bereich einzustricken.

Es gibt unterschiedliche Möglichkeiten, die verkürzten R einzubauen. Ich verdopple immer die letzte M, bevor ich eine Arbeit wende (wie oben beschrieben). Auf diese Weise entsteht durch das Wenden mitten im Strickstück kein unschönes Loch an der Wendestelle.

Jetzt wird bis zum vorher festgelegten Punkt zurückgestrickt. Wieder verdoppeln, wenden und weiterstr. In der nächsten R wird über die verdoppelte M hinweg gestrickt und die nächste rechte M verdoppelt, wieder gewendet und auf der anderen Seite das Gleiche.

In dieser Anleitung startest du mit 2 Rd Bündchenmuster und einer Rd, in der das Webmuster gesetzt wird. Danach geht es für 20 R mit verkürzten R weiter. Dadurch kommt, wie oben bereits erwähnt, der vordere Halsausschnitt etwas nach unten.

Gleich zu Beginn werden MM für die 4 Raglanlinien gesetzt.

Die Größe ist individuell anpassbar über die Länge der Raglanlinie. Von S bis mehrfach-XL ist alles machbar.

JETZT GEHT ES LOS

Die Angaben zum Shirt in Étude stehen vor dem Schrägstich, zum Shirt in Jardin nach dem Schrägstrich und zum Shirt im Alternativ-Garn in den Klammern.

186 M mit Étude/Jardin (Lagoon) anschl und zur Rd schließen.

1.+2. Rd: Im Bündchenmuster str. Während der 1. Rd die MM wie folgt setzen: Erster MM am Rundenbeginn, zweiter MM nach 31 M, dritter MM nach weiteren 62 M und der vierte MM nach 31 M. Jetzt die Runde mit 62 Maschen bis zum ersten MM schließen.

Auf diese Weise habt ihr die Einteilung Vorder- und Rückenteil mit je 62 M und für die Ärmel je 31 M.

3. Rd: Im Webmuster str, aber die M rechts und links vom MM immer nur rechts str.
Hinweis: Die M rechts und links der MM glatt rechts str.
Achtung: Jetzt starten die verkürzten R!
4. R: Im Webmuster str, dabei das Muster versetzen.
Ab der 4. R beginnen die Raglanzunahmen. In jeder zweiten R/Rd wird jeweils aus der M vor dem MM (tafM) und nach dem MM (tavM) eine M tiefergestochen aufgenommen.
Die 4. R nur bis 3 M nach der letzten Raglanaufnahme str (die restlichen M des Vorderteils bleiben ungestrickt). Die nächste M verdoppeln.
Das Strickzeug wenden und im Webmuster zurückstr.
5. R: Dieses Mal linke M und beim Abheben den Faden hinter der Nadel mitführen. Bis 3 M nach der ersten Aufnahme str, wieder 1 M verdoppeln Strickzeug wenden.
6. R: Verkürzt str. In dieser R wieder an die Raglanzunahmen denken!
Die vorher verdoppelte M als eine M arb und die nächste rechte M verdoppeln. (Nur gestrickte M verdoppeln, keine, die in der Rd vorher abgehoben wurden.)
Nach dem Verdoppeln das Strickzeug wenden und bis über die verdoppelte M auf der anderen Seite str und die folgende linke M erneut verdoppeln.
Die verkürzten R über 20 R arb. Danach geht es im Webmuster in Rd weiter.
Mit Aufnahmen in jeder zweiten Rd str, bis die Raglanlinie bis unter die Achsel reicht. Bei Größe 44/46 sind das etwa 25 cm.

Du kannst das Strickstück auf eine längere Nadel ziehen und jederzeit anprobieren – das ist das Tolle daran, wenn man von oben arbeitet.

Wenn du mit der Raglanlinie unter der Achsel angekommen bist, strickst du bis zum ersten MM, dann legst du die M bis zum nächsten MM still – diese Maschen gehören zum ersten Ärmel. Dazu kannst du ein Nadelseil mit Maschenstoppern verwenden oder einfach nur einen festen Wollfaden.
Bevor Vorderteil und Rückenteil unter den stillgelegten M zur Runde geschlossen werden, nimmst du ein paar M auf. Für das Sommertop, das locker sitzen soll, habe ich rechts und links zwischen Vorder- und Rückenteil je 30 M zugenommen.

An dieser Stelle kannst du die Weite etwas anpassen. Wenn du eine große Brust hast, der Pulli extra locker oder lieber eher enger sitzen soll, nimmst du mehr oder weniger M auf.

Nachdem die M aufgenommen sind (gehäkelter Anschlag oder wie du es lieber magst), strickst du das Rückenteil bis zum nächsten MM. Und jetzt genau wie auf der anderen Seite: Ärmel-M stilllegen, M aufnehmen und Rückenteil und Vorderteil unter den stillgelegten M hinweg zur Rd schließen.
Ab jetzt geht es rund und rund und rund – immer im Webmuster.
Ich habe bei diesem Top so lange weitergestrickt, bis das erste Knäuel aufgebraucht war. Dann habe ich die M des Rumpfteils stillgelegt und zuerst die Kurzarmärmel beendet.

ÄRMEL

Die stillgelegten M des ersten Ärmels wieder auf die Nadel nehmen. Jetzt nimmst du auch die M auf, die du vorher zwischen Vorder- und Rückenteil gestrickt hattest. Dabei am Übergang, bei der Raglanlinie, ruhig auch 1 oder 2 M zusätzlich aufnehmen, damit es kein Loch gibt. An dieser Stelle muss man ein bisschen testen, evtl. nicht in die M ganz am Rand einstechen, sondern etwas tiefer.
30 Rd im Webmuster str.
Danach 1 Rd alle M rechts str.
Für den Abschluss muss die M-Zahl des Ärmels durch 7 teilbar sein. Das lässt sich in dieser Rd leicht anpassen. Einfach die entsprechenden M zu- oder abnehmen. Jetzt kommt das Abschlussmuster, für das die 1.-4. Rd zweimal gestrickt werden:
In der 1. Rd hat der Mustersatz 7 M. In der 2.+3. Rd sind es 11 M und in der 4. Rd wird wieder auf 7 M reduziert.
1. Rd: 1 M rechts, 1 U, 2 M links zusammenstr, 1 kfbf, 1 U, 2 M links zusammenstr, 1 kfbf.
2. Rd: 1 M rechts, 2 M links zusammenstr, 1 U, 3 M rechts, 2 M links zusammenstr, 1 U, 3 M rechts.
3. Rd: 1 M rechts, 1 U, 2 M links zusammenstr, 3 M rechts, 1 U, 2 M links zusammenstr, 3 M rechts.
4. Rd: 1 M rechts, 2 M links zusammenstr, 1 U, 3 M rechts zusammenstr, 2 M links zusammenstr, 1 U, 3 M rechts zusammenstr.
Es folgt 1 Rd rechte M. An dieser Stelle die M-Zahl kontrollieren und gegebenenfalls anpassen, die Zahl muss durch 2 teilbar sein.
Jetzt wird mit Spitzen abgekettet.
Dazu 1 M rechts, dann die nächste M rechts anstr, aber auf der Nadel lassen. Die angefangene M abk, 1 U, abk, 1 U, abk und jetzt die M noch einmal abstr und abk. 1 M rechts und diese M direkt abk.
Dann die nächste M wieder rechts anstr, aber auf der Nadel lassen und fortfahren wie oben beschrieben. Wdh, bis alle M abgekettet sind.

Hierzu findest du ein Video auf dem Youtube-Kanal »Der kleine Strickladen«: www.frech.de/27032 SpitzeAbketten

Nachdem die Ärmel beendet sind, wird der Rumpf weitergestrickt. Bis zur Taille im Webmuster arb. Dann mit gleicher Nadelstärke glatt rechts. Dadurch wird der untere Teil des Shirts ein bisschen rüschig, aber nicht zu sehr. Wenn du deine Wunschlänge erreicht hast, strickst du 1 Rd linke M. An dieser Stelle die M-Zahl kontrollieren und gegebenenfalls anpassen, die Zahl muss durch 4 teilbar sein.

Dann folgt das Abketten mit Spitze.

1. Rd: * 1 Kfbf, 3 M links zusammenstr, ab * ständig wdh.

2. Rd: Jetzt kommt das Abk. Dabei immer über der mittleren M der vorherigen Kfbf-M die Spitze herausarb. Die M rechts anstr, aber auf der Nadel lassen. Die angefangene M abk, 1 U, abk, 1 U, abk und jetzt die M noch einmal abstr und abk.

Alle Fäden vernähen, den Pulli baden, in Form ziehen und liegend trocknen.

Großartig! Du hast es geschafft.

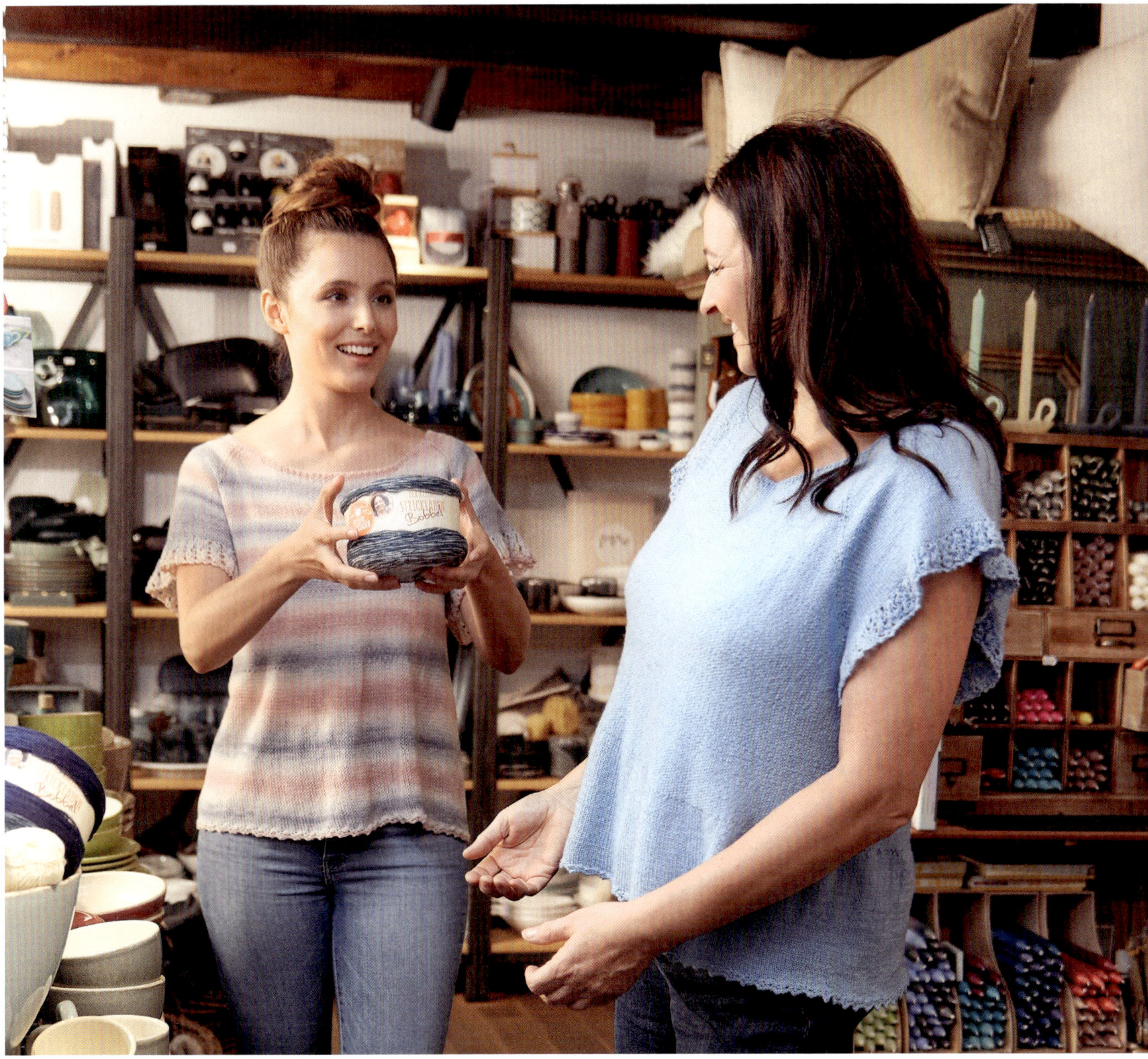

No frills

PULLOVER

»Ich hätte gar nicht gedacht, dass der Pulli ganz ohne Schnickschnack trotzdem solch einen Pepp bekommen könnte.« Chloe hob ihr Strickzeug hoch und begutachtete ihre Arbeit. »Die Kunst ist, den Mut zu haben, auch mal auf Schnörkel und Knoten in den Fingern zu verzichten und auf die Kraft der Wolle und Farben zu vertrauen«, erklärte ich.

GRÖSSE
Individuell anpassbar

FORM
RVO (Raglan von oben)

MATERIAL
- Schachenmayr Tuscany Tweed (LL 170 m/50 g) in Erde (Fb 10) oder Hanf (Fb 05), 300 g, in Hanf (Fb 05) oder Terracotta (fb 22), 100 g
- Rundstricknadel 4,0 mm, 80 cm und 100-120 cm lang
- Nadelspiel 4,0 mm (oder Sockenrundstricknadel oder Rundstricknadel mit langem Seil für Magic Loop Technik)

ALTERNATIV-MATERIAL
- West Yorkshire Spinners Elements (LL 112 m/50 g) in Living Coral (Fb 1103), 300 g und in Oyster Pearl (Fb 1098), 100 g
- Rundstricknadel 4,0 mm, 80 cm und 100-120 cm lang
- Nadelspiel 4,0 mm (oder Sockenrundstricknadel oder Rundstricknadel mit langem Seil für Magic Loop Technik)

MASCHENPROBE
Glatt rechts mit Tuscany Tweed und Nd 4,0 mm sind 18 M und 28 R = 10 cm x 10 cm; mit Elements und Nd 4,0 mm sind 20 M und 28 R = 10 cm x 10 cm.

HINWEIS: Passend zum No frills Pullover findest du auf S. 80/81 eine Beanie-Mütze und Handstulpen, um das Outfit perfekt zu machen.

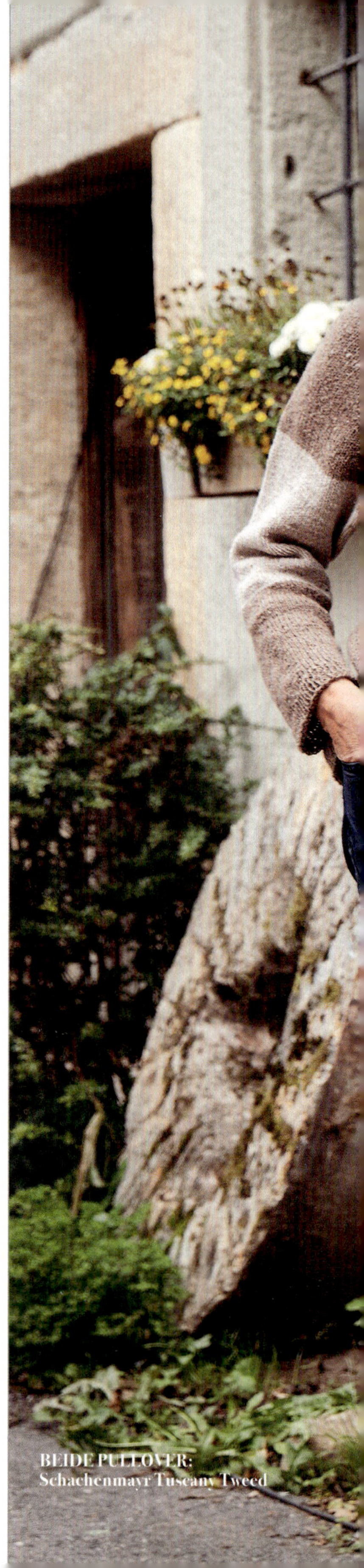

BEIDE PULLOVER:
Schachenmayr Tuscany Tweed

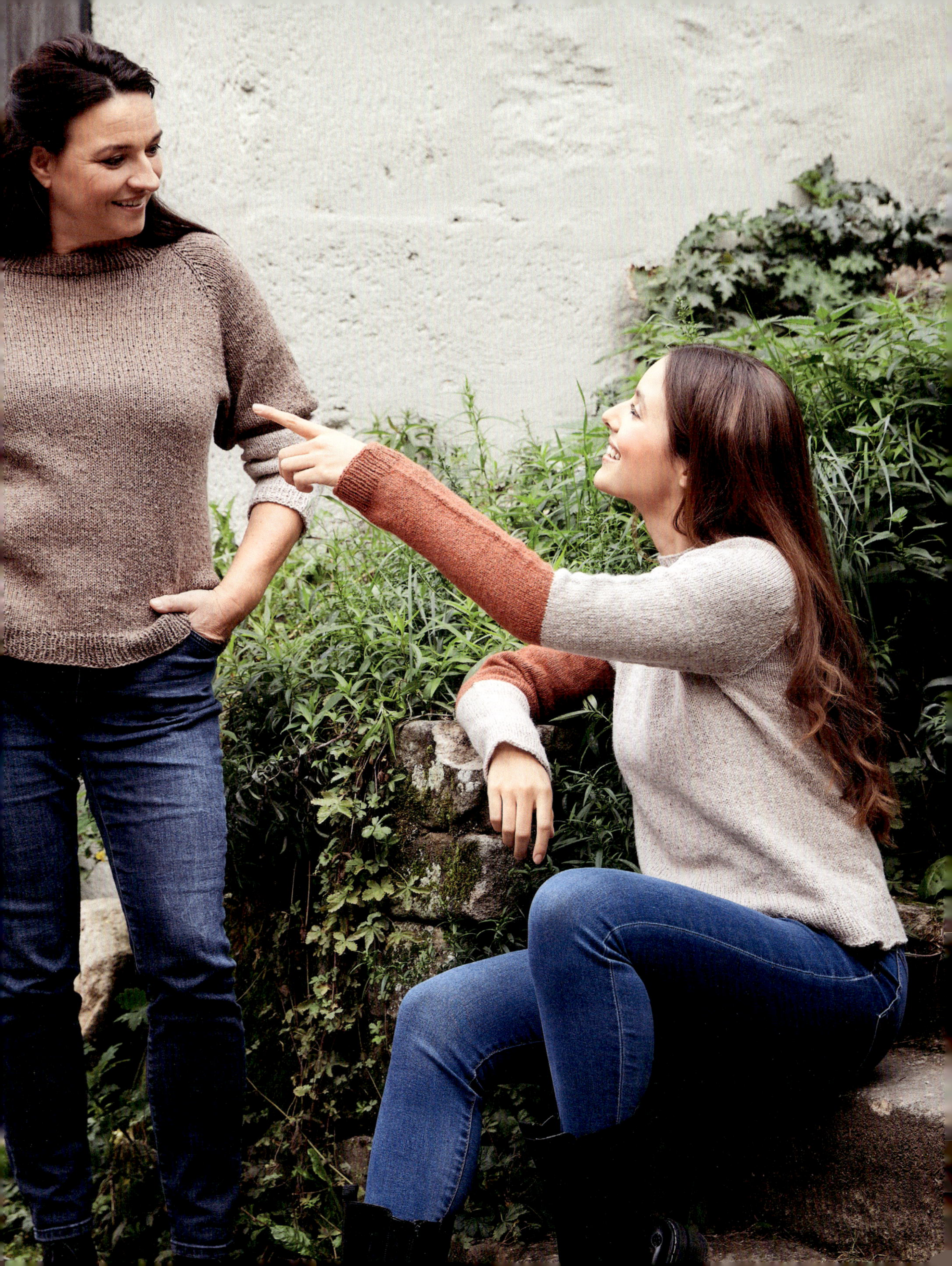

ALLGEMEINES

Das ist ein einfacher Pullover in glatt rechts, mit Bündchen an Hals, Rumpf und Ärmeln im Muster 1 M rechts, 1 M links im Wechsel.

Es gibt viele unterschiedliche Herangehensweisen für einen Raglan-von-oben-Pullover. Mit und ohne erhöhten hinteren Halsausschnitt, begonnen mit Hin- und Rückrunden oder auch direkt in Rd und dafür für die hintere Erhöhung mit verkürzten R.

Der hinten erhöhte Halsausschnitt sorgt für mehr Tragekomfort.

Die Größe des Pullis entscheidet sich über die Länge der Raglanlinie.

Die angeschlagene M-Zahl ist für alle Größen von S bis XXXL gleich. Die M-Zahlen im Verlauf der Arbeit sind nur Richtwerte. Es hängt davon ab, wie fest oder locker du strickst und wie figurbetont oder locker der Pullover sitzen soll. Am besten ziehst du die M auf eine lange Nadel und probierst den Pulli an, wenn du das Gefühl hast, die Raglanlinie reicht bis unter deine Achsel und ist lang genug. Du kannst auch deinen Brustumfang messen und die Breite der Passe (ohne Ärmel). Dabei musst du aber an die Zugabe denken, die rechts und links zwischen Vorder- und Rückenteil durch die Aufnahme unter dem Ärmel dazukommt.

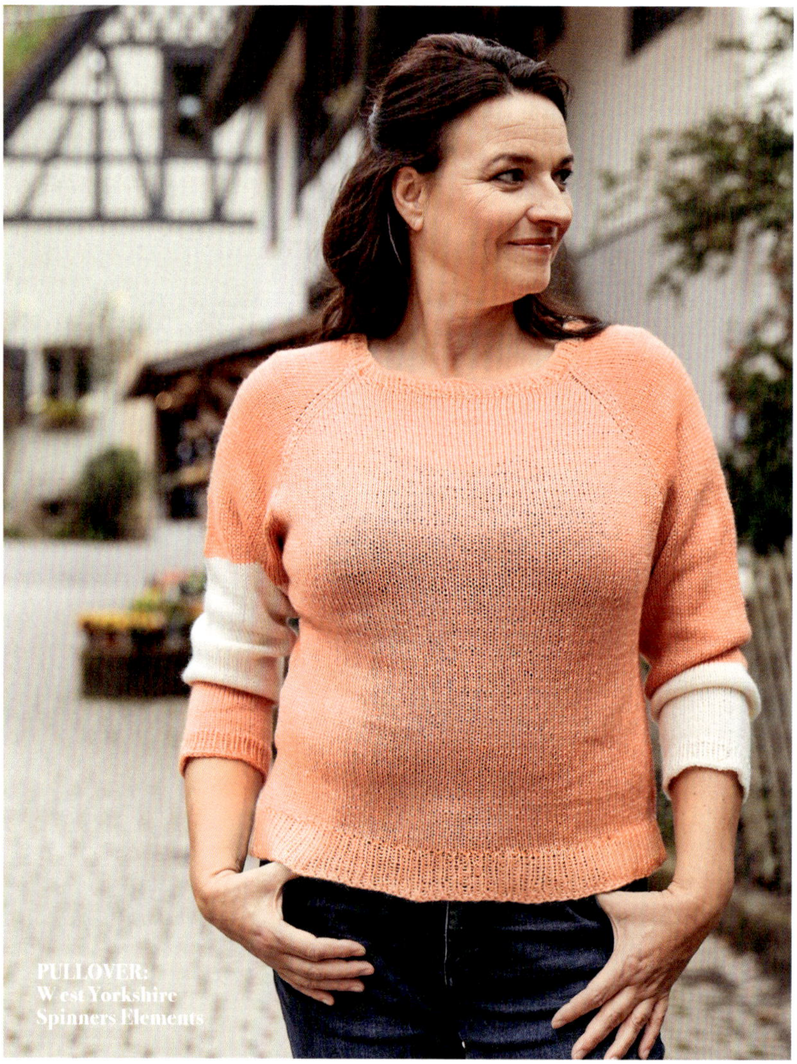

PULLOVER: West Yorkshire Spinners Elements

In dieser Anleitung startest du mit Hin- und Rückr.

Die M für den vorderen Bereich werden erst nach einigen R aufgenommen, bevor alles zur Rd geschlossen wird.

Dadurch reicht, wie oben bereits erwähnt, der hintere Halsausschnitt etwas höher, während der Pullover vorne leicht ausgeschnitten ist.

Das Halsbündchen wird bei diesem Beginn erst hinterher angestrickt. Im Zuge dessen lässt sich die Weite des Halsausschnitts etwas anpassen, falls ein engerer Ausschnitt gewünscht ist. Wichtig ist natürlich immer, dass man beim Anziehen bequem mit dem Kopf durchschlüpfen kann.

Gleich zu Beginn werden MM für die 4 Raglanlinien gesetzt. Dabei den ersten MM, der gleichzeitig den Rd-Beginn anzeigt, farblich anders wählen.

Die ersten 8 R werden in Hin- und Rückr gestrickt, dann werden die restlichen M für den Halsausschnitt aufgenommen und alles zur Runde geschlossen.

Je nachdem, ob aus der vorderen M oder aus der folgenden M aufgenommen wird, neigen sich die M in unterschiedliche Richtungen. So ergibt sich die schöne Linie.

Jeweils rechts und links der MM liegen die beiden M der Zunahmelinie. Aus diesen beiden M wird immer aufgenommen.

Die Maschenaufnahme erfolgt in jeder zweiten R. Es wird immer aus der M vor und nach dem MM der Raglanlinie aufgenommen – also werden jedes Mal 8 M aufgenommen.

Das ist eine der einfachsten Varianten der Raglanlinie. Man kann diese Linie auch breiter str, mit einem Muster versehen oder die Zunahmen anders

wählen. Statt tiefergestochen kann man mit U oder aus dem Querfaden aufnehmen. Der Fantasie sind kaum Grenzen gesetzt.
Doch bevor man mit den Möglichkeiten spielt, braucht man ein Gefühl für das, was man tut. Deshalb ist dieser Pulli sehr einfach gehalten. Er ist die Basis.
Wer den Raglan einmal so gestrickt hat, kann darauf aufbauen und ausprobieren.
Um es wirklich möglichst einfach zu halten, wird alles glatt rechts gestrickt. Das gewisse Etwas kommt durch Farbakzente an den Ärmeln.

Die Größe ist individuell anpassbar über die Länge der Raglanlinie. Von S bis mehrfach-XL ist alles machbar.

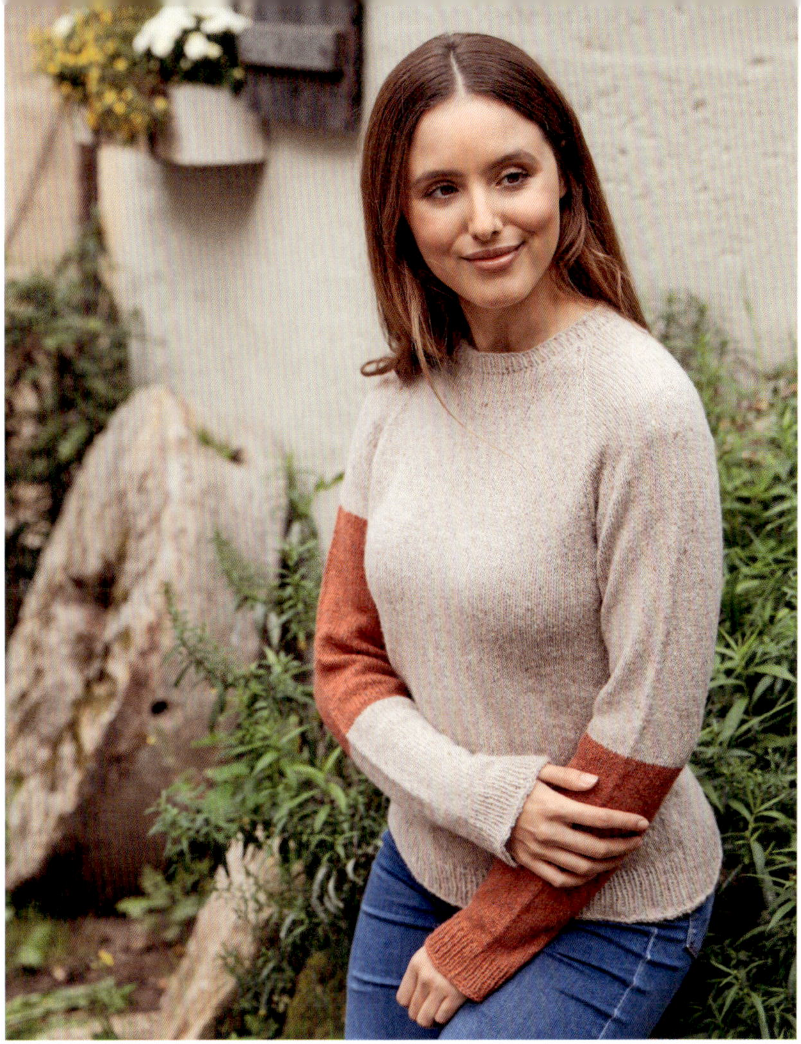

JETZT GEHT ES LOS

Die Angaben für den Pullover aus Tuscany Tweed mit der Hauptfarbe Hanf stehen vor dem Schrägstrich, mit der Hauptfarbe Erde nach dem Schrägstrich und zum Alternativ-Garn in den Klammern.
70 M in Hanf/Erde (Living Coral) anschl.
1. R: 3 M rechts, MM, 16 M rechts, MM, 32 M rechts, MM, 16 M rechts, MM, 3 M rechts.
2. R: Alle M links str.
3. R: 2 M rechts, 1 tafM, 1 M rechts, MM, 1 M rechts, 1 tavM, 14 M rechts, 1 tafM, 1 M rechts, MM, 1 M rechts, 1 tavM, 30 M rechts, 1 tafM, 1 M rechts, MM, 1 M rechts, 1 tavM, 14 M rechts, 1 tafM, 1 M rechts, MM, 1 M rechts, 1 tavM, 2 M rechts.
(Ab jetzt schreibe ich die MM nicht mehr extra hin, sie bleiben bis zum Ende der Aufnahmen, wo sie jetzt sind.)
4. R: Alle M links str.
5. R: 3 M rechts, 1 tafM, 2 M rechts, 1 tavM, 16 M rechts, 1 tafM, 2 M rechts, 1 tavM, 32 M rechts, 1 tafM, 2 M rechts, 1 tavM, 16 M rechts, 1 tafM, 2 M rechts, 1 tavM, 3 M rechts.
6. R: Alle M links str.
7. R: 4 M rechts, 1 tafM, 2 M rechts, 1 tavM, 18 M rechts, 1 tafM, 2 M rechts, 1 tavM, 34 M rechts, 1 tafM, 2 M rechts, 1 tavM, 18 M rechts, 1 tafM, 2 M rechts, 1 tavM, 4 M rechts.
Am Ende dieser Reihe 27 M für das Vorderteil aufnehmen und alles zur Rd schließen. Ich mache dazu einen gehäkelten Anschlag, das heißt, ich nehme die letzte gestrickte Masche auf die Häkelnadel und häkle die 27 M um die Stricknadel herum.
Das klappt gut, wenn du dazu das Strickzeug wendest und dann die letzte gestrickte Masche, die jetzt auf deiner linken Nadel liegt, auf die Häkelnadel nimmst. Am Ende kommt die Masche auf die Stricknadel zurück und du drehst das Strickzeug wieder richtig herum zu dir.

Dazu findest du ein Video auf dem YouTube-Kanal »Der kleine Strickladen«: www.frech.de/27032GehaekelterAnschlag

Wenn man 2 M mehr aufnimmt und rechts und links jeweils die erste und letzte bzw. letzte und erste Masche zwischen Übergang und vorhandenem Strickstück zusammenstrickt, gibt es keine Löcher am Übergang.

8. R: Alle M rechts str.

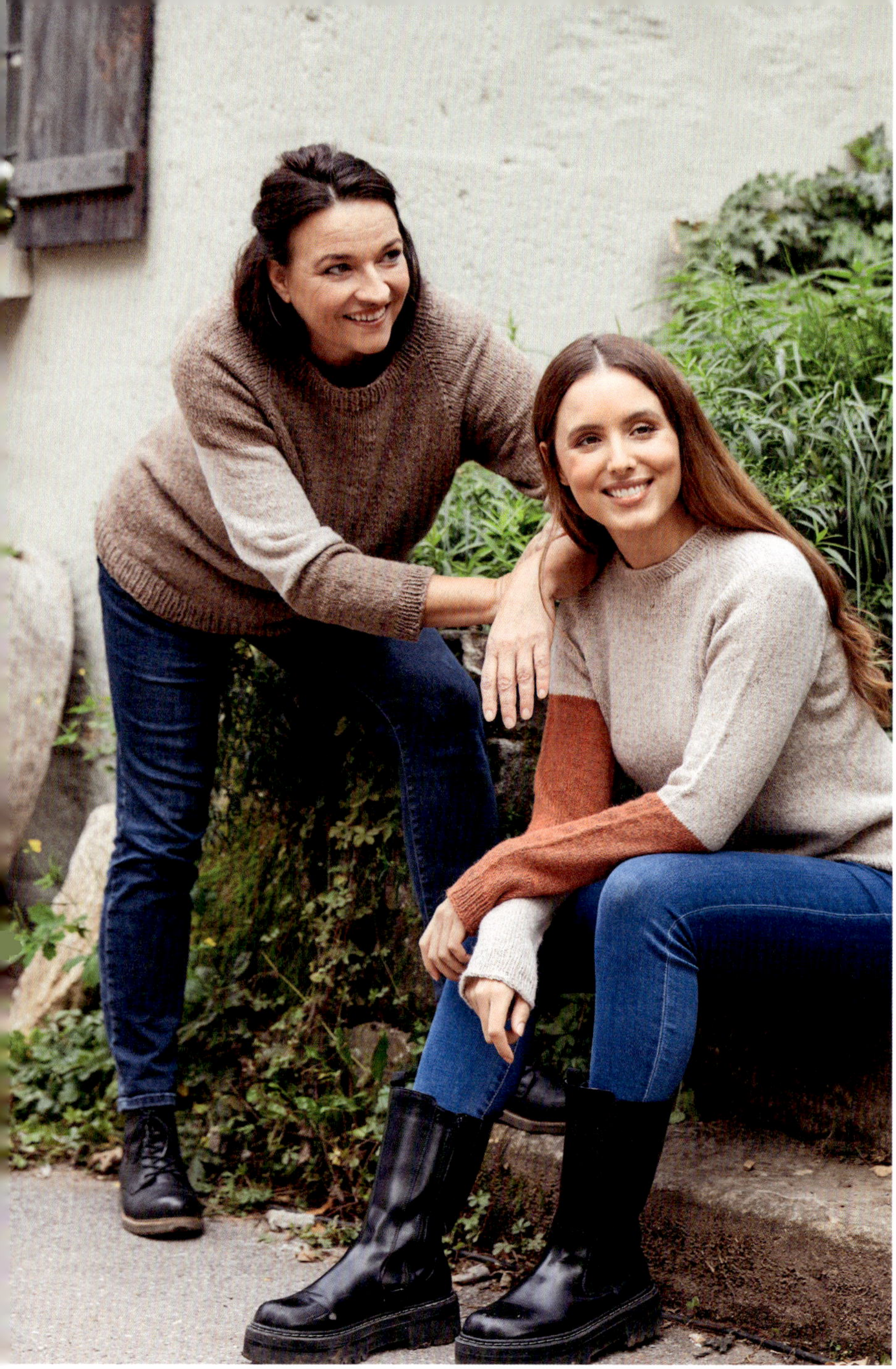

9. R: Alle M rechts str und die Aufnahmen arb.
10. R: Alle M rechts str.
11. R: Alle M rechts str und die Aufnahmen arb.
12. R: Alle M rechts str.
In diesem Rhythmus str, bis die Raglanlinie bis zur Achsel reicht. Bei Größe 44/46 sind das etwa 26 cm.

HINWEIS: Du kannst das Strickstück auf eine längere Nadel ziehen und jederzeit anprobieren – das ist das Tolle daran, wenn man von oben arbeitet.

Wenn du mit der Raglanlinie unter der Achsel angekommen bist, strickst du bis zum ersten MM, dann legst du die M bis zum nächsten MM still – diese M gehören zum ersten Ärmel. Dazu kannst du ein Nadelseil mit Maschenstoppern verwenden oder einfach nur einen festen Wollfaden.

Bevor Vorder- und Rückenteil unter den stillgelegten M zur Runde geschlossen werden, nimmst du ein paar M auf. Als Richtwert gilt die Hälfte der für den Ärmel angeschlagenen M. Hier waren das 16 M, das wären dann 8 M, die als Zugabe unter dem Arm aufgenommen werden.

An dieser Stelle kannst du die Weite etwas anpassen. Wenn du eine große Brust hast, oder der Pulli extra locker sitzen soll, nimmst du 12 oder bei Bedarf auch mehr M auf.

Nachdem die M aufgenommen sind (gehäkelter Anschlag oder wie du es lieber magst), strickst du das Rückenteil bis zum nächsten MM. Und jetzt genau wie auf der anderen Seite: Ärmel-M stilllegen, M aufnehmen und Rückenteil und Vorderteil unter den stillgelegten M hinweg zur Rd schließen.
Ab jetzt geht es rund und rund und rund. Immer weiter, bis du die gewünschte Länge deines Pullis fast erreicht hast.
Die letzten 5 cm werden 1 M rechts, 1 M links im Wechsel als Bündchen gestrickt. Dieses kannst du entweder in der Farbe des Pullovers oder aber farblich abgesetzt in der Kontrastfarbe stricken.
Zum guten Schluss alle M abk. Damit hast du den Rumpf des Pullovers fertiggestellt.

Wenn deine Abkettkante zu fest ist, kannst du auch elastisch abk: 1 M rechts, * 1 M rechts, beide M zurück auf die linke Nadel legen und

2 M rechts verschränkt zusammenstr, ab * wdh bis zur letzten M.

Ein Video zum elastischen Abketten findet ihr auf dem YouTube-Kanal »Der kleine Strickladen«: www.frech.de/27032ElastischAbketten

Jetzt kommen die Ärmel an die Reihe.

Schreibe dir auf, wie du den ersten Ärmel strickst und wie du die Abnahmen verteilst, damit du es beim zweiten Ärmel genauso machen kannst.

FARBAUFTEILUNG ÄRMEL

Linker Ärmel

Mit der Farbe Hanf/Erde (Living Coral) beginnen.
Nach etwa 22 cm zur Farbe Terracotta/Hanf (Oyster Pearl) wechseln und den Ärmel zu Ende str.

Rechter Ärmel

Mit der Farbe Terracotta/Hanf (Oyster Pearl) beginnen und nach etwa 17 cm zur Farbe Hanf/Erde (Living Coral) wechseln und den Ärmel zu Ende str.

ÄRMEL

Die stillgelegten M des ersten Ärmels wieder auf die Nadel nehmen. Jetzt nimmst du die M auf, die du vorher zwischen Vorder- und Rückenteil gestrickt hattest. Dabei am Übergang bei der Raglanlinie ruhig auch 1 oder 2 M zusätzlich aufnehmen, damit es kein Loch gibt. An dieser Stelle muss man ein bisschen testen, evtl. nicht in die M ganz am Rand einstechen, sondern etwas tiefer.
In die Mitte der aufgenommenen M kommen nun rechts und links der Mittel-M je ein MM hin. Hier werden vor und nach dem MM die Abnahmen gestrickt. Die M zwischen den MM wird rechts gestrickt, sie sorgt für eine schöne Linie.

ÄRMELABNAHMEN

Vor dem Maschenmarkierer

Die 2 M vor dem MM überzogen zusammenstr.
Dann kommt die M rechts zwischen den 2 MM.

Nach dem Maschenmarkierer

2 M rechts zusammenstr.

Wie viele Maschen für den Ärmel abgenommen werden müssen, hängt zum einen von der Größe des Pullovers ab, denn je länger die Raglanlinie gestrickt wurde, desto mehr M hat der Ärmel.
Zum anderen kommt es auch darauf an, wie eng du das Bündchen haben möchtest.

So kann man die Ärmelabnahmen ausrechnen:

Nimm die gewünschte Weite deines Ärmelbündchens und zähle am gestrickten Rumpf, wie viele M das sind. Dann zähle die M, die du zu Beginn des Ärmelstrickens auf der Nadel hast. Die Differenz zeigt dir, wie viele M abgenommen werden müssen. Diese Zahl teilst du durch 2, denn pro Abnahmerunde nimmst du 2 M ab. Nun weißt du, wie viele Abnahmerunden du brauchst.
Wenn du jetzt die gewünschte Ärmellänge (minus 3 cm Bund) misst, kannst du am bereits fertigen Pulloverrumpf abzählen, wie viele Rd du für diese Länge brauchst.
Jetzt musst du nur noch die benötigten Abnahmerunden gleichmäßig auf die Gesamtrundenzahl deines Ärmels verteilen.
Oder aber – falls dich die viele Rechnerei verwirrt – du nimmst einen Erfahrungswert und passt die Abnahmen während des Strickens bei Bedarf an. Wenn du alle 5 und zwischendurch, um es anzupassen, auch mal alle 6 Rd abnimmst, fällt das nicht auf. Du kannst auch, wenn du im Verlauf des Unterarms merkst, dass der Ärmel bereits eng genug ist, die letzten Zentimeter ohne Abnahmen gerade str. Stricken ist kreativ und dadurch sehr anpassungsfähig.
Bei Maighreads Pullover in Größe 46 sind es zu Beginn des Ärmelstrickens 90 M. Sie nimmt alle 6 Rd 2 M ab, bis hinunter zum Bündchen, das mit etwa 56 M ohne weitere Abnahme gestrickt wird.
Wenn der Ärmel fast lang genug ist, strickst du ein 3 cm breites Bündchen 1 M rechts, 1 M links im Wechsel.
Alle M abk und den zweiten Ärmel auf die gleiche Weise arb.
Denke an den unterschiedlichen Farbwechsel bei den Ärmeln!
Jetzt ist es fast geschafft. Es fehlt noch das Halsbündchen. Dazu werden die M des Halsausschnitts in der gleichen Farbe wie der Rumpf aufgenommen und der persönlichen Wunschweite angepasst, indem in der ersten Rd über die Rd verteilt, bei Bedarf M zusammengestrickt werden.
Etwa 2 cm im Bündchenmuster 1 M rechts, 1 M links im Wechsel arb, dann alle M abk.
Alle Fäden vernähen, den Pulli baden, in Form ziehen und liegend trocken.

Herzlichen Glückwunsch zu deinem zauberhaften neuen Pullover!

Broad Stripes

BLOCK-STREIFEN-PULLOVER

Es muss nicht immer kompliziert sein, um besonders zu werden. Das ist im Leben wie beim Stricken – davon bin ich absolut überzeugt.

GRÖSSE
Individuell anpassbar

FORM
RVO (Raglan von oben)

MATERIAL
- Schachenmayr Organic Cotton (LL 155 m/50 g) in Vanilla color (Fb 21), 200-250 g, in Blush (Fb 36), 150-200 g und in Turquoise color (Fb 66), 100 g
- Rundstricknadel 3,0 mm, 80 cm und 100-120 cm lang
- Nadelspiel 3,0 mm (oder Sockenrundstricknadel oder Rundstricknadel mit langem Seil für Magic Loop Technik)
- Häkelnadel 3,0 mm

ALTERNATIV-MATERIAL
- King Cole Cottonsoft DK (LL 210 m/100 g) in Saxe (Fb 718) und Cloud (Fb 1575), je 200-300 g
- Rundstricknadel 3,5 mm, 80 cm und 100-120 cm lang
- Nadelspiel 3,5 mm (oder Sockenrundstricknadel oder Rundstricknadel mit langem Seil für Magic Loop Technik)
- Häkelnadel 3,0 mm

MASCHENPROBE
Glatt rechts mit Organic Cotton und Nd 3,0 mm sind 26 M und 34 R = 10 cm x 10 cm; mit Cottonsoft und Nd 3,5 mm sind 19 M und 27 R = 10 cm x 10 cm.

HINWEIS: Die Größe ist individuell anpassbar über die Länge der Raglanlinie. Von S bis mehrfach-XL ist alles machbar.

HINWEIS: Mit dieser Grundanleitung für einen RVO-Pullover habt ihr die Basisanleitung zur Hand. Allein über die Veränderung der Farben erreicht ihr schon eine Vielzahl an Gestaltungsmöglichkeiten.

MUSTER

BÜNDCHENMUSTER

1. Rd: 1 M rechts, 1 M links im Wechsel str.
2. Rd: Alle M rechts str.

JETZT GEHT ES LOS

Dieser Pullover wird bis auf die Änderungen bei den Bündchen nach der Anleitung des Pullovers No Frills gearbeitet, hat aber eine andere Farbaufteilung.

FARBAUFTEILUNG

1. Farbe Turquoise (Saxe): 100 g vollständig verstr.
2. Farbe Blush (Cloud): 100 g ebenfalls komplett verstr.
3. Farbe Vanilla (Saxe): bis zur gewünschten Pulli-Länge stricken.

Die Farben der Ärmel an die Streifenbreite des Hauptteils anpassen.
Für die Bündchen bei diesem Pulli die 2 Rd des Bündchenmusters im Wechsel str.

Der Halsausschnitt wird ohne Bündchen einfach einmal mit Krebs-M oder fM umhäkelt.

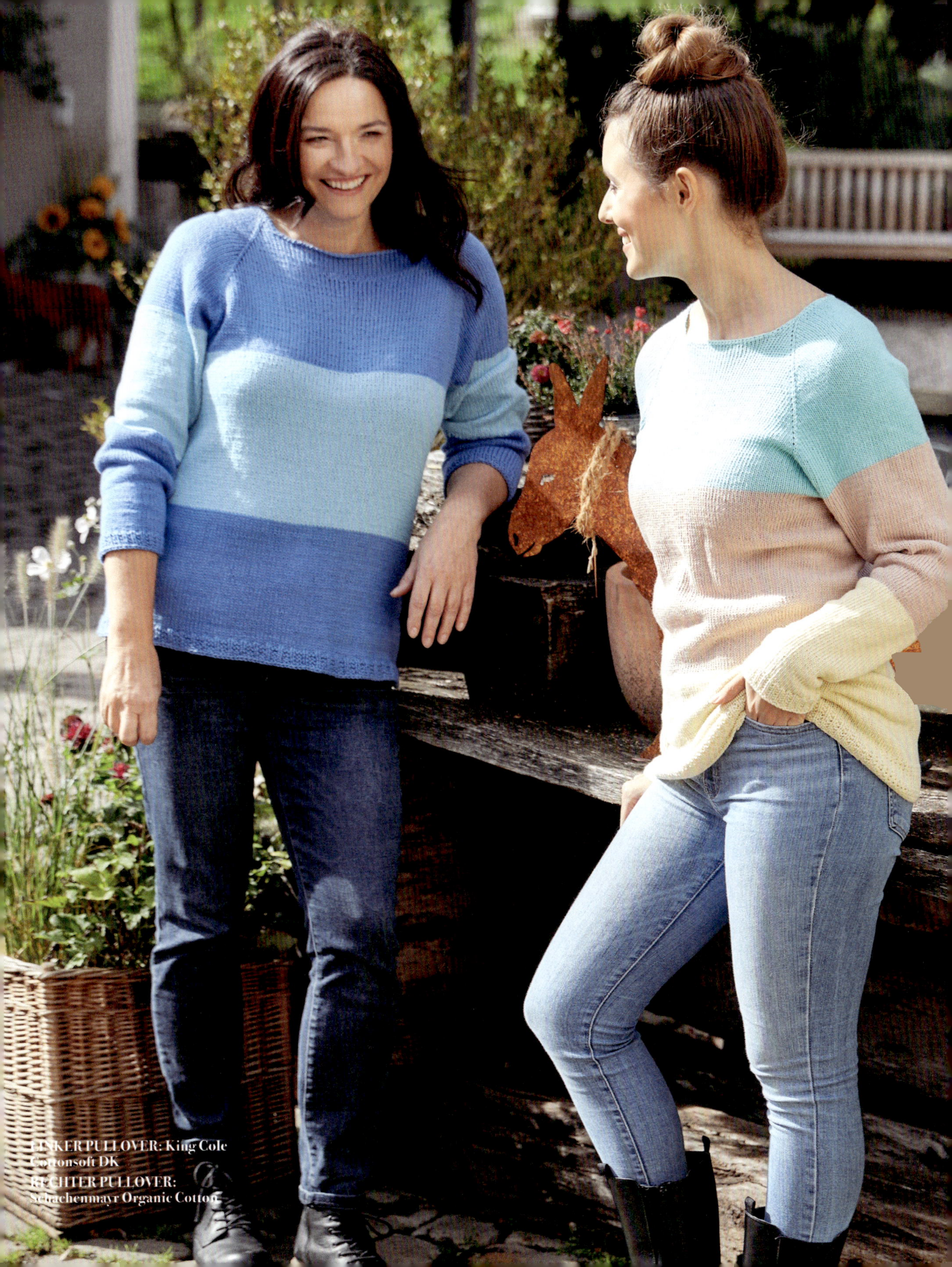

LINKER PULLOVER: King Cole Cottonsoft DK
RECHTER PULLOVER: Schachenmayr Organic Cotton

BABY- UND WOHN-ACCESSOIRES

Ich liebe es, mich an ein Kissen zu kuscheln oder auch mal ein Strickbuch gegen einen Leseknochen zu lehnen, um die Anleitung lesen zu können, während ich stricke. Kleine Accessoires sind schnell gemacht und tolle Geschenke.

Erinnert ihr euch an die Wimpelkette, die ich für Chloe gestrickt habe? Ich habe die Silhouetten von Kräutern eingearbeitet. Spitzwegerich, Thymian, Rosmarin, Gänseblümchen, Brennnessel und Löwenzahn. Dazu noch Wimpel mit den Buchstaben für Chloes Kräuterträume. Das war mein Geschenk zur Eröffnung ihres Ladens. Gut, ich gebe zu, das war etwas mehr Aufwand und nicht ganz schnell gemacht. Aber das freudige Funkeln in Chloes Augen war jede Masche wert!

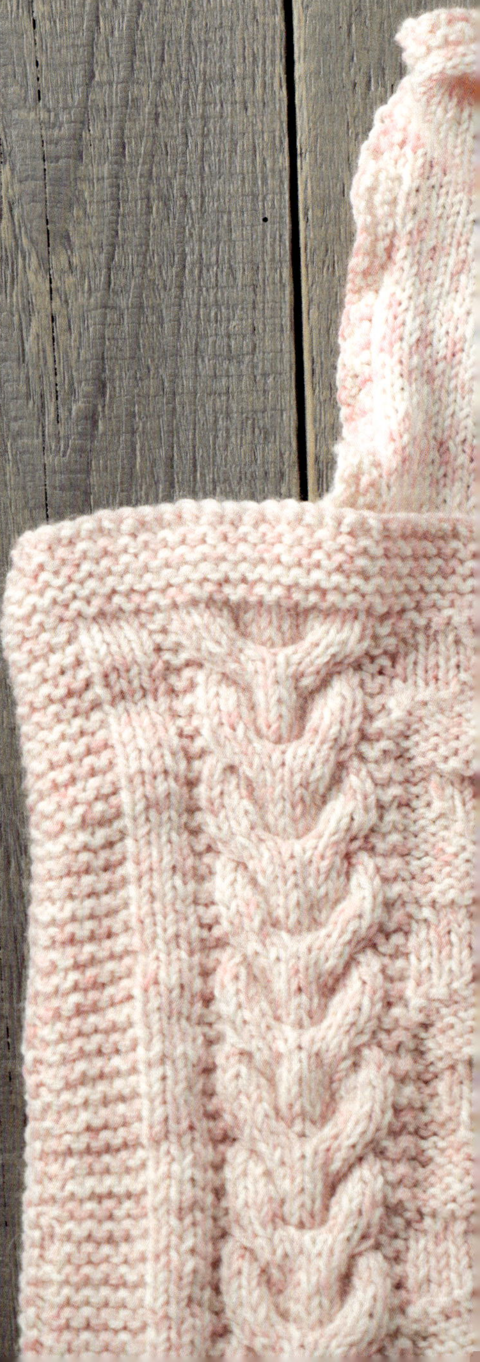

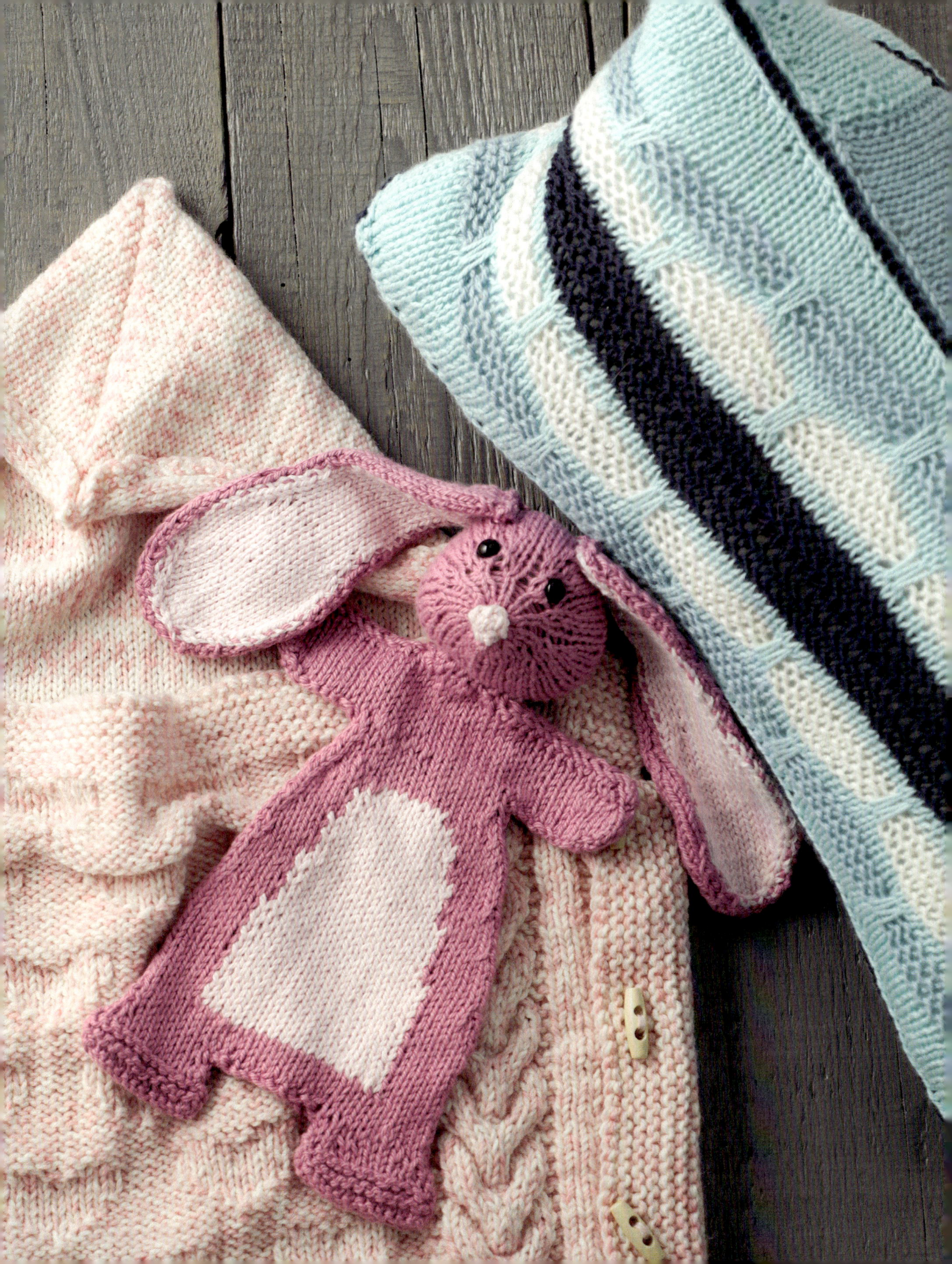

Zwei in einem

BABY-DECKE & SCHLAF-SACK

»Vermutlich wird mein Baby in den ersten Monaten täglich auf einer anderen Decke liegen«, mutmaßte Chloe und bewunderte mein neuestes Werk. »Gwendolin macht dir Konkurrenz, meine Liebe. Sie strickt gerade an der siebten Decke.« »Eine Decke für jede Liegemöglichkeit, das spart Gepäck«, antwortete ich und zückte direkt ein neues Knäuel. »Was meinst du zu dieser Farbe?«

GRÖSSE
Höhe mit Kapuze ca. 80 cm,
Breite offen ca. 100 cm

MATERIAL
- Schachenmayr Baby Smiles Easy Cotton (LL 120 m/50 g) in Nostalgie (Fb 1044), 450 g
- Schachenmayr Baby Smiles My first Regia (LL 105 m/25 g), in Catherine Color (Fb 1794), 200 g
- Rundstricknadel 4,0 mm, 80 cm lang
- 12 Knebelknöpfe
- Maschenmarkierer nach Bedarf

ALTERNATIV-MATERIAL
- West Yorkshire Spinners Bo Peep DK (LL 112 m/50 g) in Daydream (Fb 887), 400 g
- Novita Venla (LL 420 m/100 g) in Apple Blossom (Fb 505), 200 g
- Rundstricknadel 4,0 mm, 80 cm lang
- 12 Knebelknöpfe
- Maschenmarkierer nach Bedarf

MASCHENPROBE
Kraus rechts mit doppeltem Faden und Nd 4,0 mm sind 18 M und 34 R = 10 cm x 10 cm.

HINWEIS: Ausgeklappt hat man eine schön große Babydecke, braucht das Baby Wärme, kann man die Decke einfach zusammenklappen und zuknöpfen – schon ist es ein Schlafsack.

MUSTER

KNÖTCHENRAND
Die erste und letzte Masche immer rechts str.

KRAUS RECHTS
In Hin- und Rückr rechte M str.

GLATT RECHTS
In Hinr rechte M, in Rückr linke M str.

ZOPFMUSTER
Über 12 M und 8 R.
1. R: 12 M rechts str.
2. R: 12 M links str.
3. R: 12 M rechts str.
4. R: 12 M links str.
5. R: 3 M auf eine Hilfsnadel hinter die Arbeit legen, 3 M rechts, die 3 M von der Hilfsnadel rechts str, 3 M auf eine Hilfsnadel vor die Arbeit legen, 3 M rechts, die 3 M von der Hilfsnadel rechts str.
6. R: 12 M links str.
7. R: 12 M rechts str.
8. R: 12 M links str.

HERZMUSTER
Über 42 M und 24 R.
Die unterstrichenen R zeigen an, wann im Herzmusterverlauf parallel die Verzopfungen rechts und links im Zopfmuster stattfinden – das macht es einfacher beim Zählen.
1. R: 42 M links str.
2. R: 42 M rechts str.
3. R: 3x (7 M links, 1 M rechts, 6 M links).
4. R: 3x (5 M rechts, 3 M links, 6 M rechts).
5. R: 3x (5 M links, 5 M rechts, 4 M links).
6. R: 3x (3 M rechts, 7 M links, 4 M rechts).
7. R: 3x (4 M links, 7 M rechts, 3 M links).
8. R: 3x (2 M rechts, 9 M links, 3 M rechts).
9. R: 3x (3 M links, 9 M rechts, 2 M links).
10. R: 3x (2 M rechts, 4 M links, 1 M rechts, 4 M links, 3 M rechts).
11. R: 3x (4 M links, 2 M rechts, 3 M links, 2 M rechts, 3 M links).
12. R: 42 M rechts str.

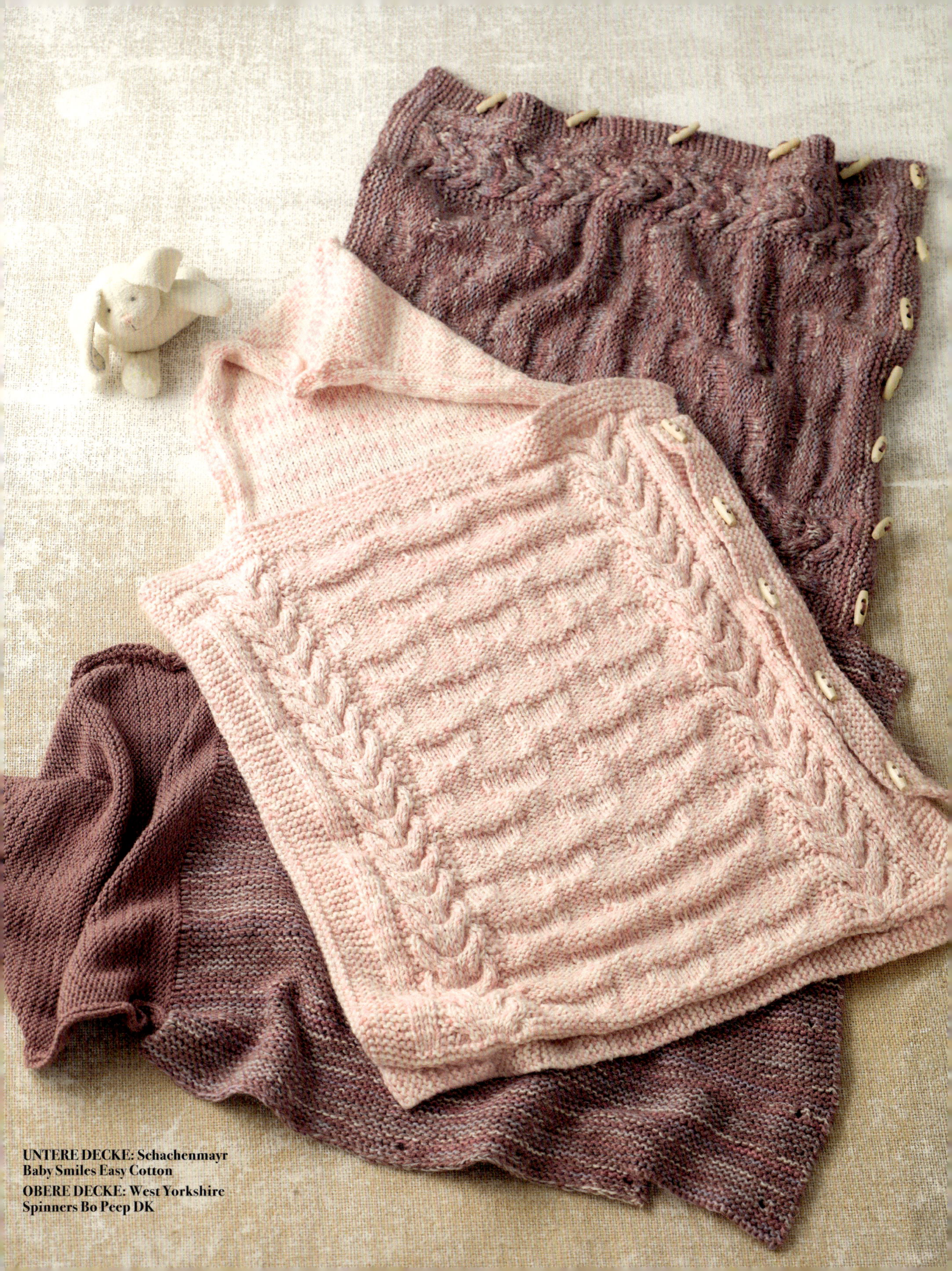

UNTERE DECKE: Schachenmayr Baby Smiles Easy Cotton
OBERE DECKE: West Yorkshire Spinners Bo Peep DK

13. R: 42 M links str.
14. R: 42 M rechts str.
15. R: 3x (1 M rechts, 13 M links).
16. R: 3x (1 M links, 11 M rechts, 2 M links).
17. R: 3x (3 M rechts, 9 M links, 2 M rechts).
18. R: 3x (3 M links, 7 M rechts, 4 M links).
19. R: 3x (4 M rechts, 7 M links, 3 M rechts).
20. R: 3x (4 M links, 5 M rechts, 5 M links).
21. R: 3x (5 M rechts, 5 M links, 4 M rechts).
22. R: 3x (4 M links, 5 M rechts, 4 M links, 1 M rechts).
23. R: 3x (2 M links, 2 M rechts, 7 M links, 2 M rechts, 1 M links).
24. R: 42 M rechts str.

ELASTISCH ABKETTEN

1 M rechts, * 1 M rechts, beide M zurück auf die linke Nadel legen und 2 M rechts verschränkt zusammenstr, ab * wdh bis zur letzten M.

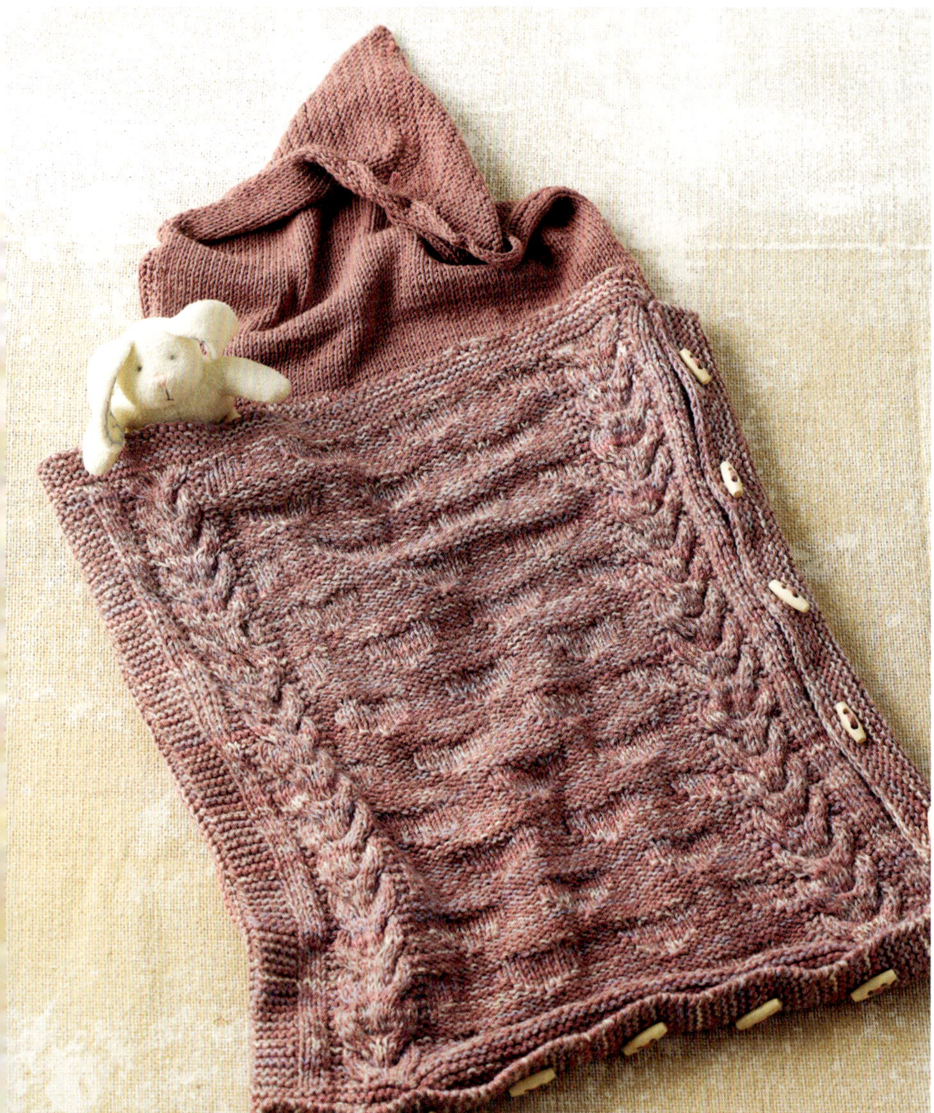

JETZT GEHT ES LOS

Die Angaben zum Alternativ-Garn stehen in den Klammern.

Erst einmal der Überblick über den Aufbau:
Die Decke wird in 3 Teilen gestrickt; um die seitlichen M gut aufnehmen zu können, wird ein Knötchenrand gearbeitet.
Gearbeitet werden die 2 Hauptteile mit doppeltem Faden: je 1 Faden Nostalgie und Catherine Color (Daydream und Apple Blossom).

Es beginnt mit dem Hauptteil mit Zopfmuster rechts und links und Herzmuster im Mittelteil.
Dann werden die linken Seiten-M aufgenommen (jedes Knötchen eine M!) und unten noch 10 M zusätzlich angeschlagen. Diese Erweiterung wird kraus rechts gestrickt und es werden Knopflöcher eingearbeitet. Das wird das Unterteil des Schlafsacks.
Zum Schluss werden an dem kraus rechten Strickteil oben M aufgenommen für ein Mützchen. Das wird nur einfädig in Nostalgie (Daydream) gestrickt.

HAUPTTEIL

92 M mit doppeltem Faden = je 1 Faden Nostalgie und Catherine Color (Daydream und Apple Blossom) anschl.
1.-10. R: Kraus rechts str.
Danach folgt die Einteilung, das Herzmuster liegt in der Mitte.
Am einfachsten ist es, direkt in der ersten Hinr MM zu setzen:
11. R: 6 M kraus rechts, 3 M glatt rechts, 2 M kraus rechts, 12 M Zopfmuster, 2 M kraus rechts, 42 M Herzmuster, 2 M kraus rechts, 12 M Zopfmuster, 2 M kraus rechts, 3 M glatt rechts, 6 M kraus rechts.

Den Höhenrapport des Zopfmusters 18x wdh und den Höhenrapport des Herzmusters 6x wdh = 144 R in der Einteilung str.
Danach folgen noch einmal 10 R kraus rechts.
In der letzten R alle M elastisch abk.

ZWEITER TEIL (dieser Teil wird bei Bedarf das Rückenteil des Schlafsacks)

Mit doppeltem Faden = je 1 Faden Nostalgie und Catherine Color (Daydream und Apple Blossom) am linken Rand des Hauptteils aus jedem Knötchen eine M aufnehmen – das sind 82 M.
Zusätzlich am unteren Ende 10 M anschl.
Im folgenden kraus rechts arb, bis dieser Teil so breit ist wie der Hauptteil.
Dabei werden am unteren Rand 7 Knopflöcher eingearbeitet wie folgt: Vor der fünftletzten Masche einer Hinr einen U machen. Die folgenden 2 M rechts zusammenstr.
Das erste Knopfloch wird in der 9. R gesetzt und ab da alle 26 R.
Nach dem 7. Knopfloch noch 6 R kraus rechts str.
In der nächsten R (Rückr) werden über den Knopflöchern 22 M abgekettet, sodass eine Knopflochleiste entsteht.
Über die restlichen M weitere 6 R kraus rechts str.
Jetzt werden die seitlichen Knopflöcher gesetzt – alle in einer R:
8 M rechts, 1 U, 2 zusammenstr, 13 M rechts, 1 U, 2 M rechts zusammenstr, 13 M rechts ... usw. Bis R-Ende wdh – hierbei werden 5 Knopflöcher gesetzt.
3 R kraus rechts str und dann alle M elastisch abk.

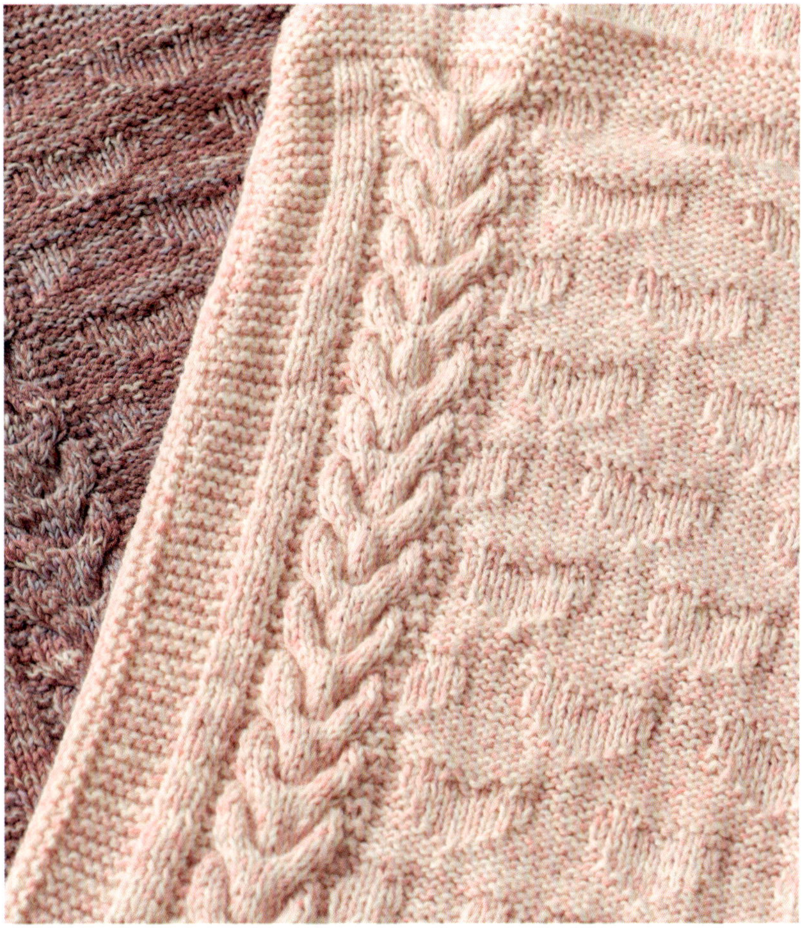

MÜTZE

Die Mütze wird einfädig in Nostalgie (Daydream) gestrickt.
Am kraus rechts gestrickten Rückenteil des Schlafsacks oben mittig 72 M aus dem Knötchenrand aufnehmen und glatt rechts etwa 30 cm str.
Am Ende elastisch abk.
Die beiden oberen Ecken des Kapuzenrechtecks zusammenlegen und die Naht schließen – so ergibt sich eine kleine Zipfelmütze.
Jetzt die M am vorderen Rand der Kapuze aufnehmen – jede M, keine auslassen! – 2 R kraus rechts str und elastisch abk. Dadurch, dass jede M aufgenommen wird, wellt sich diese Borte etwas, was in diesem Fall gewollt ist.

FERTIGSTELLUNG

Die Decke baden und spannen.
Alle Fäden vernähen.
Dann auf dem Hauptteil unten und rechts an der Seite im richtigen Abstand die Knöpfe anbringen.

Auf der Mütze kann noch eine gehäkelte Applikation wie ein Blümchen, Vögelchen oder ein Marienkäfer angebracht werden. Dadurch wird es noch niedlicher und kindlicher.

Ich wünsche dir viel Freude mit deinem Werk und dem Baby wunderbar entspannte Kuschelmomente.

Happy Reading

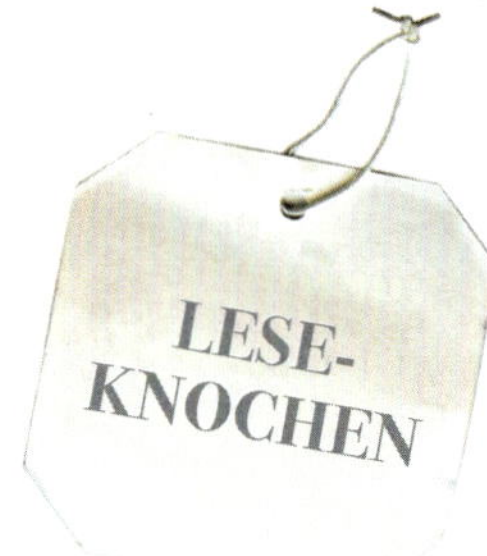

»Ich brauche Wolle!«, verkündete Amely, kaum, dass sie den Strickladen betreten hatte. »Peter wünscht sich auch einen Leseknochen.« Ich schmunzelte. »Wie gut, dass ich so viel habe, dass ich sie sogar verkaufe«, verkündete ich und brachte Amely damit zum Lachen.

GRÖSSE
Ca. 50 cm lang, 25 cm hoch

MATERIAL
- KingCole Cottonsoft DK (LL 210 m/100 g) in Mint (Fb 715), Cloud (Fb 1575), Ecru (Fb 711) und French Navy (Fb 741), je 100 g
- Rundstricknadel 3,0 mm, 80 cm lang
- Häkelnadel 3,0 mm
- Füllwatte

MASCHENPROBE
Glatt rechts mit Nd 3,0 mm sind 22 M und 24 R = 10 cm x 10 cm.

HINWEIS: Das Strickstück soll fest gestrickt sein, damit das Kissen seine Form behält und die Füllung nicht durchscheint. Deshalb mit einer kleineren Nadelstärke als üblich arbeiten.

Die Knäuel in Mint, Cloud und Ecru vor dem Start halbieren, da es mehrere Strickansätze gibt (Querstreifen). Oder direkt mehr bestellen – mit der Cottonsoft kann man von Spüllappen über Tücher bis zu Decken alles stricken.

MUSTER

KRAUS RECHTS
In Hin- und Rückr rechte M str.

GLATT RECHTS
In Hinr rechte M, in Rückr linke M str.

RANDMASCHE
Die letzte M wie zum Linksstr abheben, Faden vor der Arbeit. Die erste M rechts str.

ELASTISCH ABKETTEN
1 M rechts, * 1 M rechts, beide M zurück auf die linke Nadel legen und 2 M rechts verschränkt zusammenstr, ab * wdh bis zur letzten M.

JETZT GEHT ES LOS

Für den Leseknochen braucht es 3 Teile, die zum Schluss zusammengehäkelt werden. Die Teile werden jeweils in 2 Ansätzen von der Mitte aus gestrickt.

1. TEIL
1. Hälfte

In French Navy 80 M anschl.
1.-4. R: Kraus rechts str (Rdm wie oben beschrieben arb).
Ab der 5. R neue Farben: Mint, Cloud, Ecru, Cloud, Mint, je Farbe 16 M str.
5.-22. R: Glatt rechts str, dabei je 16 M in Mint, Cloud, Ecru, Cloud, Mint arb (Rdm wie oben beschrieben str).

Beim Farbwechsel immer die Fäden hinter dem Strickstück überkreuzen – so entsteht die Verbindung zwischen den Farben.

23. R: Alle M rechts str, dabei die mittleren 16 M (Farbe Ecru) elastisch abk.
Jetzt zuerst die linke Seite glatt rechts zu Ende str.
Von der Mitte aus (also in jeder 2. R) wie folgt abnehmen: 1 x 8 M, dann 4 x 4 M.

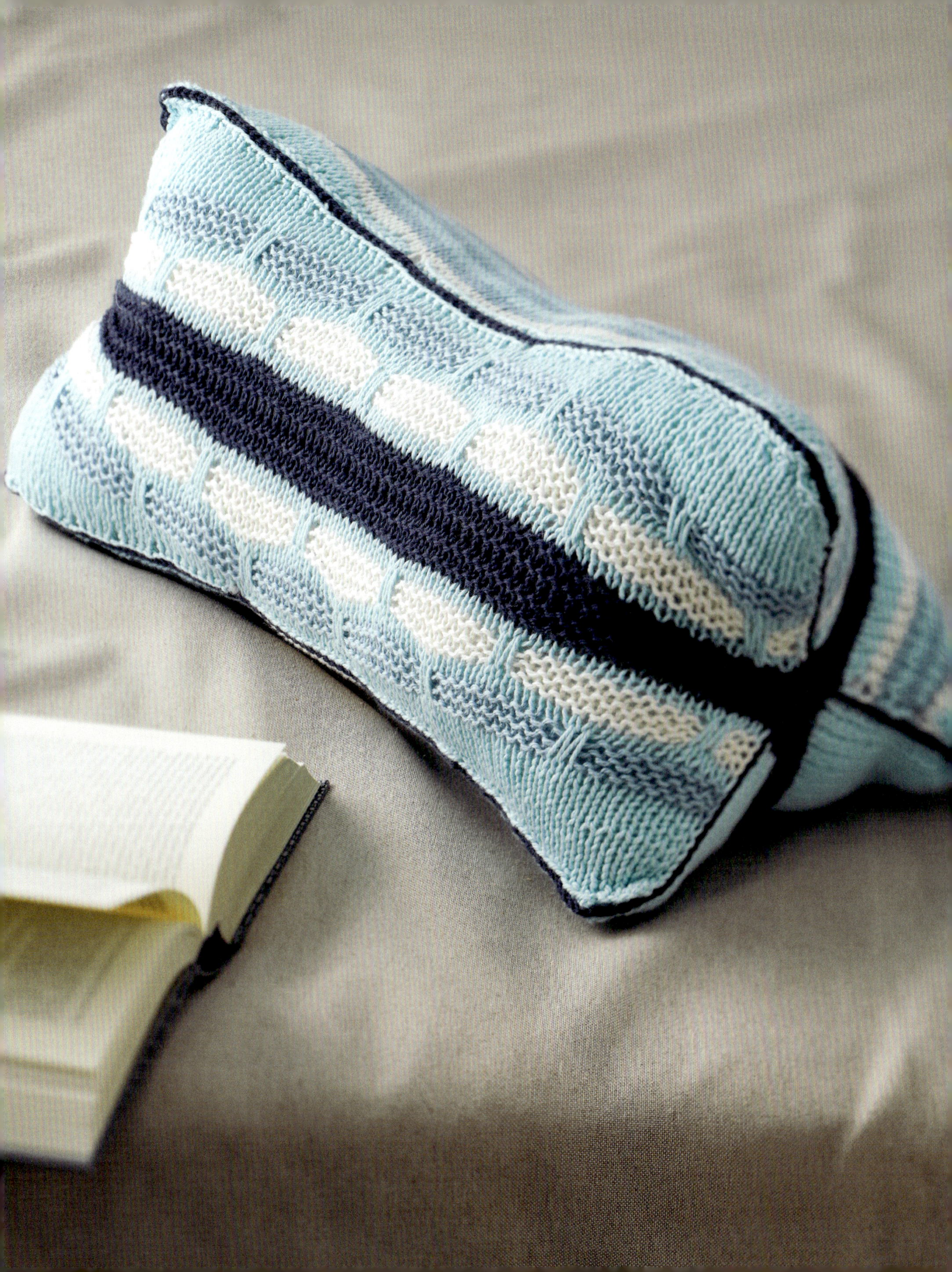

Dann in der folgenden R 1 x 4 M von außen elastisch abk, die R zu Ende str und in der nächsten R die letzten 4 M elastisch abk.
Die rechte Seite nach dem gleichen Abnahmemuster zu Ende arb.

2. Hälfte

Aus der Anschlagkante der 1. Hälfte heraus in French Navy von rechts 80 M aufnehmen (das zählt als 1. R).
Die 2. Hälfte genau wie die 1. Hälfte arb.

2. TEIL

1. Hälfte

In French Navy 80 M anschl.
1.-4. R: Kraus rechts str (Rdm wie oben beschrieben arb).
Ab jetzt: Glatt rechts str, dabei die erste und letzte M als Rdm str.
5.-8. R: In Mint str.
9.+10. R: In Ecru str.
11.+12. R: In Cloud str.
13.+14. R: In Mint str.
15.+16. R: In Cloud str.
17.+18. R: In Mint str.
19.+20. R: In Cloud str.
21.+22. R: In Ecru str.
23. R: In Mint alle M rechts str, dabei die mittleren 16 M elastisch abk.
Jetzt zuerst die linke Seite glatt rechts zu Ende str.
Von der Mitte aus (also in jeder 2. R) wie folgt abnehmen: 1 x 8 M, dann 4 x 4 M.
Dann in der folgenden R 1 x 4 M von außen elastisch abk, die R zu Ende str und in der nächsten R die letzten 4 M elastisch abk.
Die rechte Seite nach dem gleichen Abnahmemuster zu Ende arb.

2. Hälfte

Aus der Anschlagkante der 1. Hälfte heraus in French Navy von rechts 80 M aufnehmen (das ist dann schon die 1. R).
Die 2. Hälfte genau wie die 1. Hälfte arb.

3. TEIL

1. Hälfte

In French Navy 80 M anschl.
1.-4. R: Kraus rechts str (Rdm wie oben beschrieben arb).
5. R: In Mint rechte M str, dabei die erste und letzte M als Rdm arb.
Ab hier kommt ein Hebemaschenmuster. Weiter immer die erste und letzte M als Rdm arb.
6. R: In Mint linke M str, dabei die 4. und 5. M und ab da jede 11. und 12. M mit einem dreifachen U str. Das heißt beim Faden holen für die neue M diesen dreimal um die Nadel wickeln.
7. R: In Ecru rechte M str, dabei die M mit den U wie zum Linksstr abheben – Faden hinter der Arbeit und die U auflösen.
8.-12. R: In Ecru kraus rechts str, dabei die in der Vor-R abgehobenen M in Mint weiter wie zum Linksstr abheben. In Rückr dabei den Faden vor der Arbeit, in Hinr den Faden hinter der Arbeit entlangführen.
13. R: In Mint alle M rechts str.
14. R: In Mint linke M str, dabei die 10. und 11. M und ab da jede 11. und 12. M mit einem dreifachen U str, wie in der 6. R beschrieben.
15. R: In Cloud rechte M str, dabei die M mit den U wie zum Linksstr abheben – Faden hinter der Arbeit und die U auflösen.
16.-20. R: In Cloud kraus rechts str, dabei die in der Vor-R abgehobenen M in Mint weiter wie zum Linksstr abheben. In Rückr dabei den Faden vor der Arbeit, in Hinr den Faden hinter der Arbeit entlangführen.
21.+22. R: In Mint alle M glatt rechts str.
23. R: In Mint alle M rechts str, dabei die mittleren 16 M elastisch abk.
Jetzt zuerst die linke Seite glatt rechts zu Ende str.
Von der Mitte aus (also in jeder 2. R) wie folgt abnehmen: 1 x 8 M, dann 4 x 4 M.
Dann in der folgenden R 1 x 4 M von außen elastisch abk, die R zu Ende str und in der nächsten R die letzten 4 M elastisch abk.
Die rechte Seite nach dem gleichen Abnahmemuster zu Ende arb.

2. Hälfte

Aus der Anschlagkante der 1. Hälfte heraus in French Navy von rechts 80 M aufnehmen (das ist dann schon die 1. R).
Die 2. Hälfte genau wie die 1. Hälfte arb.
Jetzt alle Fäden vernähen und die 3 Teile in French Navy mit Km zusammenhäkeln. Dabei darauf achten, dass sich die Teile an der Seite in der Mitte treffen. Die blauen Streifen in raus rechts bilden das Zentrum.

▶ Ein Video, wie man mit Kettmaschen zwei Strickstücke flach zusammenhäkeln kann, findet ihr auf dem YouTube-Kanal »Der kleine Strickladen«: www.frech.de/27032StrickstueckMitKettmaschenVerbinden

Eine kleine Öffnung zum Füllen lassen. Das Kissen mit Füllwatte füllen und die Öffnung ebenfalls zusammenhäkeln.

Fertig ist der kuschelweiche Leseknochen.

Kuschelig!

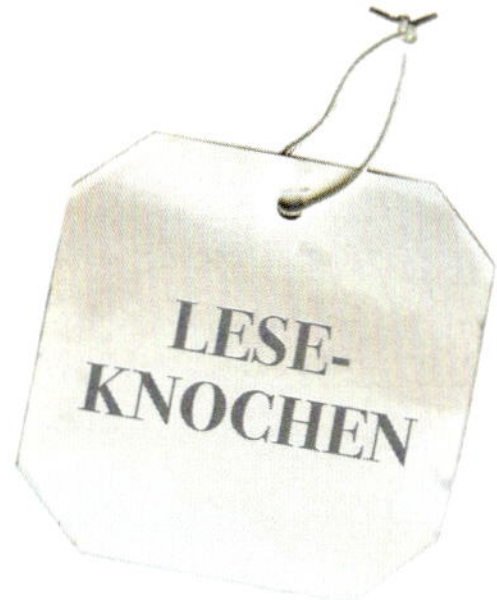

Joshua lehnte den Inselreiseführer gegen den Leseknochen und streckte sich. »Nächstes Jahr könnten wir wieder einmal nach Amrum reisen«, sagte er. »Was meinst du?« »Gute Idee«, stimmte ich sofort zu. »Fang schon mal an zu trainieren, damit Elisabeth dich nicht wieder unter den Tisch trinkt.« Die Erinnerung an den Abend in der Inselkneipe Blaue Maus lockte mir ein Lächeln auf die Lippen.

GRÖSSE
Ca. 55 cm lang, 25 cm hoch

MATERIAL
- Novita Icelandic (LL 90 m/ 50 g) in Tree Trunk (Fb 696), 150 g, in Bolete (Fb 663) und Pine (Fb 384), je 50 g
- Rundstricknadel 3,5 mm, 80 cm lang
- Häkelnadel 3,5 mm
- Füllwatte, dunkel

MASCHENPROBE
Glatt rechts mit Nd 3,5 mm sind 15 M und 22 R = 10 cm x 10 cm.

HINWEIS: Das Strickstück soll etwas fester gestrickt sein, um dem Kissen Formstabilität zu geben, aber dennoch locker genug, damit die Wolle ihren Kuschelfaktor behält. Deshalb ist der Leseknochen mit einer kleineren Nadelstärke als üblich gearbeitet.

MUSTER

GLATT RECHTS
In Hinr rechte M, in Rückr linke M str.

PERLMUSTER
1. R: 1 M rechts, 1 M links
2. R: 1 M links, 1 M rechts
(Das heißt: rechte und linke M werden in der 2. R versetzt gestrickt.)

RANDMASCHE
Die letzte M wie zum Linksstr abheben, Faden vor der Arbeit. Die erste M rechts str.

ELASTISCH ABKETTEN
1 M rechts, * 1 M rechts, beide M zurück auf die linke Nadel legen und 2 M rechts verschränkt zusammenstr, ab * wdh bis zur letzten M.

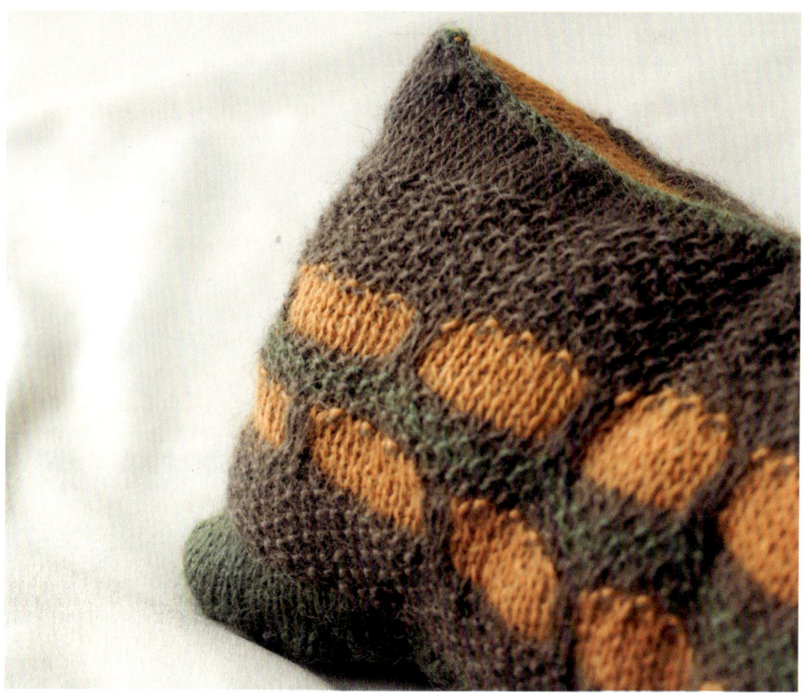

JETZT GEHT ES LOS

Für den Leseknochen braucht es 3 gleiche Seitenteile, die zum Schluss zusammengehäkelt werden.

SEITENTEIL

In Tree Trunk 76 M anschl.

1.-11. R: Im Perlmuster str, Rdm wie oben beschrieben arb.

Weiter immer die erste und letzte M als Rdm arb.

12. R: Im Perlmuster str, dabei die 4. M und ab da jede 9. und 10. M mit einem dreifachen U str. Das heißt beim Faden holen für die neue M diesen dreimal um die Nadel wickeln. Am Ende nur, wie am Anfang, eine M mit dreifachem U str.

13. R: In Bolete rechte M str, dabei die M mit den U wie zum Linksstr abheben – Faden hinter der Arbeit und die U auflösen.

14.-18. R: Glatt rechts str, dabei die in der Vor-R abgehobenen M weiter wie zum Linksstr abheben. In Rückr dabei den Faden vor der Arbeit, in Hinr den Faden hinter der Arbeit entlangführen.

19.+20. R: In Tree Trunk im Perlmuster str.

21.+22. R: In Pine im Perlmuster str.

23. R: In Tree Trunk im Perlmuster str.

24. R: Im Perlmuster str, dabei die 8. und 9. M und ab da jede 9. und 10. M mit einem dreifachen U str, wie in der 12. R beschrieben.

25. R: In Bolete rechte M str, dabei die M mit den U wie zum Linksstr abheben – Faden hinter der Arbeit und die U auflösen.

26.-30. R: Glatt rechts str, dabei die in der Vor-R abgehobenen M weiter wie zum Linksstr abheben. In Rückr dabei den Faden vor der Arbeit, in Hinr den Faden hinter der Arbeit entlangführen.

31.-42. R: In Tree Trunk im Perlmuster str.

43. R: Alle M rechts str, dabei die mittleren 16 M elastisch abk.

Jetzt zuerst die linke Seite zu Ende str.

Von der Mitte aus (also in jeder 2. R) wie folgt abnehmen: 1 x 6 M, dann 4 x 4 M.

Dann in der folgenden R 1 x 4 M von außen elastisch abk, die R zu Ende str und in der nächsten R die letzten 4 M elastisch abk.

Die rechte Seite in Bolete nach dem gleichen Abnahmemuster arb.

Nun an der Anschlagkante von rechts 30 M in Bolete aufnehmen, die mittleren 16 M auslassen und die letzten 30 M in Tree Trunk aufnehmen. Wie schon auf der anderen Seite zu Ende arb. Dazu in der jeweiligen Farbe zuerst den linken Teil, dann den rechten str.

Dieses Teil dreimal str. Dabei bei einem Seitenteil eine Knochenrundung (= ein Seitenende) in Pine str.

Jetzt alle Fäden vernähen und die 3 Seitenteile in Pine mit fM zusammenhäkeln. Dabei darauf achten, dass sich die Teile rechts und links in der Mitte treffen. Die Streifen in Pine bilden das Zentrum.

Eine kleine Öffnung zum Füllen lassen. Das Kissen mit Füllwatte füllen und die Öffnung ebenfalls zusammenhäkeln.

Viel Spaß beim gemütlichen Schmökern!

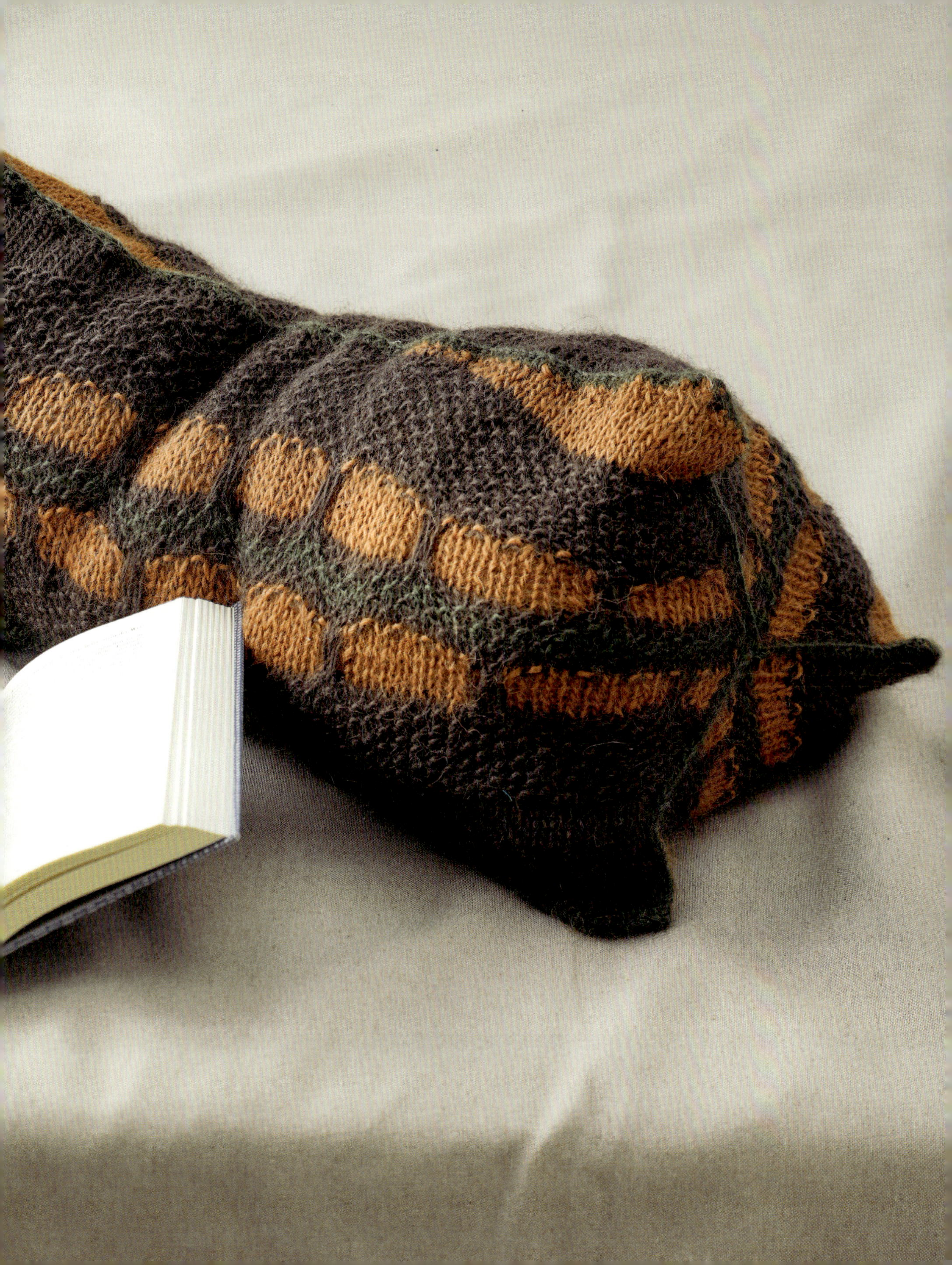

MOLLY UND DAS SCHNUFFEL-TUCH

Ich schnitt den letzten Faden ab, und begutachtete mein erstes Schnuffeltuch. Ich drehte es, knuddelte es und stellte es mir in den Händen eines kleinen Kindes vor. Schnuffi hatte ganz sicher das Potential geliebt zu werden. Zufrieden drapierte ich mein Werk so, dass Chloe es sofort sehen würde, wenn sie sich hinsetzte. Ich stellte mir ihr Gesicht vor und wusste, dass sie vor Freude quietschen würde.

»Dann geh ich mal Tee kochen«, erklärte ich meiner Hündin Molly, die neben dem Sofa in ihrem Körbchen lag und mich aufmerksam beobachtete. »Brav sein, Molly«, sagte ich und verschwand in der Teeküche hinter dem Ladenraum.

Als ich ein paar Minuten später mit dem voll beladenen Tablett wieder nach vorne kam, ging mein Blick automatisch zum Sofa. Nanu? Das Schnuffeltuch war verschwunden.

»Was ...?« Ich sah mich um. Der Laden war leer. Es konnte auch niemand hereingekommen sein, sonst hätte die Türglocke angeschlagen.

Verwirrt stellte ich das Tablett auf den Tisch und suchte das Sofa ab. Schnuffi konnte sich doch nicht in Luft aufgelöst haben.

Molly lag immer noch in ihrem Körbchen. »Hast du was mitbekommen?«, fragte ich meine Hündin. Sie antwortete mit einem leisen Winseln und legte sich eine Pfote vor die Augen. In dem Moment sah ich es.

»Molly«, rief ich halb empört, halb belustigt und zog das Schnuffeltuch unter der anderen Pfote meiner Hundediebin hervor. »Sag mal, was fällt dir denn ein?«, wollte ich wissen.

Molly setzte sich vor mich hin. Sie legte den Kopf schief, winselte und gab Pfötchen. Immer wieder wanderte ihr Blick sehnsuchtsvoll zu dem Schnuffeltuch in meiner Hand. Jetzt musste ich wirklich lachen. »Kann es sein, dass du dich verliebt hast?«, fragte ich. »Möchtest du es so unbedingt haben?« Ich konnte ihrem flehenden Blick nicht widerstehen. »Also gut«, seufzte ich. »Du hast mich überzeugt. Bitteschön. Schnuffi gehört dir. Ich mache für Chloes Menschlein ein neues.«

Ich streckte Molly das Schnuffeltuch hin. Ganz vorsichtig nahm sie ihr neues Spielzeug und trug es in ihr Körbchen. Ganz klar, Molly hatte sich wirklich verliebt.

Lächelnd ging ich zum Regal und nahm mir zwei frische Knäuel Baumwolle. Auf ein Neues – so konnte ich gleich die Anleitung kontrollieren, das war ja auch nicht schlecht.

Schnuffi

SCHNUFFEL-TUCH

»Mit jedem Schnuffeltuch wird die Welt ein bisschen freundlicher.« Ich vernähte den letzten Faden und hielt das neue Schnuffi hoch. »Unbedingt«, bestätigte Chloe. »Jedes Kind braucht etwas zum Schnuffeln – die Menschen- und Hundekinder genauso wie die inneren Kinder in uns allen. Erwachsene geben das nur oft nicht zu.«

GRÖSSE
Höhe ca. 30 cm, Breite ca. 40 cm (mit zur Seite gelegten Ohren)

MATERIAL
- Schachenmayr Organic Cotton (LL 155 m/50 g) in Blush (Fb 36) und Light Quarz Color (Fb 37), je 50 g
- Rundstricknadel 3,0 mm
- Füllwatte
- Sicherheitsaugen oder etwas schwarzes Garn für die Augen

ALTERNATIV-MATERIAL
- King Cole Cottonsoft DK (LL 210 m/100 g) in Orchid (Fb 3033) und Rose (Fb 712), je 100 g
- Rundstricknadel 3,5 mm
- Füllwatte
- Sicherheitsaugen oder etwas schwarzes Garn für die Augen

MASCHENPROBE
Glatt rechts mit Organic Cotton und Nd 3,0 mm sind 20 M und 29 R = 10 cm x 10 cm; mit Cottonsoft DK und Nd 3,5 mm sind 19 M und 27 R = 10 cm x 10 cm.

MUSTER

GLATT RECHTS
In Hinr rechte M, in Rückr linke M str.

KRAUS RECHTS
In Hin- und Rückr rechte M str.

ELASTISCH ABKETTEN
1 M rechts, * 1 M rechts, beide M zurück auf die linke Nadel legen und 2 M rechts verschränkt zusammenstr, ab * wdh bis zur letzten M.

JETZT GEHT ES LOS
Schnuffi wird in mehreren Teilen gestrickt – Körper, Kopf, Nase, Innenohr, Außenohr.
Die Angaben zum Alternativ-Garn stehen in den Klammern.

KÖRPER
RÜCKENTEIL
In Blush (Orchid) arb.

Erste Pfote
13 M anschl.
1.-4. R: Kraus rechts str.
5. R: 1 M rechts, 2 M rechts zusammenstr, 7 M rechts, 2 M rechts zusammenstr, 1 M rechts.
6. R: Alle M links str.
7. R: 1 M rechts, 2 M rechts zusammenstr, 5 M rechts, 2 M rechts zusammenstr, 1 M rechts.
Faden abschneiden. Die M der 1. Pfote auf der Nadel lassen und auf der selben Nadel die 2. Pfote (die 1.-7. R) arb.
8. R: 9 M links (2. Pfote), 10 M anschl, 9 M links (1. Pfote).

Dafür 9 M str, das Strickstück wenden und aus der letzten gestrickten M die 10 M nacheinander herausstr. Arbeit wieder wenden und die M der anderen Pfote links str.

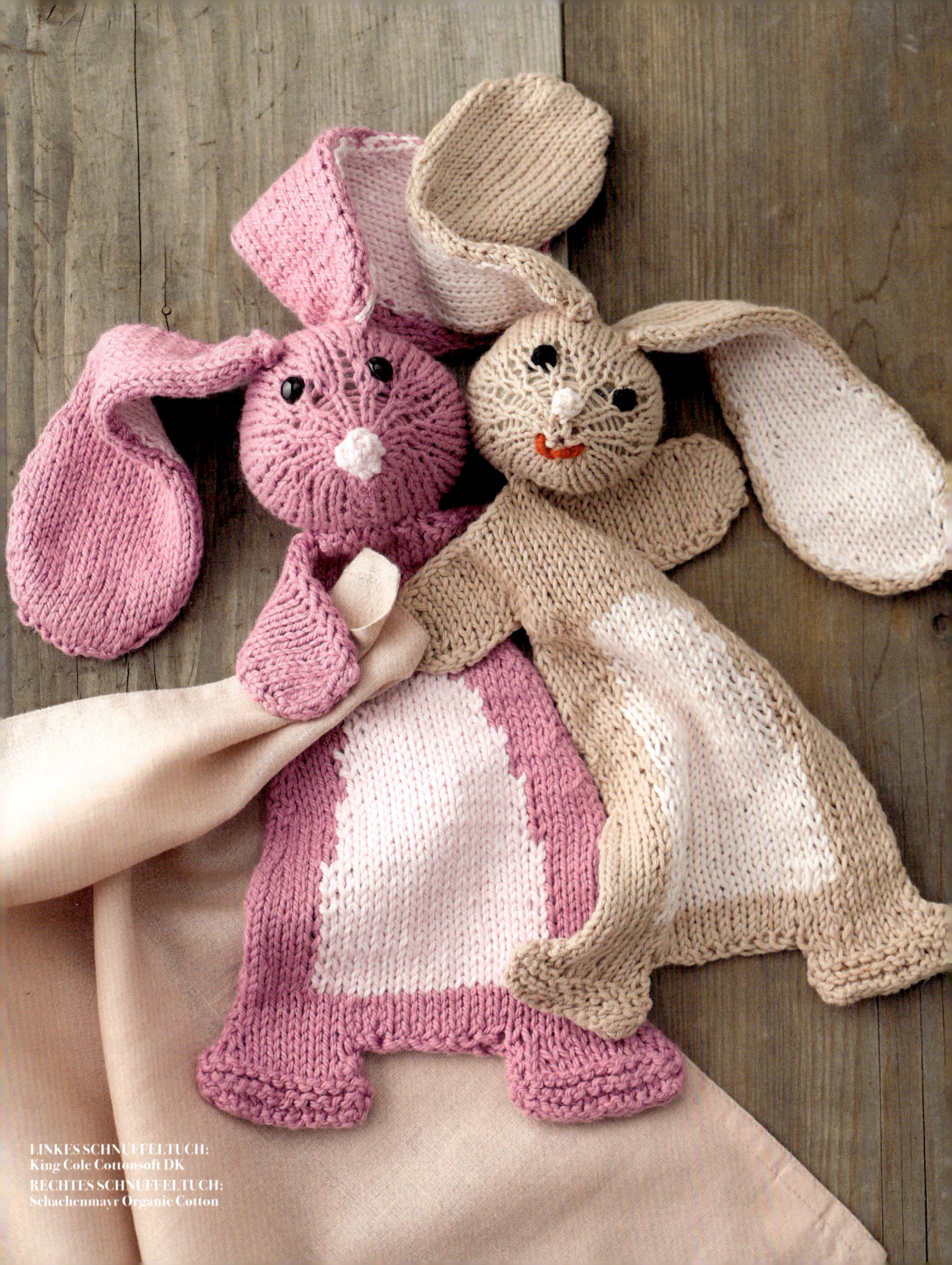

LINKES SCHNUFFELTUCH:
King Cole Cottonsoft DK
RECHTES SCHNUFFELTUCH:
Schachenmayr Organic Cotton

9.-26. R: Glatt rechts str.
27. R: 1 M rechts, 2 M rechts zusammenstr, 22 M rechts, 2 M rechts zusammenstr, 1 M rechts.
28.-33. R: Glatt rechts str (mit einer linken R beginnen).
34. R: 1 M links, 2 M links zusammenstr, 20 M links, 2 M links zusammenstr, 1 M links.
35.-38. R: Glatt rechts str.
39. Reihe: 1 M rechts, 2 M rechts zusammenstr, 18 M rechts, 2 M rechts zusammenstr, 1 M rechts.
40.-44. R: Glatt rechts str (mit einer linken R beginnen).
45. R: 1 M rechts, 2 M rechts zusammenstr, 16 M rechts, 2 M rechts zusammenstr, 1 M rechts.
46. R: 1 M links, 2 M links zusammenstr, 14 M links, 2 M links zusammenstr, 1 M links.
47.+48. R: Glatt rechts str.

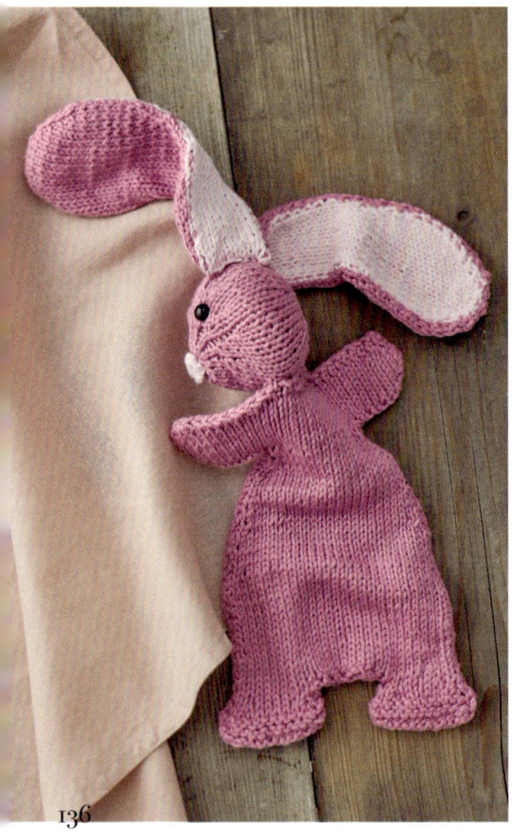

49. R: 1 M rechts, 2 M rechts zusammenstr, 12 M rechts, 2 M rechts zusammenstr, 1 M rechts.
Faden abschneiden, M auf der Nadel lassen.
50. R: 8 M anschl, die 16 M des Körpers links str, 8 M aus der letzten gestrickten M herausstr (= 32 M).
51. R: Alle M rechts str.
52. R: 1 kfb, 30 M links, 1 kfb.
53. R: 1 kfb, 32 M rechts, 1 kfb.
54.-57. R: Glatt rechts str (mit einer linken R beginnen).
58. R: 1 M links, 2 M links zusammenstr, 30 M links, 2 M links zusammenstr, 1 M links.
59. R: 1 M rechts, 2 M rechts zusammenstr, 28 M rechts, 2 M rechts zusammenstr, 1 M rechts
Alle M elastisch abk.

VORDERTEIL

In Blush (Orchid) und Light Quarz (Rose) arb.
Das Vorderteil wird wie das Rückenteil gearbeitet, aber der Bauch wird in Light Quarz (Rose) gestrickt.

Um den Faden nicht über so viele M mitführen zu müssen, wickelt euch von der Körperfarbe ein wenig ab und setzt nach dem Bauchteil neu an. Da es nur ein kleines Stück ist, könnt ihr auch einfach den Faden vom anderen Ende das Knäuels nehmen, ohne extra abzuwickeln.

Farbeinsatz für den Bauch

13. R: 6 M in Blush (Orchid), 16 M Farbe 2, 6 M in Blush (Orchid).
Die Aufteilung der Farben in diesen R ändern:
27. R: 6 M in Blush (Orchid), 14 M in Light Quarz (Rose), 6 M in Blush (Orchid).
34. R: 6 M in Blush (Orchid), 12 M in Light Quarz (Rose), 6 M in Blush (Orchid).
39. R: 6 M in Blush (Orchid), 10 M in Light Quarz (Rose), 6 M in Blush (Orchid).
43.+44. R: In Light Quarz (Rose) jeweils rechts und links 1 M weniger arb.
Ab der 45. R nur noch in Blush (Orchid) weiterarb.
Die Fäden vernähen.
Vorderteil und Rückenteil aufeinanderlegen und zusammennähen. Dabei am Hals die mittleren 10 M frei lassen.

KOPF

In Blush (Orchid) arb.
16 M anschl.
1. R: Alle M links str.
2. R: 8x (1 M rechts, 1 tafM, 1 M rechts)
3. R: 24 M links str.
4. R: 8x (1 M rechts, 1 tafM., 2 M rechts).
5. R: 32 M links str.
6. R: 8x (2 M rechts, 1 tafM, 2 M rechts).
7.-15. R: Glatt rechts str.
16. R: 8 M rechts, 8x (2 M rechts zusammenstr, 1 M rechts), 8 M rechts.
17. R: 32 M links str.
18. R: 4 M rechts, 8x (2 M rechts zusammenstr, 1 M rechts), 4 M rechts.
19. R: 24 M links str.
20. R: 4 M rechts, 8x 2 M rechts zusammenstr, 4 M rechts.
21.-24. R: Glatt rechts str.
25. R: 8x 2 M rechts zusammenstr.
Faden abschneiden, auf eine Nadel fädeln, durch die 8 M führen und die M zusammenziehen.
Den Kopf an den Seitenkanten zusammennähen, hinten noch offen lassen.

NASE

In Light Quarz (Rose) arb.
1 M anschl und eine Noppe str.
Das heißt: 1 kfbfb, wenden, 4 M links, wenden, 4 M rechts, der Reihe nach die 2., 3. und 4. M über die 1. M zie-

hen, eine M re drüber str, um die Noppe zu fixieren, und fertig.

Die Nase nun am Kopf festnähen – entweder als Knubbel oder etwas flacher, ganz wie es gefällt.

Die Augen aufsticken oder Sicherheitsausgen befestigen.

Nach Lust kann man einen Mund aufsticken.

Jetzt den Kopf mit Füllwatte füllen und am Hinterkopf rundherum im Zickzack einen Faden durch die M führen und zusammenziehen.

Den Kopf am Körper festnähen.

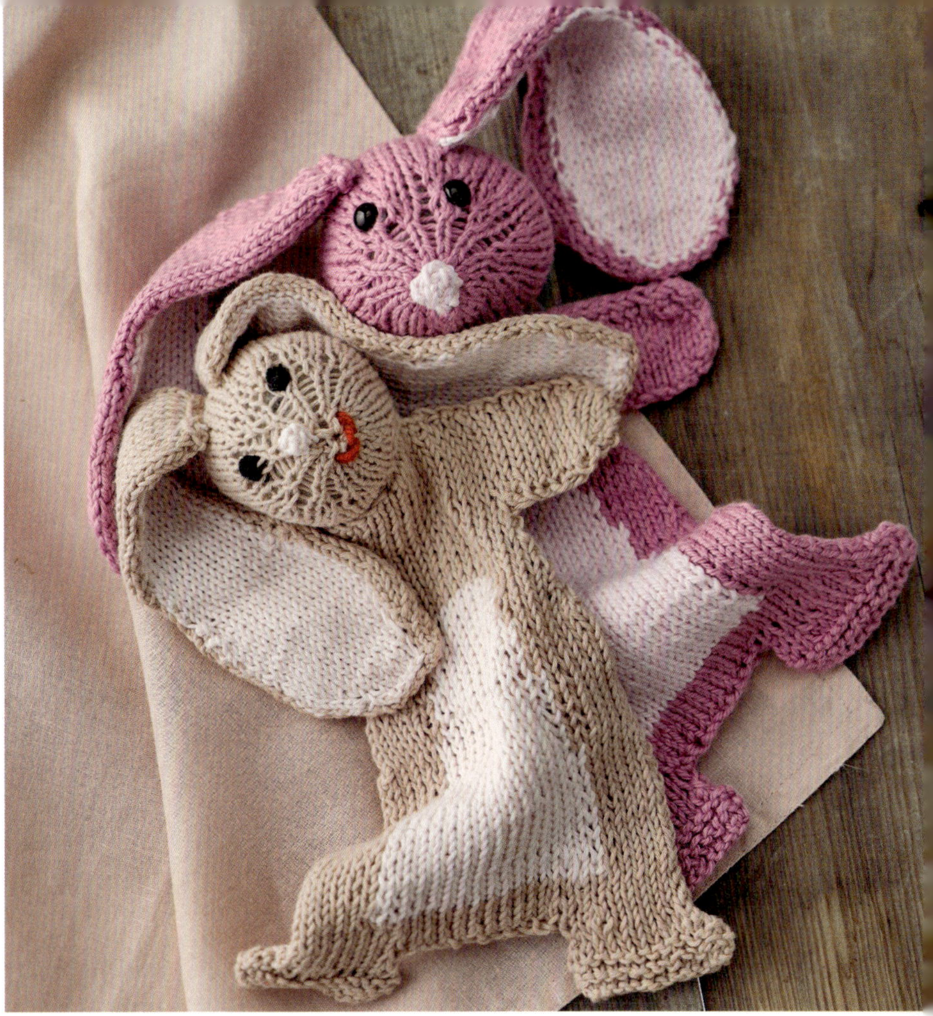

INNENOHR (2x)

In Light Quarz (Rose) arb.

6 M anschl.

1. R: Alle M rechts str.
2. R: Alle M links str.
3. R: 1 M rechts, 1 tafM, 4 M rechts, 1 tavM, 1 M rechts.
4. R: Alle M links str.
5. R: 1 M rechts, 1 tafM, 6 M rechts, 1 tavM, 1 M rechts.
6. R: Alle M links str.
7. R: 1 M rechts, 1 tafM, 8 M rechts, 1 tavM, 1 M rechts.
8. R: Alle M links str.
9. R: 1 M rechts, 1 tafM, 10 M rechts, 1 tavM, 1 M rechts.

10.-20. R: Glatt rechts str (mit einer linken R beginnen).

21. R: 1 M rechts, 2 M rechts zusammenstr, 8 M rechts, 2 M rechts zusammenstr, 1 M rechts.
22. R: Alle M links str.
23. R: 1 M rechts, 2 M rechts zusammenstr, 6 M rechts, 2 M rechts zusammenstr, 1 M rechts.

24.-48. R: Glatt rechts str (mit einer linken R beginnen).

49. R: 1 M rechts, 2 M rechts zusammenstr, 4 M rechts, 2 M rechts zusammenstr, 1 M rechts.
50. R: Alle M links str.
51. R: Alle M abk.

AUSSENOHR (2x)

In Blush (Orchid) arb.

10 M anschl

1. R: Alle M rechts str.
2. R: Alle M links str.
3. R: 1 M rechts, 1 tafM, 8 M rechts, 1 tavM, 1 M rechts.
4. R: Alle M links str.
5. R: 1 M rechts, 1 tafM, 10 M rechts, 1 tavM, 1 M rechts.
6. R: Alle M links str.
7. R: 1 M rechts, 1 tafM, 12 M rechts, 1 tavM, 1 M rechts.
8. R: Alle M links str.
9. R: 1 M rechts, 1 tafM, 14 M rechts, 1 tavM, 1 M rechts.

10.-20. R: Glatt rechts str (mit einer linken R beginnen).

21. R: 1 M rechts, 2 M rechts zusammenstr, 12 M rechts, 2 M rechts zusammenstr, 1 M rechts.
22. R: Alle M links str.
23. R: 1 M rechts, 2 M rechts zusammenstr, 10 M rechts, 2 M rechts zusammenstr, 1 M rechts.

24.-48. R: Glatt rechts str (mit einer linken R beginnen).

49. R: 1 M rechts, 2 M rechts zusammenstr, 8 M rechts, 2 M rechts zusammenstr, 1 M rechts.
50. R: Alle M links str.
51. R: Alle M abk.

FERTIGSTELLEN

Fäden vernähen und je ein Innen- und Außenohr aufeinanderlegen und zusammennähen.

Die Ohren am Kopf festnähen.

Ich wünsche dir eine schöne Zeit mit deinem neuen Schnuffelfreund.

Doppelt schön

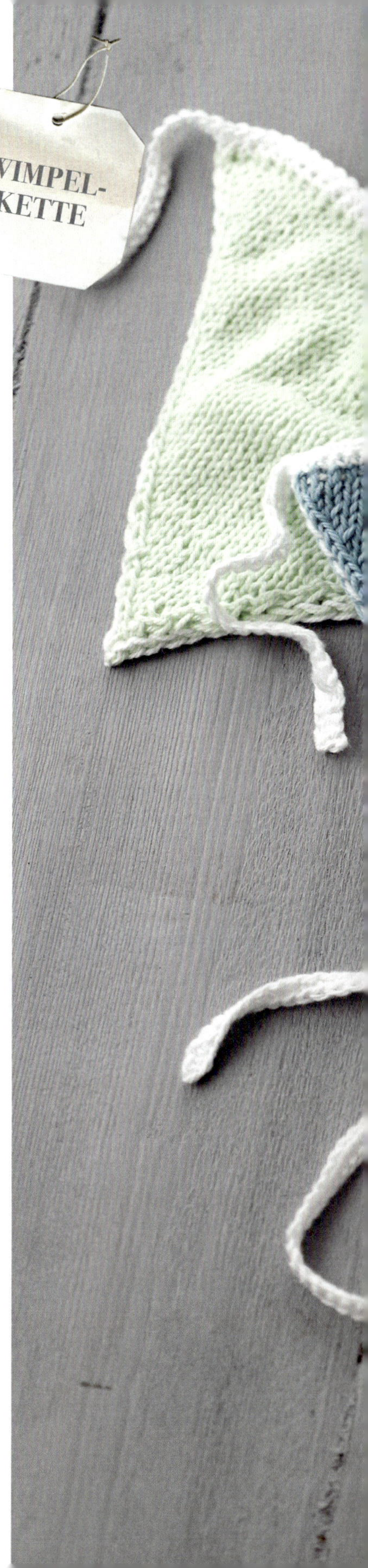

Die Leiter kam ordentlich ins Wanken, als Peter sich weit nach rechts lehnte, um die Wimpelkette an einem Ast zu befestigen. »Pass auf, Peter«, rief Amely erschrocken. Zu spät!

GRÖSSE
Ca. 20 cm x ca. 25 cm

MATERIAL
- King Cole Cottonsoft DK (LL 210 m/100 g) in White (Fb 710), Rose (Fb 712), Cloud (Fb 1575), Celery (Fb 3364) und Orchid (Fb 3033), je 100 g
- Rundstricknadel 4,0 mm
- Häkelnadel 4,0 mm

MASCHENPROBE
Glatt rechts mit Nd 4,0 mm sind 16 M und 22 R = 10 cm x 10 cm.

MUSTER

Die Wimpel werden in Doubleface-Technik von der breiten Seite zur Spitze gestrickt. Es ist nicht ausgesprochen kompliziert, aber ein wenig Übung braucht man, um mit dieser Technik zurecht zu kommen.

RAND

Die erste und letzte M werden immer als Rdm, also mit beiden Farben gleichzeitig gestrickt, dadurch wird der Rand geschlossen und für die Rdm liegen 2 Schlaufen (1 pro Farbe) auf der Nadel.

REIHENANFANG

Die 2 ersten Schlaufen (= Rdm) mit beiden Fäden gleichzeitig von der Seite abstr.

REIHENENDE

Beide Fäden vor die Nadel legen, die letzten 2 Schlaufen (= Rdm) abheben.

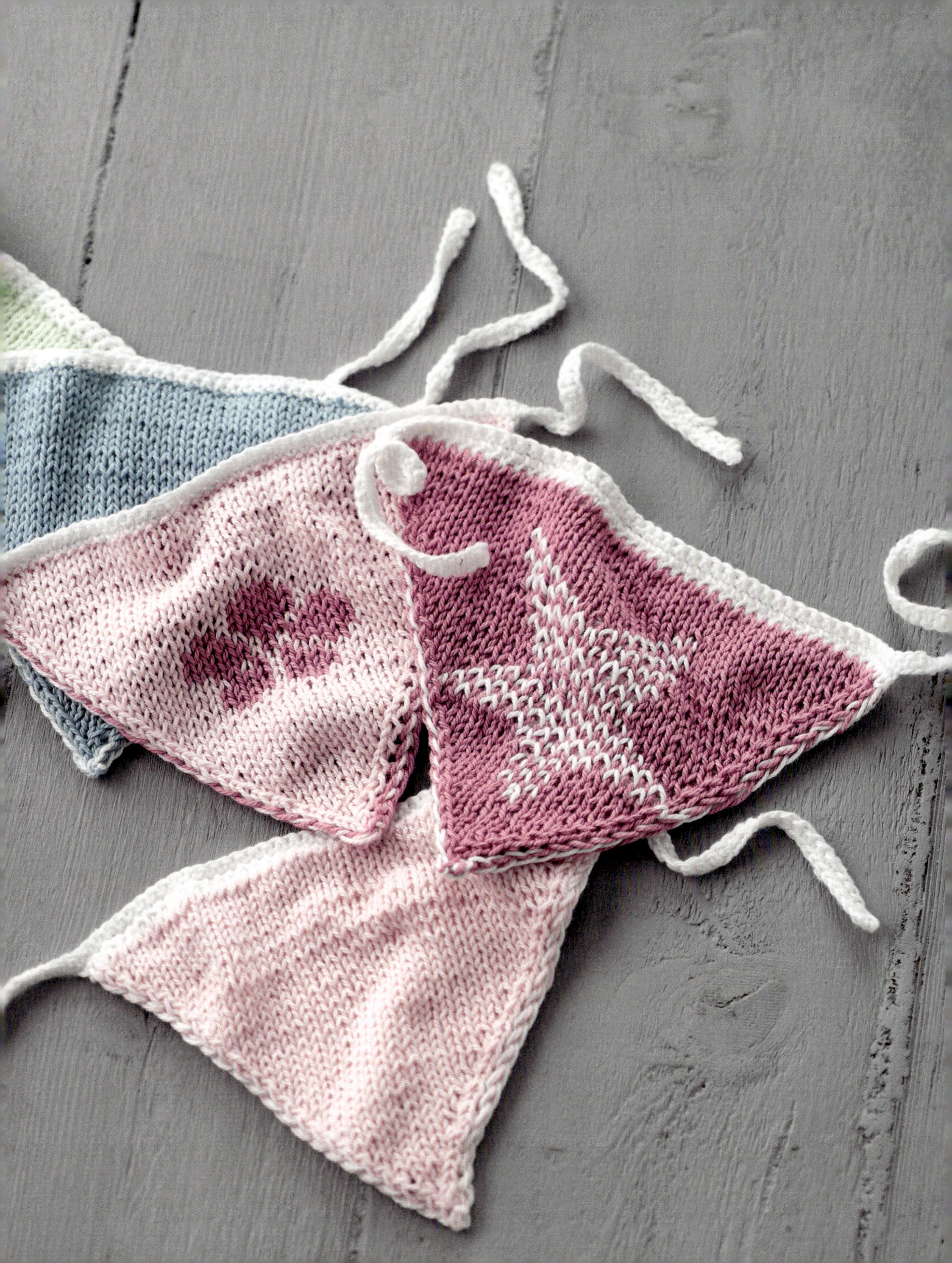

GLATT RECHTS IN DOUBLEFACE

* 1 M rechts (1. Farbe), 1 M links (2. Farbe), ab * fortlaufend wdh und dabei für die rechten M immer beide Fäden auf der Rückseite, für die linken M beide Fäden auf der Vorderseite halten.

HINWEIS: Werden Muster eingestrickt, werden nach dem Zählmuster die Farben getauscht, das Muster erscheint dann jeweils in der Farbe der Gegenseite.

ABNAHMEN IN DOUBLEFACE

Um in Doubleface abnehmen zu können, muss man die Reihenfolge von 2 M tauschen. Das heißt, es wird immer die zweite M von Farbe 1 mit der ersten M von Farbe 2 (der Gegenseite) getauscht. Dazu lässt man beide M von der Nadel rutschen, wechselt die Reihenfolge und holt die M auf die Nadel zurück. Natürlich kann man für den Wechsel auch eine Hilfsnadel verwenden.

Abnahme am Anfang der Reihe

Farbe 1: Die 2. und 3. M dieser Farbe zusammenstr (vorher die Reihenfolge der M ändern, damit beide M nebeneinanderliegen): Die 1. M rechts abheben, 1 M rechts str, die abgehobene M überziehen.
Farbe 2: Die 2. und 3. M dieser Farbe zusammenstr (also direkt über die nächsten 2 M, das sind zwei linke M): 2 M links zusammenstr.

Abnahme am Ende der Reihe

Die beiden M jeder Farbe vor den Rdm. Man muss wieder bei 2 M die Reihenfolge tauschen, also 2 M von der Nadel rutschen lassen, vertauschen und wieder auf die Nadel nehmen.
Farbe 1: 2 M rechts zusammenstr.
Farbe 2: 2 M nacheinander wie zum Rechtsstr abheben, auf die linke Nadel zurücklegen und beide M links verschränkt zusammenstr – das heißt, man muss von hinten links einstechen und die M abstr.

▶ Ein Video zum Doubleface-Stricken findet ihr auf dem YouTube-Kanal »Der kleine Strickladen«: www.frech.de/27032DoubleFaceStricken

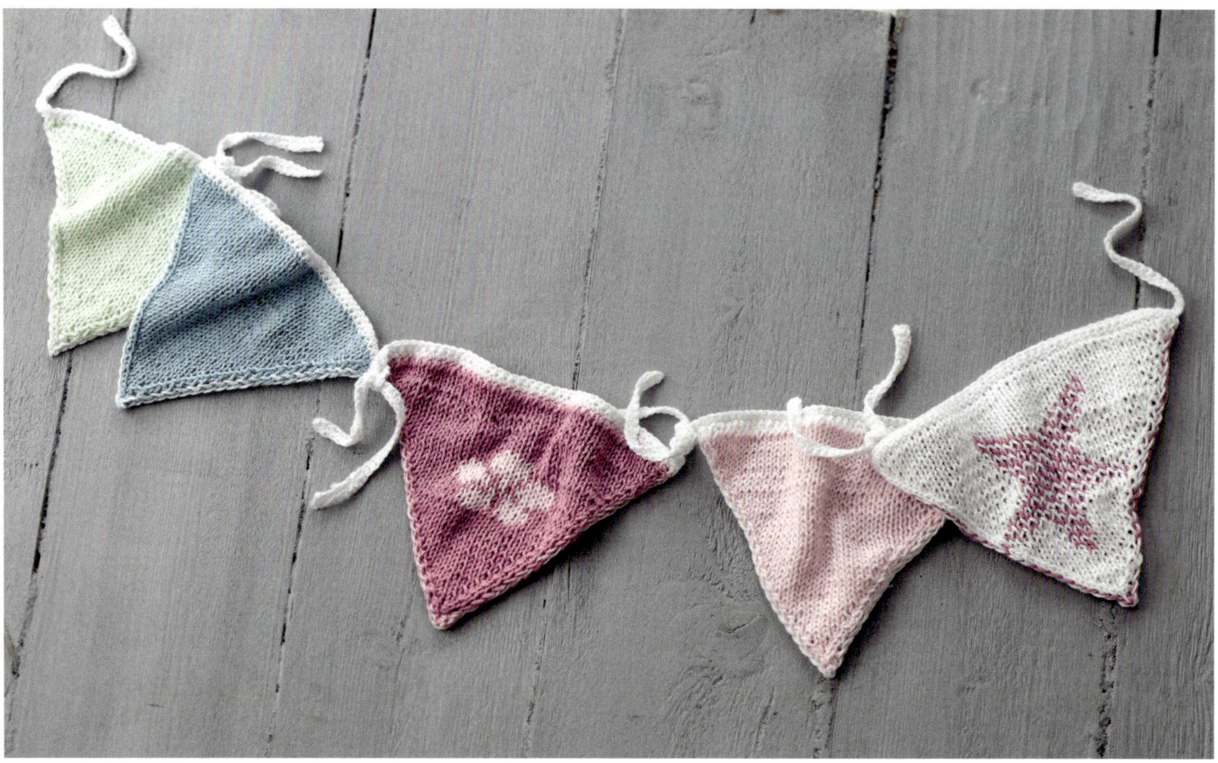

JETZT GEHT ES LOS

ZWEIFARBIGER WIMPEL (ohne Muster)

Das ist ein Grundwimpel, der sich beliebig variieren lässt.

Muster kann man selbst nach Belieben einstricken, zwei Anregungen gibt es am Ende der Anleitung.

88 M in Weiß anschl.

Jetzt kommt die zweite Farbe dazu und man strickt immer abwechselnd 1 rechte M in Farbe 1 und 1 linke M in Farbe 2.

Die äußeren M auf der rechten und linken Seite werden als Rdm mit beiden Farben gleichzeitig gestrickt.

Ab jetzt in jeder 2. R zu Beginn und Ende je 2x 1 M (Vorderseite und Rückseite) abnehmen.

Das Strickstück so weit stricken, bis nur noch 6 M auf der Nadel sind (dabei zählen die 2 Schlaufen der Rdm auf beiden Seiten jeweils als 2 M). Faden durch alle M ziehen und noch eine M zur Fixierung drüber setzen. Damit ist der Strickteil fertig.

Jetzt für das Band in Weiß 30 Lm anschl, dann über die untere Wimpelkante fM häkeln (Achtung, nur in jede zweite M häkeln, der Anschlag war ja für Vorder- und Rückseite, hat also die doppelte M-Zahl) und am Ende nochmal 30 Lm anschl. 1 Wende-Lm und 1 R fM über die gesamte Länge und fertig.

Fäden vernähen und so viele Wimpel arb, wie man für eine Kette möchte.

Die einzelnen Wimpel kann man über das Häkelband miteinander mit einer Schleife dekorativ verbinden.

ZÄHLMUSTER ZUR WIMPEL-DEKO

Hier noch 2 Vorlagen für Motive, die in die Wimpel eingearbeitet werden können. Das ist lediglich eine Inspirationshilfe, die Möglichkeiten sind sehr vielfältig, im Internet gibt es viele Vorlagen und es macht auch Spaß, selbst Bilder zu entwerfen.

Es sind Hin- und Rückreihen gezeichnet. Die Haupt- und Musterfarbe wechseln sich in jeder R ab. Beim Abstricken der rechten M darauf achten, dass beide Arbeitsfäden hinter der Arbeit liegen, beim Abstricken der linken M darauf achten, dass beide Fäden vor der Arbeit liegen. Die einzelnen M jedoch jeweils nur mit einem Faden abstr, den zweiten Faden entsprechend der jeweiligen Maschenart mitführen.

BLUME

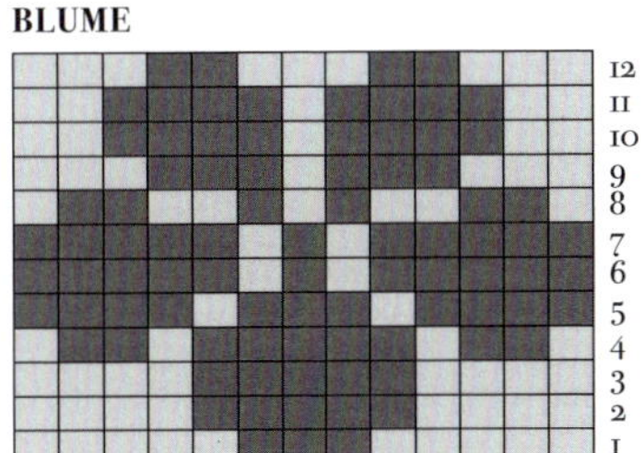

Muster = 13 Maschenpaare bzw. 16 Maschen

ZEICHENERKLÄRUNG

= 1 Doubleface-Maschenpaar in der Hauptfarbe:
In Hinreihen 1 Masche rechts in der Hauptfarbe und 1 Masche links in der Kontrastfarbe
In Rückreihen 1 Masche rechts in der Kontrastfarbe und 1 Masche links in der Hauptfarbe

= 1 Doubleface-Maschenpaar in der Kontrastfarbe:
In Hinreihen 1 Masche rechts in der Kontrastfarbe und 1 Masche links in der Hauptfarbe
In Rückreihen 1 Masche links in der Kontrastfarbe und 1 Masche rechts in der Hauptfarbe

STERN

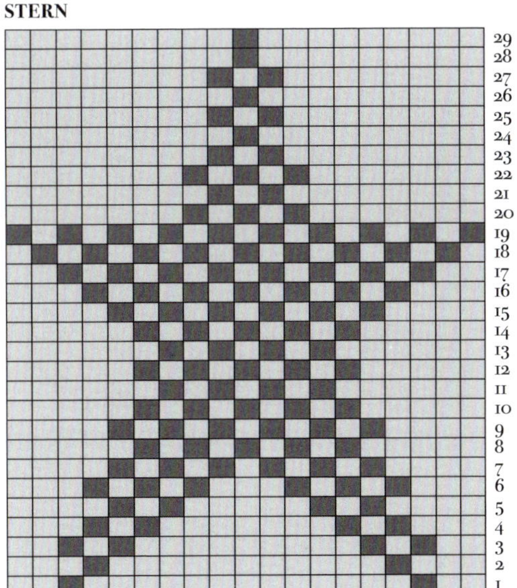

Muster = 19 Maschenpaare bzw. 38 Maschen

Viel Spaß beim Dekorieren mit deiner Wimpelkette.

Kräutersäckchen

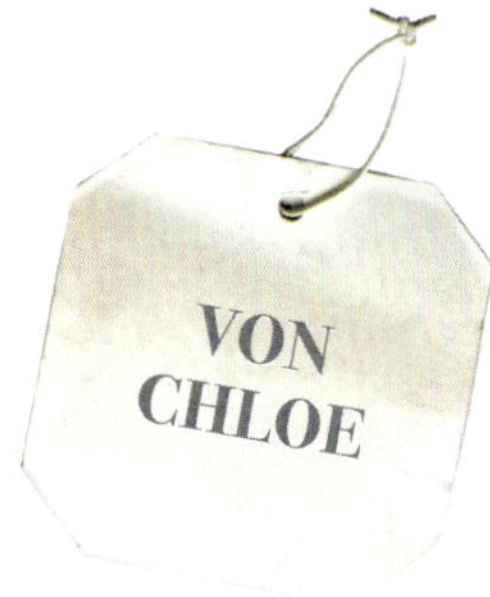

»Und dann noch fünf von deinen Kräutersäckchen mit Lavendel und Rosenblüten, Chloe«, sagte Eilidh. Sie hatte bereits reichlich Seifen, Badezusätze und Tees ausgewählt. »Wirklich?«, fragte Chloe und sah Eilidh fragend an. Die zuckte mit den Schultern und nickte. »Ja, wirklich.« Chloe verstand. Sie streichelte sich über den inzwischen runden Babybauch und lächelte. Eilidh strickte Babysachen im Akkord, da blieb keine Zeit, für etwas anderes.

GRÖSSE
Ca. 7 cm x 11 cm

MATERIAL
- Schachenmayr Tuscany Tweed (LL 170 m/50 g) in Silber (Fb 90), Rest
- Rundstricknadel 3,5 mm
- Häkelnadel 3,5 mm

ALTERNATIV-MATERIAL
- West Yorkshire Spinners Croft DK (LL 225 m/100 g) in Northdale (Fb 1041), Rest
- Rundstricknadel 4,0 mm
- Häkelnadel 4,0 mm

MASCHENPROBE
Glatt rechts mit Tuscany Tweed und Nd 3,5 mm sind 18 M und 28 R = 10 cm x 10 cm; mit Croft DK und Nd 4,0 mm sind 18 M und 26 R = 10 cm x 10 cm

MUSTER

KRAUS RECHTS
In Hin- und Rückr rechte M str.

JETZT GEHT ES LOS
Die Kräutersäckchen sind Maighreads Erfindung, um Chloe das Strickenüben schmackhaft zu machen.
16 M locker anschl (selbstverständlich kann man die Größe nach Bedarf verändern).
Gestrickt wird kraus rechts, das heißt durchgehend nur rechte M.
Bei etwa 22 cm Höhe alle M abk.
Das Rechteck der Länge nach zusammenlegen, die Seiten mit Km zusammenhäkeln (oder wahlweise auch zunähen). Die Fäden vernähen.

Eine gehäkelte Lm-Kordel im oberen Bereich etwa zwei Finger breit unter dem Rand durch die M gezogen vervollständigt das Werk. Alternativ kann man auch ein Geschenkband verwenden.

Papierteebeutel mit getrockneten Kräutern füllen und in die Säckchen geben. Entweder man nimmt Kräuter, deren Duft man schätzt, oder achtet bei der Auswahl auf die Wirkung. So wirkt Lavendel zum Beispiel beruhigend auf die Seele, Kamille besänftigt gereizte Schleimhäute, Pfefferminze stärkt die Konzentration und Rosmarin belebt.

Fertig ist ein hübsches Geschenk oder auch ein Geschenkanhänger.

Alternativ kann man die Größe auch etwas anders wählen und die Säckchen zum Beispiel als Seifensäckchen verwenden – dafür empfiehlt Maighread die Cottonsoft DK von KingCole.

Dazu findest du ein Video auf dem YouTube-Kanal »Der kleine Strickladen«: www.frech.de/27032Kraeutersaeckchen

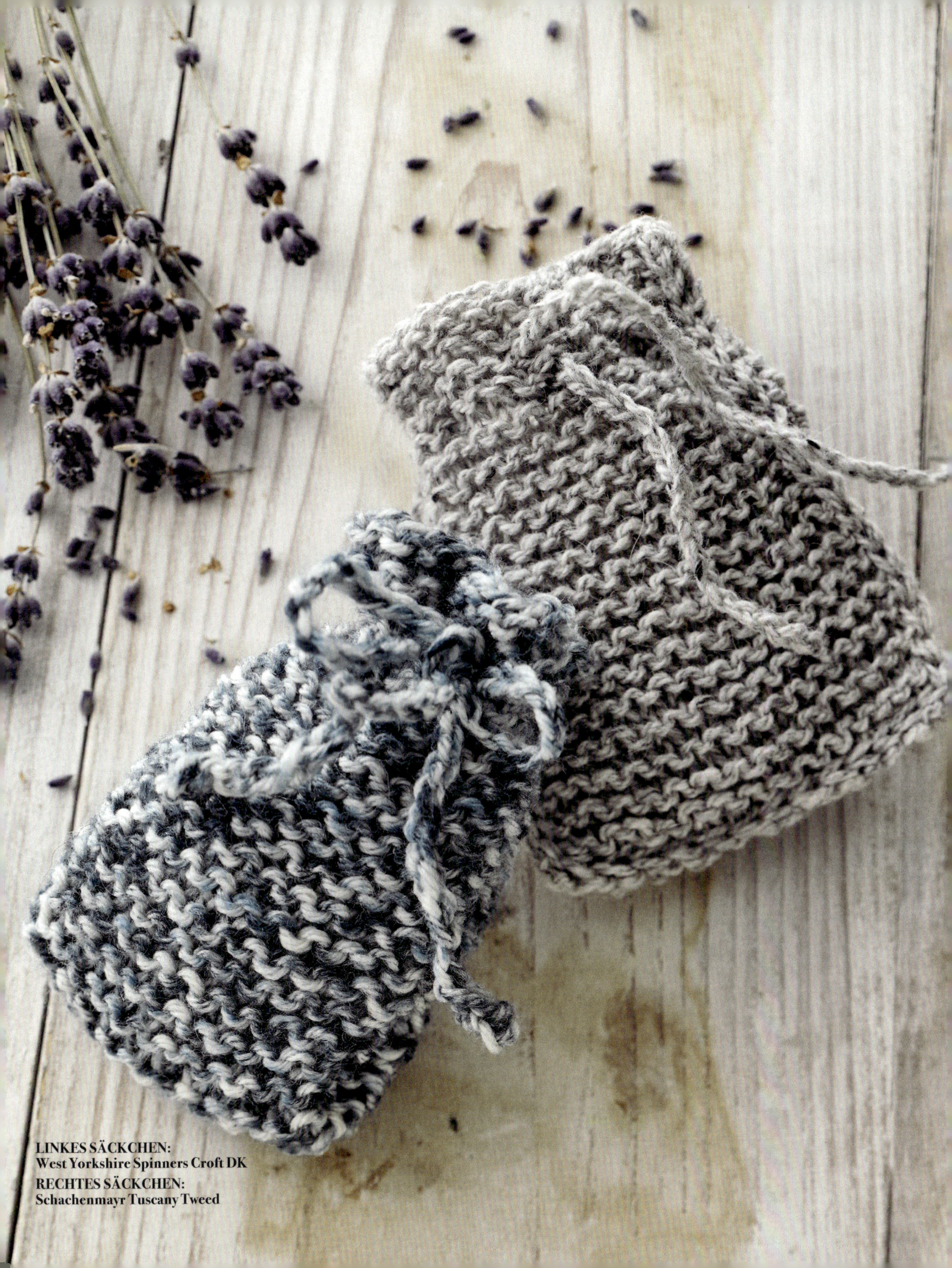

LINKES SÄCKCHEN:
West Yorkshire Spinners Croft DK
RECHTES SÄCKCHEN:
Schachenmayr Tuscany Tweed

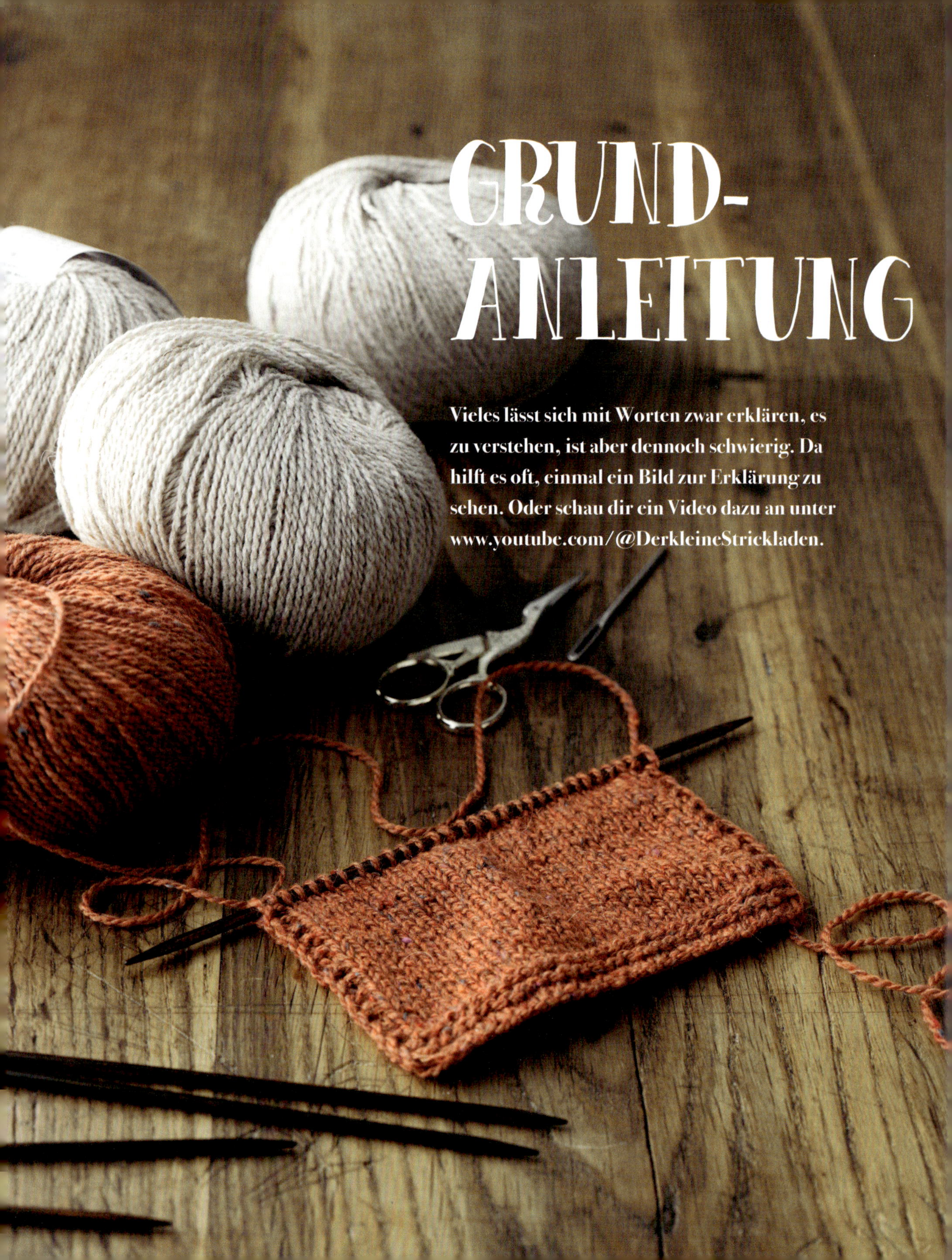

GRUND-ANLEITUNG

Vieles lässt sich mit Worten zwar erklären, es zu verstehen, ist aber dennoch schwierig. Da hilft es oft, einmal ein Bild zur Erklärung zu sehen. Oder schau dir ein Video dazu an unter www.youtube.com/@DerkleineStrickladen.

KREUZANSCHLAG

Anfangsschlinge auf die Nadel legen. Arbeitsfaden (= Zeigefinger) und Fadenende (=Daumen) spreizen und mit den anderen Fingern halten.

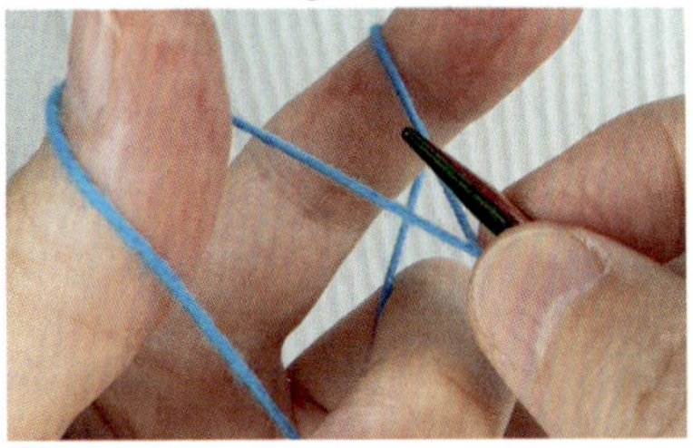

Die Nadelspitze unter den vorderen Daumenfaden führen.

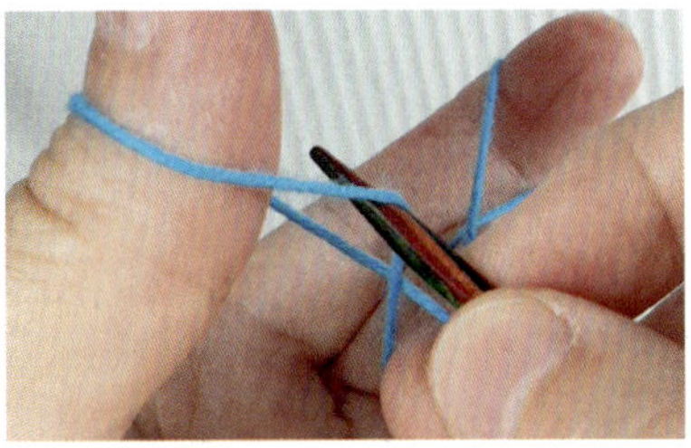

Den vorderen Zeigefingerfaden mit der Nadel holen und unter den vorderen Daumenfaden führen.

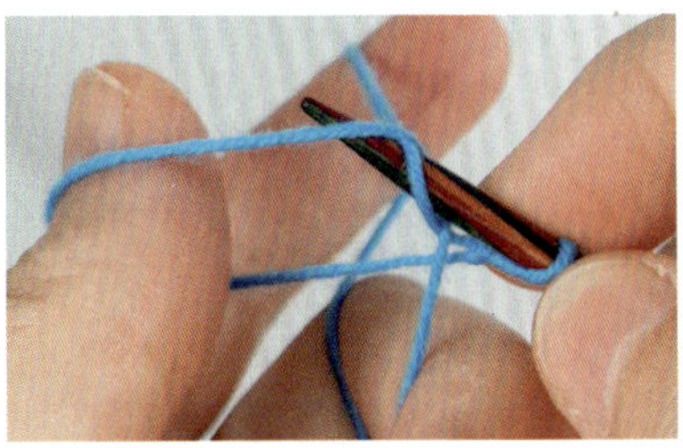

Den Daumen aus der Schlaufe nehmen und für die nächste Masche die Finger neu zwischen den Fäden spreizen.

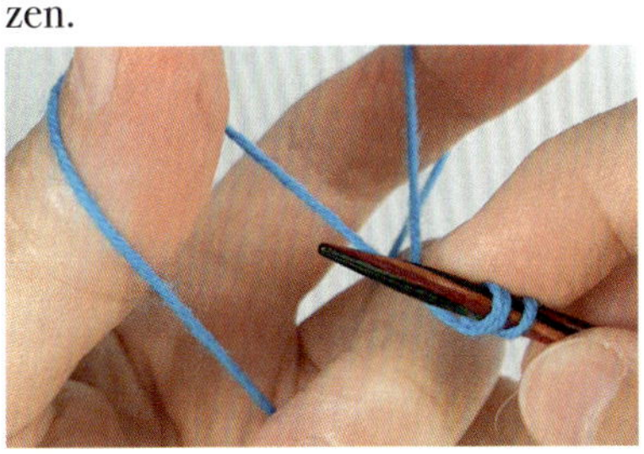

GEHÄKELTER ANSCHLAG

Anfangsschlinge auf die Häkelnadel legen und den Arbeitsfaden der Häkelnadel hinter die Stricknadel führen.

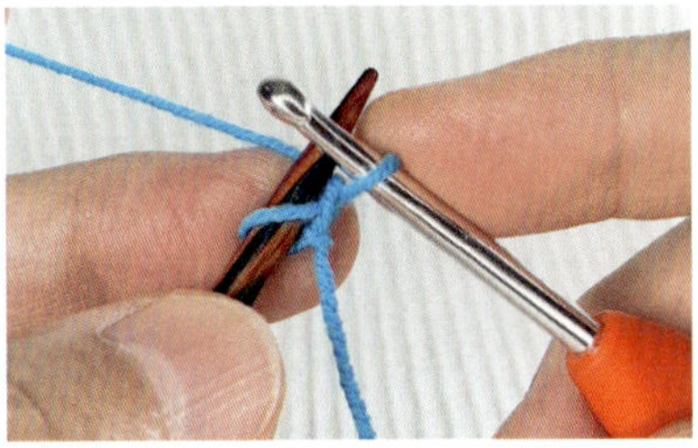

Den Faden mit der Häkelnadel holen, durch die Masche ziehen und wieder hinter die Stricknadel legen.

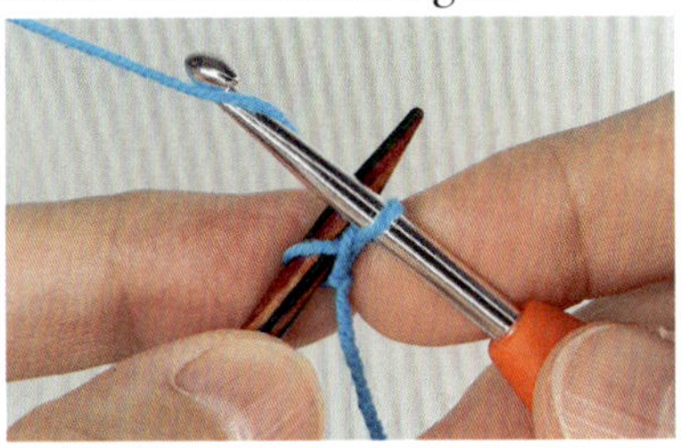

Diesen Vorgang so oft wiederholen, wie Maschen benötigt werden.

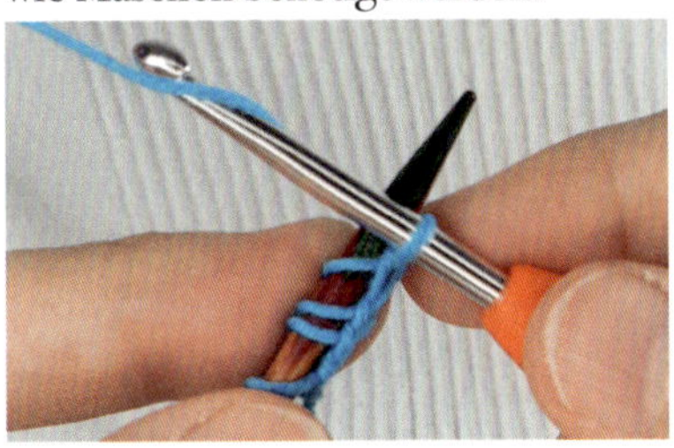

RECHTE MASCHE

Mit der rechten Nadel von links in die erste Masche stechen. Der Faden ist hinter der Nadel.

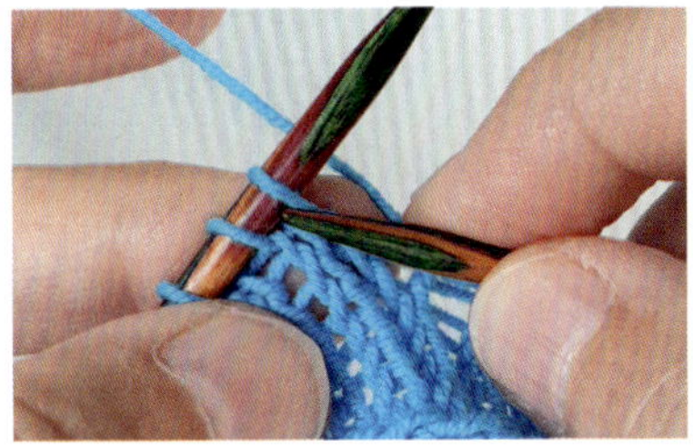

Den Faden holen und durch die Masche ziehen.

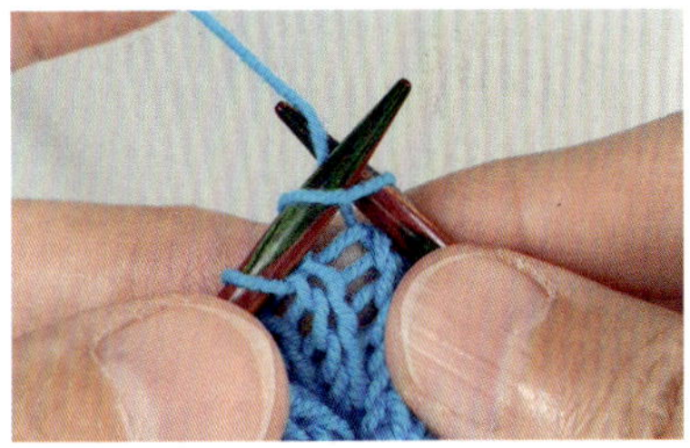

LINKE MASCHE

Mit der rechten Nadel von rechts durch die erste Masche stechen. Der Faden ist dabei vor der Nadel.

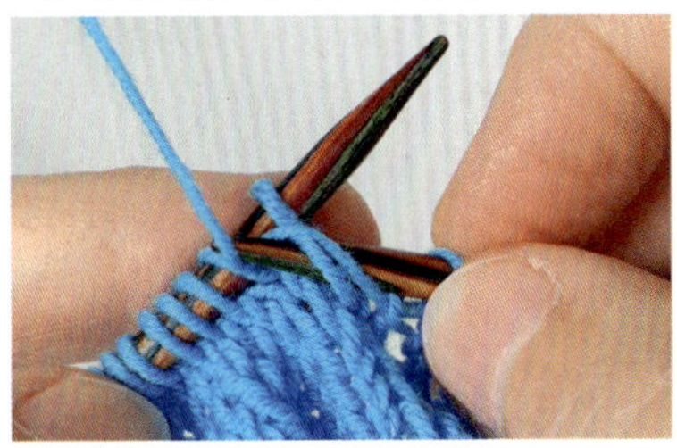

Den Faden holen und durch die Masche ziehen.

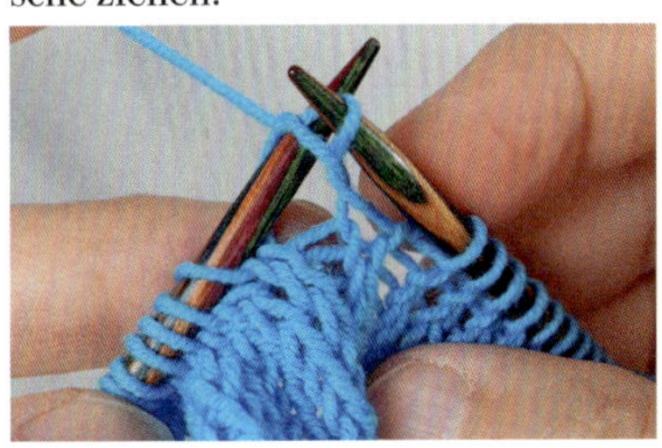

ZUNAHME AUS DEM QUERFADEN

Mit der linken Nadel von hinten den Faden zwischen den Maschen aufnehmen.

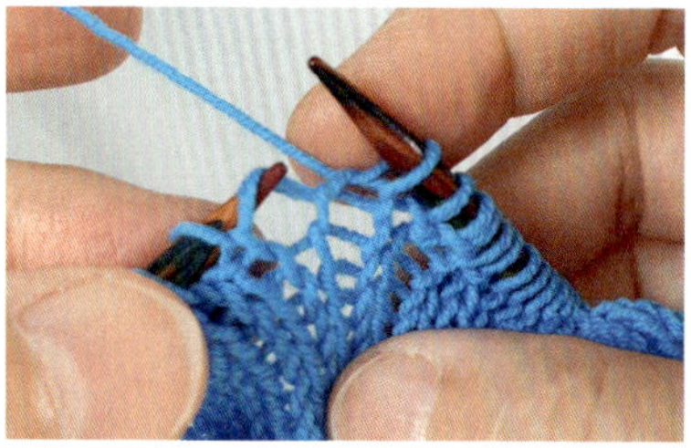

Mit der rechten Nadel von links in den aufgenommen Querfaden gehen.

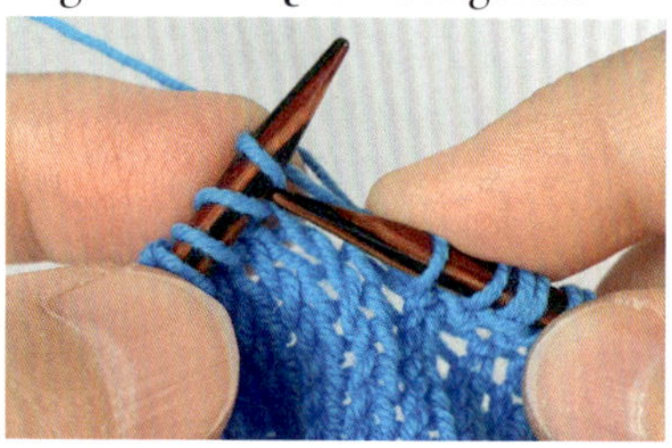

Den Faden wie bei einer rechten Masche holen.

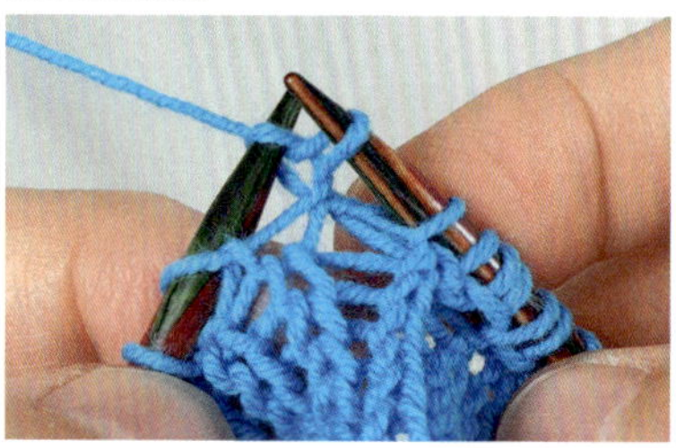

Die neue Masche von der linken Nadel rutschen lassen.

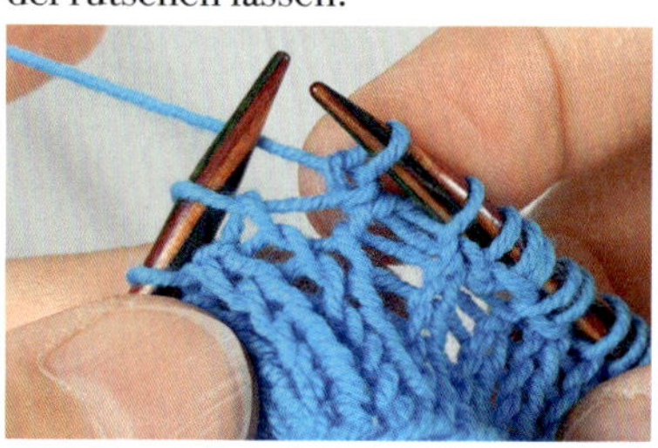

VERKÜRZTE REIHEN: RECHTE DOPPELMASCHE

Mit der rechten Nadel das rechte Maschenfüßchen aus der Vorreihe auf die linke Nadel heben.

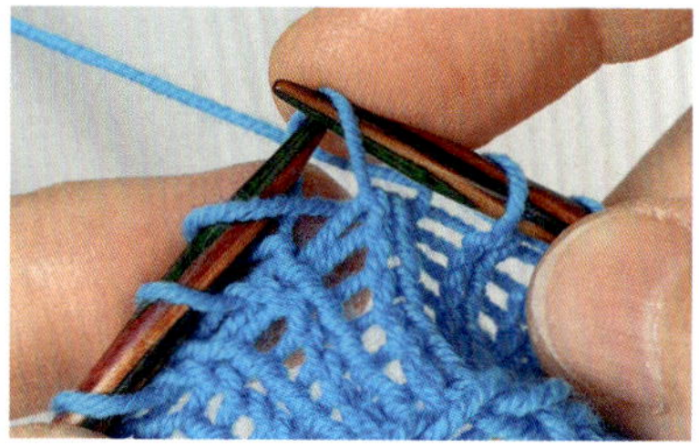

Das Maschenfüßchen als rechte Masche stricken …

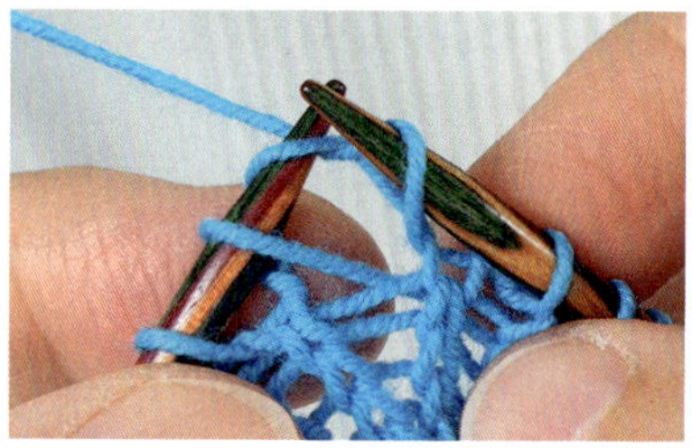

… aber zurück auf die linke Nadel gleiten lassen. Diese Doppelmasche wird später als eine Masche gestrickt.

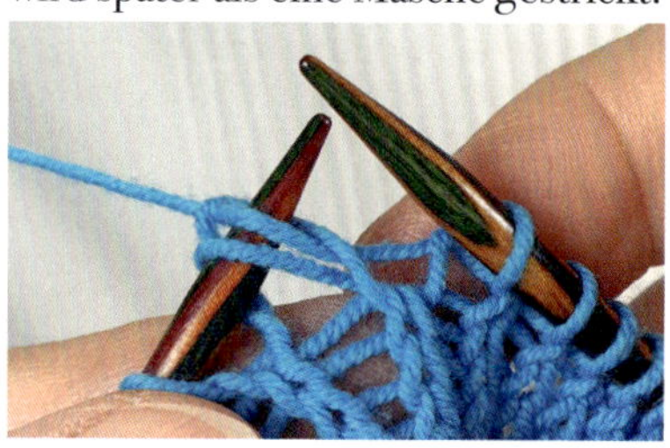

VERKÜRZTE REIHEN: LINKE DOPPELMASCHE

Die Masche von der linken auf die rechte Nadel nehmen. Der Faden ist vor der Nadel.

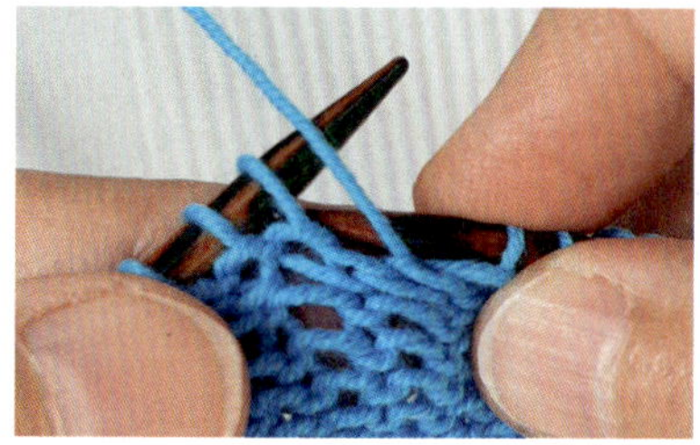

Mit der linken Nadel den Kragen dieser Masche aufnehmen und wie eine Masche auf die linke Nadel legen.

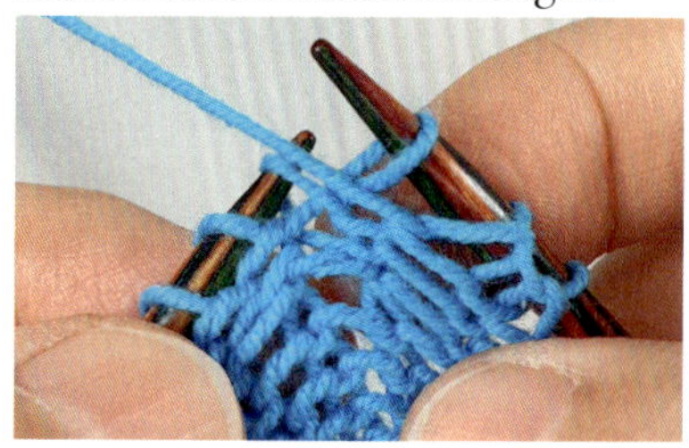

Diese dann links stricken und auf die rechte Nadel rutschen lassen. Diese Doppelmasche wird später als eine Masche gestrickt.

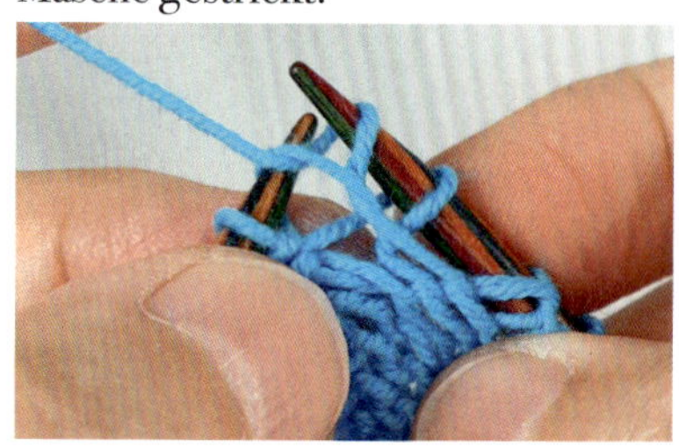

TIEFER GESTOCHENE ZUNAHME VON RECHTS

Mit der rechten Nadel das rechte Maschenfüßchen aus der Vorreihe auf die linke Nadel heben.

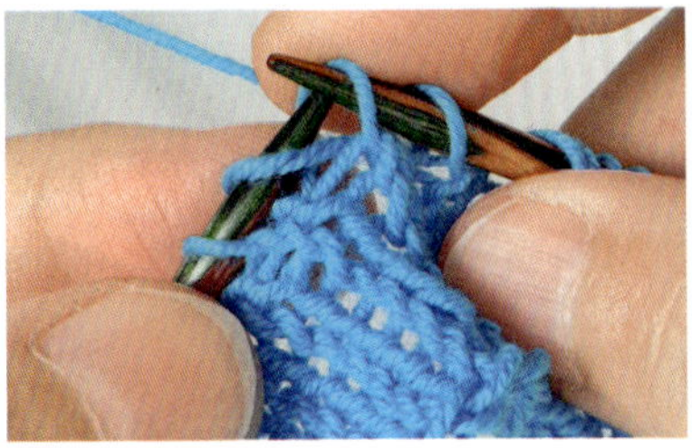

Das Maschenfüßchen als rechts verschränkte Masche stricken.

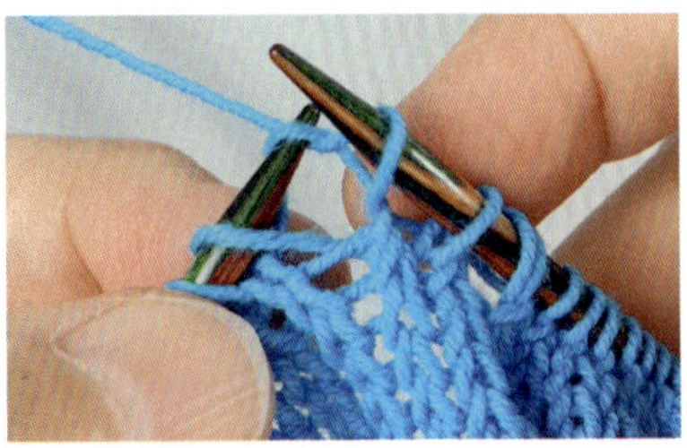

Die nächste Masche auf der linken Nadel ebenfalls rechts stricken.

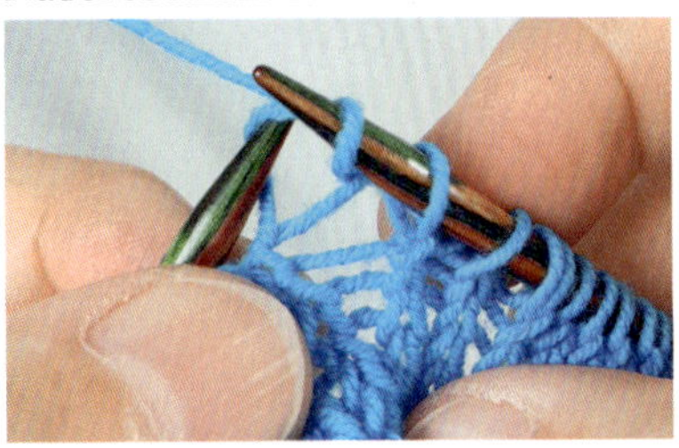

TIEFER GESTOCHENE ZUNAHME VON LINKS

Mit der linken Nadel das linke Maschenfüßchen aus der Reihe unter der gerade gestrickten Masche auf die linke Nadel heben.

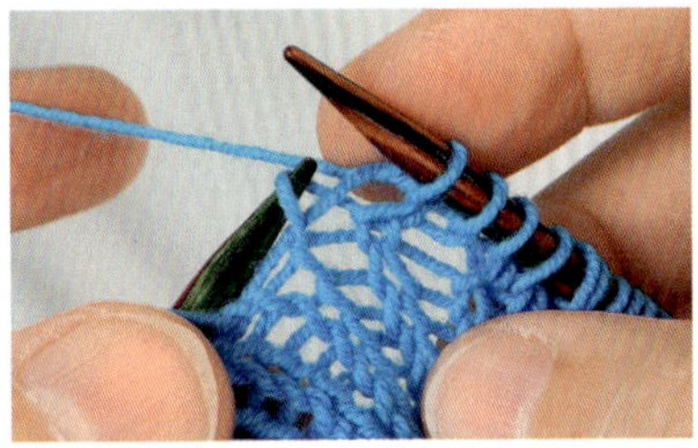

Das Maschenfüßchen als rechte Masche stricken.

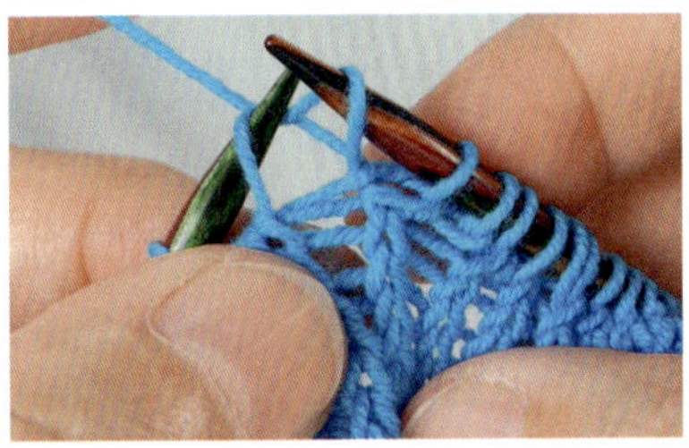

KNIT FRONT BACK (KFB)

Eine rechte Masche stricken, die Masche aber noch auf der linken Nadel liegen lassen.

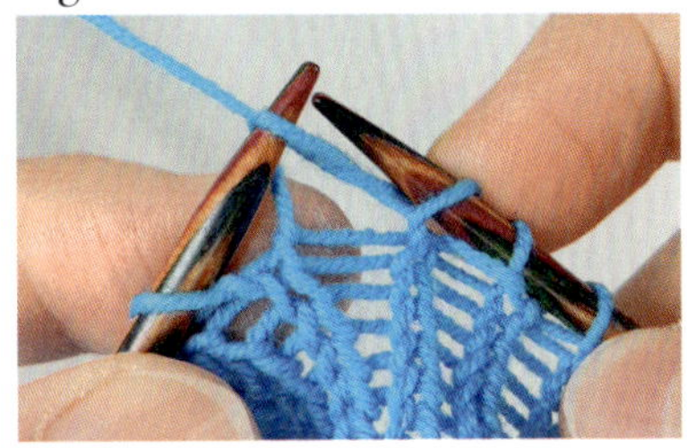

Von rechts hinter der Nadel erneut in die gleiche Masche einstechen, den Faden holen und auf die rechte Nadel heben. Es wurde eine Masche zugenommen.

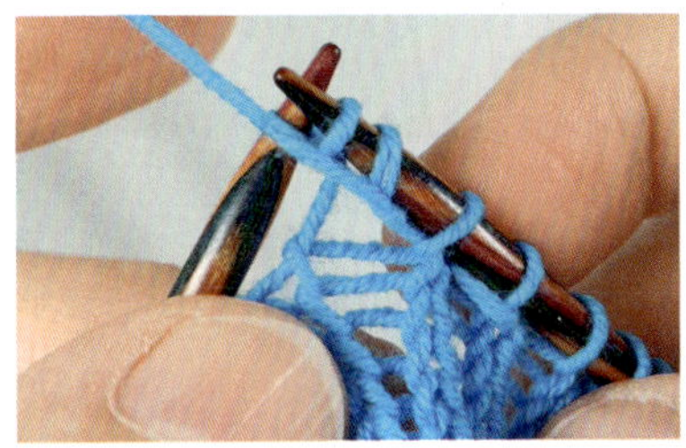

KNIT FRONT BACK FRONT (KFBF)

Wie bei kfb arbeiten, die Masche jedoch weiter auf der linken Nadel lassen und erneut von links vorn einstechen und eine dritte Masche bilden.

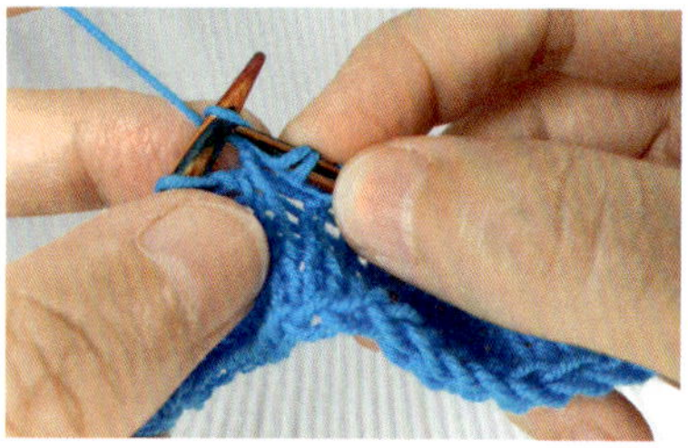

Die Masche auf die rechte Nadel rutschen lassen. Aus einer Masche wurden drei gestrickt, also zwei Maschen zugenommen.

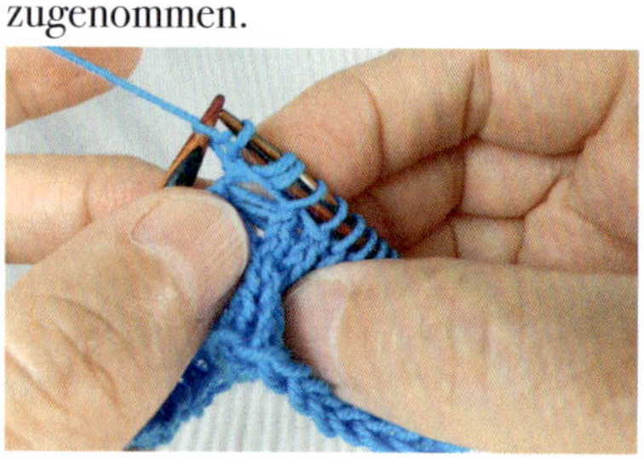

2 MASCHEN RECHTS ZUSAMMENSTRICKEN

Mit der rechten Nadel von links durch zwei Maschen gleichzeitig stechen, den Faden holen und eine rechte Masche arbeiten.

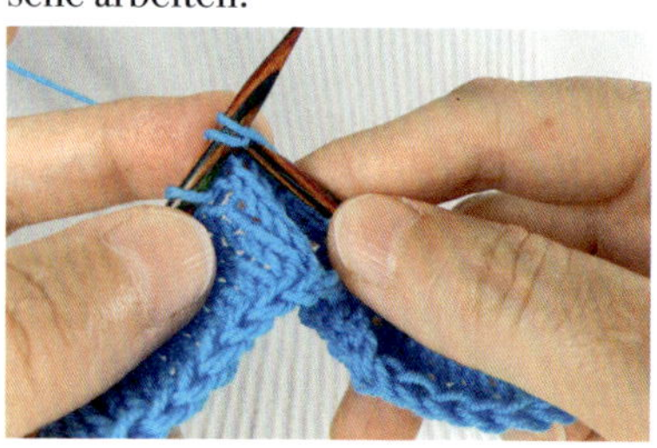

2 MASCHEN RECHTS VERSCHRÄNKT ZUSAMMENSTRICKEN

Mit der rechten Nadel von rechts hinter der Nadel durch zwei Maschen gleichzeitig stechen und den Faden holen.

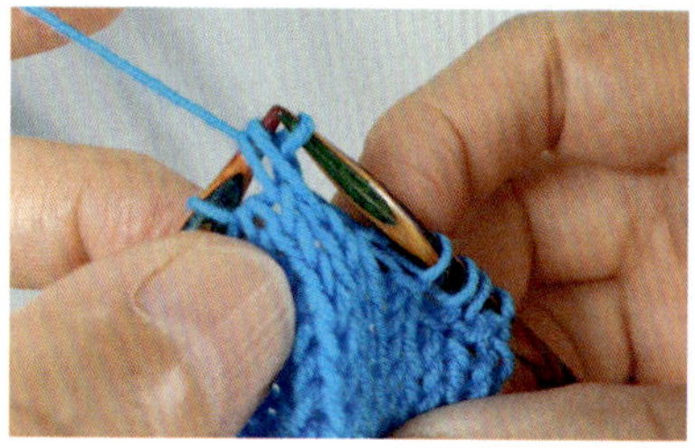

2 MASCHEN LINKS ZUSAMMENSTRICKEN

Mit der rechten Nadel wie zum Linksstricken durch zwei Maschen stechen.

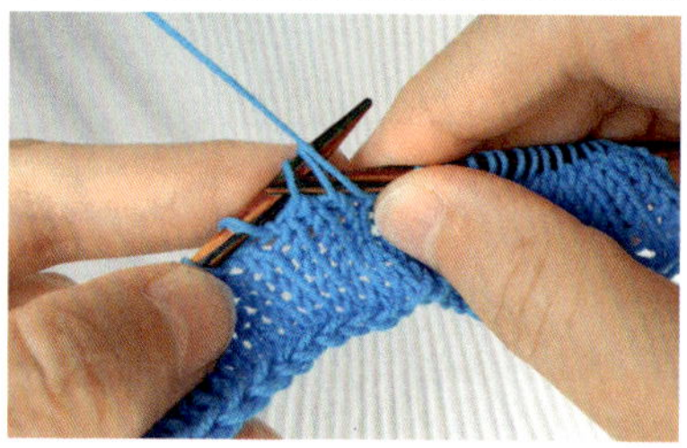

Den Faden holen und aus den beiden Maschen eine linke Masche arbeiten.

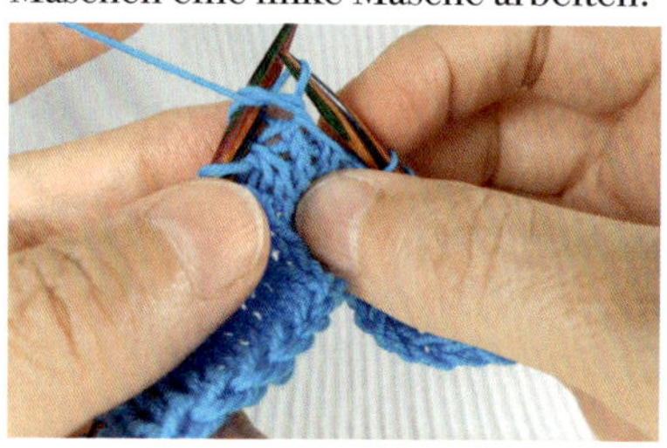

ABKETTEN

Zwei Maschen stricken. Mit der linken Nadel in die erste Masche der rechten Nadel einstechen.

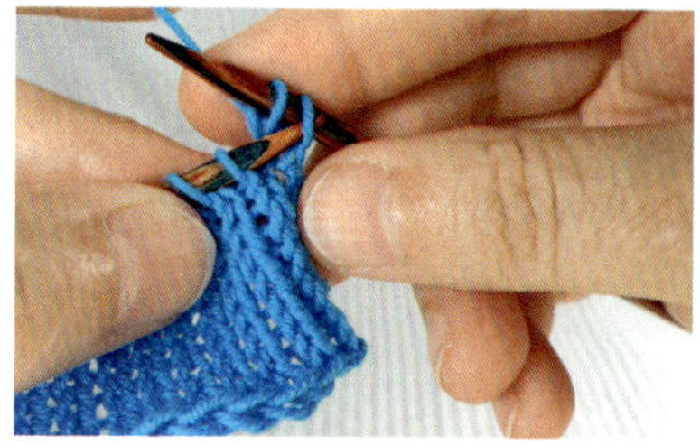

Die erste Masche über die zweite Masche heben. Eine neue Masche stricken und das Überziehen wiederholen.

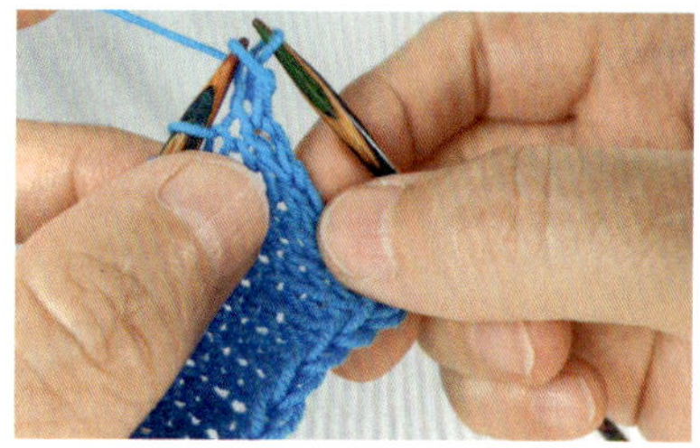

ELASTISCH ABKETTEN

Zwei Maschen stricken und zurück auf die linke Nadel legen. Die rechte Nadel dabei in den Maschen belassen. Der Faden ist hinter der Arbeit.

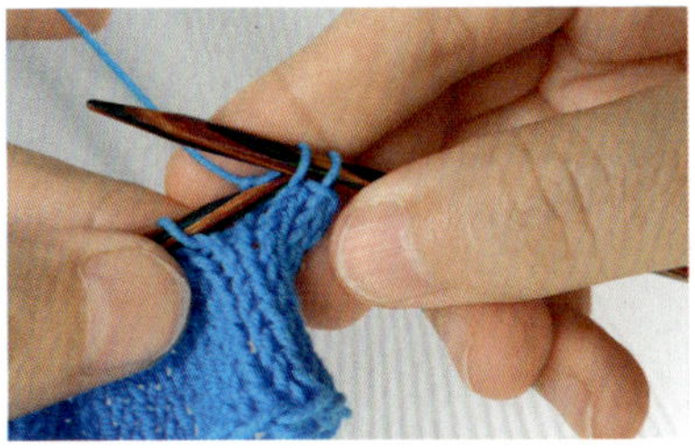

Beide Maschen rechts verschränkt zusammenstricken. Dann wieder eine Masche stricken, beide Maschen auf die linke Nadel legen und rechts verschränkt zusammenstricken.

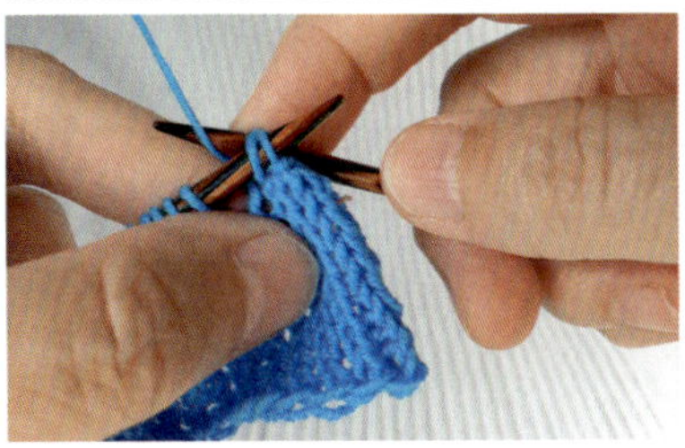

ABKÜRZUNGEN

abk = abketten

anschl = anschlagen

arb = arbeiten

fM = feste Masche(n)

Hinr = Hinreihe(n)

kfb = in dieselbe Masche erst von vorn und dann von hinten einstechen (= 1 Masche zugenommen)

kfbf = in dieselbe Masche erst von vorn, dann von hinten und nochmals von vorn einstechen (= 2 Maschen zugenommen)

kfbfb = in dieselbe Masche erst von vorn, dann von hinten, dann nochmals von vorn und nochmals von hinten einstechen (= 3 Maschen zugenommen)

Km = Kettmasche(n)

Lm = Luftmasche(n)

M = Masche(n)

MM = Maschenmarkierer

1 U = 1 Umschlag, der in der nächsten Reihe rechts gestrickt wird, damit sich ein kleines Loch ergibt

R = Reihe(n)

Rd = Runde(n)

Rdm = Randmasche. Die letzte Masche wie zum Linksstricken abheben, Faden vor der Arbeit. Die 1. Masche rechts stricken.

Rückr = Rückreihe(n)

Stb = Stäbchen

str = stricken

1 tafM = 1 Masche tiefer gestochen aufnehmen aus der folgenden (noch nicht gestrickten) Masche: Mit der rechten Nadel von oben vorn in die Masche aus der Reihe unter der folgenden Masche hineinstechen und die Masche rechts stricken

1 tavM = 1 Masche tiefer gestochen aufnehmen aus der vorherigen (gerade gestrickten) Masche: Mit der linken Nadel von hinten in die Masche aus der Reihe unter der gerade gestrickten Masche hineinstechen und die Masche mit der rechten Nadel rechts stricken

wdh = wiederholen

zus = zusammen

2 M überzogen zusstr = 1 Masche wie zum Rechtsstricken abheben, 1 Masche rechts stricken, dann die abgehobene Masche darüberziehen (= 1 Masche abgenommen)

3 M überzogen zusstr = 1 Masche wie zum Rechtsstricken abheben, 2 Maschen rechts zusammenstricken, dann die abgehobenen Maschen darüberziehen (= 2 Maschen abgenommen)

4 M rechts zusstr = 4 Maschen rechts stricken, die 4 Maschen zurück auf die linke Nadel legen, die 2. Masche (von der Nadelspitze aus), dann die 3. Masche und die 4. Masche über die 1. Masche ziehen, die übrige Masche auf die rechte Nadel legen. (= 3 Maschen abgenommen)

4 M rechts verschränkt zusstr = 4 Maschen rechts stricken, bei diesen 4 Maschen auf der rechten Nadel nun die 2. Masche (von der Nadelspitze aus), dann die 3. Masche und die 4. Masche über die 1. Masche ziehen (= 3 Maschen abgenommen).

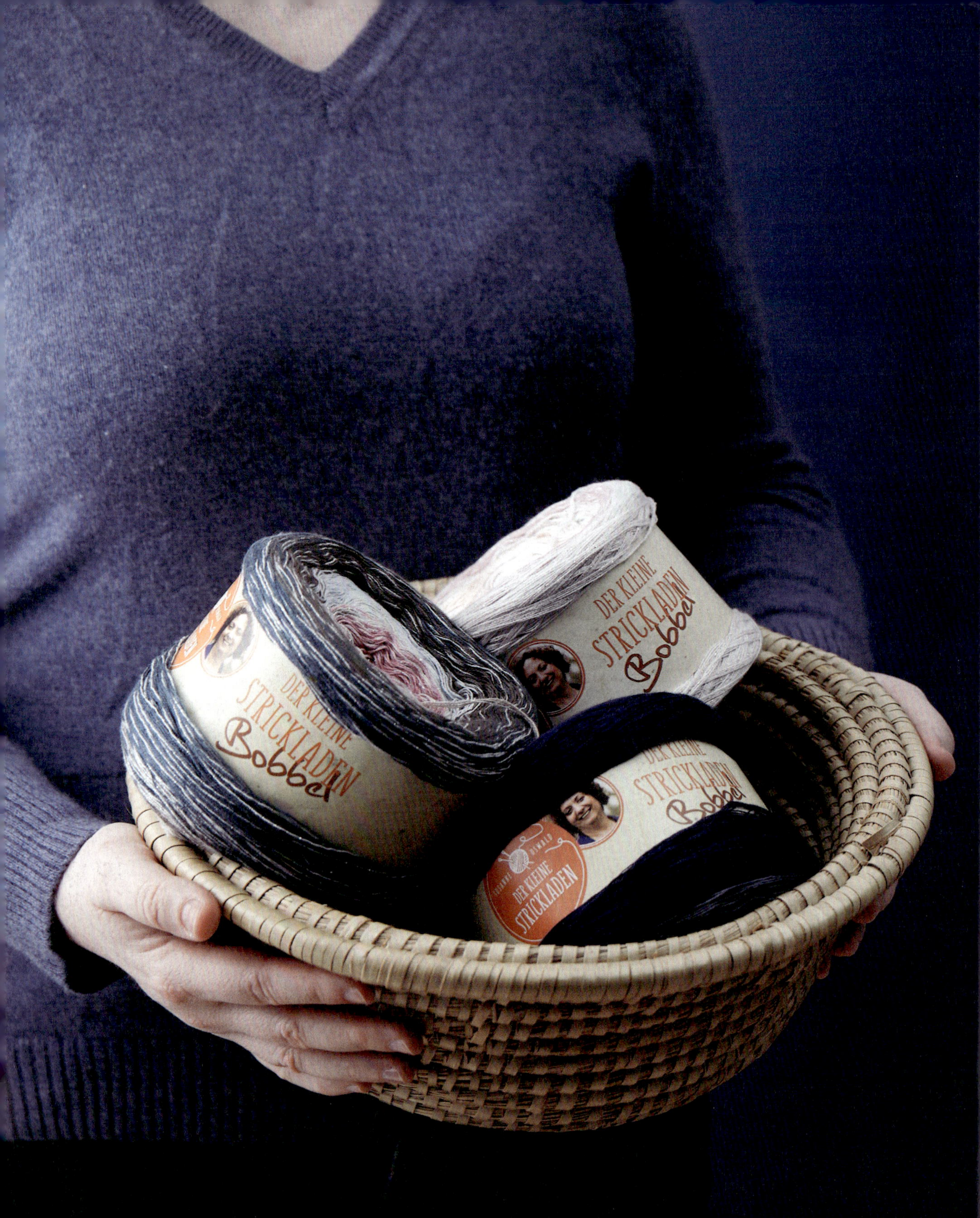
DER KLEINE
STRICKLADEN
Bobbel
DER KLEINE
STRICKLADEN
Bobbel
DER KLEINE
STRICKLADEN
Bobbel
DER KLEINE
STRICKLADEN

Ge-DANKE-n zum Schluss

An dieser Stelle überlässt Maighread mir – Susanne Oswald – das Wort und ich danke ihr dafür. Mit diesem Buch geht nicht nur für sie, sondern auch für mich ein lang gehegter Traum in Erfüllung. Und doch kann ich es nun, da ich die mit Bildern und Anleitungen gefüllten Seiten betrachte, kaum fassen. Es ist doch erst ein paar Monate her, als das alles mit einer ersten Masche begann. Was für ein Abenteuer und was für eine Herausforderung! Oft klapperten die Nadeln von früh morgens bis abends kurz vor – oder besser gesagt – nach dem Einschlafen. Denn die letzten Maschen des Tages strickte ich mehr als einmal mit bereits geschlossenen Augen. Aber jede Masche hat sich gelohnt, denn ich wusste, wofür ich das mache: Mein erstes Strickbuch! Vor allem erfüllt mich eine große Dankbarkeit. Bei diesem Abenteuer standen mir wunderbare Menschen zur Seite. Die Teams aus dem frechverlag und von HarperCollins, meine Agentin, meine Freunde, tolle und engagierte Teststrickerinnen und natürlich Fans vom kleinen Strickladen, die mich mit ihrer Vorfreude immer weiter getragen haben. Ich möchte einmal weit meine Arme ausbreiten und dich, dich, dich und dich in Gedanken umarmen. Jeder, der seinen Beitrag geleistet hat, ist gemeint, und ich bin sicher, das kommt auch an. Danke!

Maighread, Chloe, Amely und all die anderen sind mir inzwischen gute Freunde geworden und manchmal wünsche ich mir, ins Flugzeug steigen und auf eine Tasse Tee im kleinen Strickladen vorbeizuschauen zu können. Wie gut, dass es das Woolhouse gibt und meine Freundin Nicola. Zu ihr muss ich nicht mal fliegen, ein paar Stunden auf der Autobahn und ich bin da. Was es mit Nicola und mir auf sich hat, erzählt Maighread dir auf der nächsten Seite, wo sie das Woolhouse vorstellt. Und nun ist glaube ich die Zeit gekommen, zu Wolle und Stricknadel zu greifen. Ich wünsche dir wunderbare Stunden mit Maighreads Strickbuch, deinem neuen Strickprojekt und natürlich mit den Geschichten rund um den kleinen Strickladen.

Deine Susanne

Der kleine Strickladen und das Woolhouse

Nicola Sieker und ihr Team führen mit dem Woolhouse nicht nur einen Woll-Einzelhandel, sondern auch einen Großhandel und übernehmen den deutschlandweiten Vertrieb von Wolle aus England. Besonders für die West Yorkshire Spinners und KingCole, WalcotYarns sowie Novita aus Finnland. Kein Wunder also, dass unsere Wege sich kreuzten. Nicola ist mindestens so wollverrückt wie ich.
Als Susanne Oswald Informationen zum Thema Wolle aus Großbritannien brauchte, meldete Nicola sich spontan und bot ihre Hilfe an. Seit dem ersten Band der Strickladen-Reihe steht sie Susanne zur Seite und sorgt dafür, dass ich in den Geschichten immer wundervolle Wolle auf den Nadeln habe. Zwischen den beiden ist eine großartige Freundschaft gewachsen und ich bin ein Teil davon – was mich besonders glücklich macht.
Ihr habt es längst bemerkt, Susanne lässt die Grenzen zwischen den Geschichten und der Realität verschwimmen. Als Joshua und ich durch Deutschland gereist sind, ließ sie uns das Woolhouse besuchen. So konnte ich Nicola und ihren Mann Jörg kennenlernen. Ihr seht es auf den Bildern – der Laden ist zauberhaft! Und das Schönste ist: Das Woolhouse gibt es wirklich. Wart ihr schon mal dort? Es ist auf jeden Fall eine Reise wert.

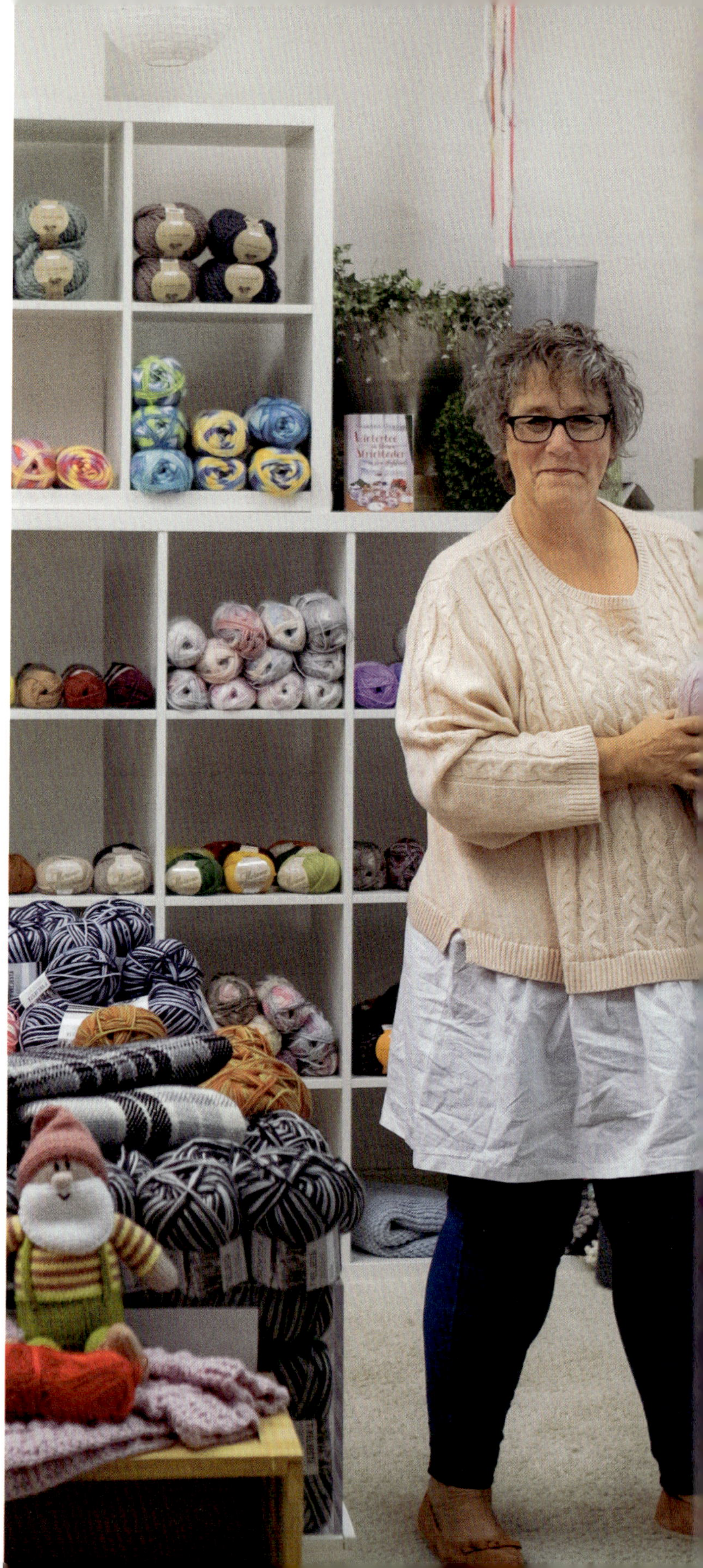

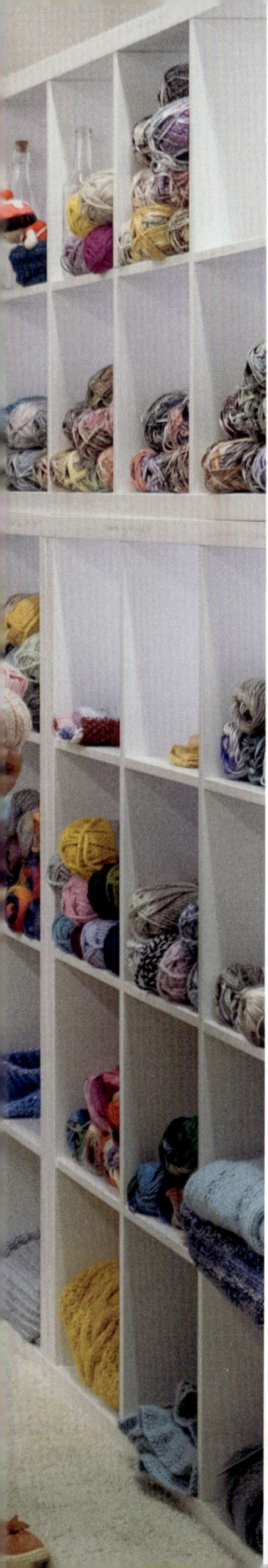

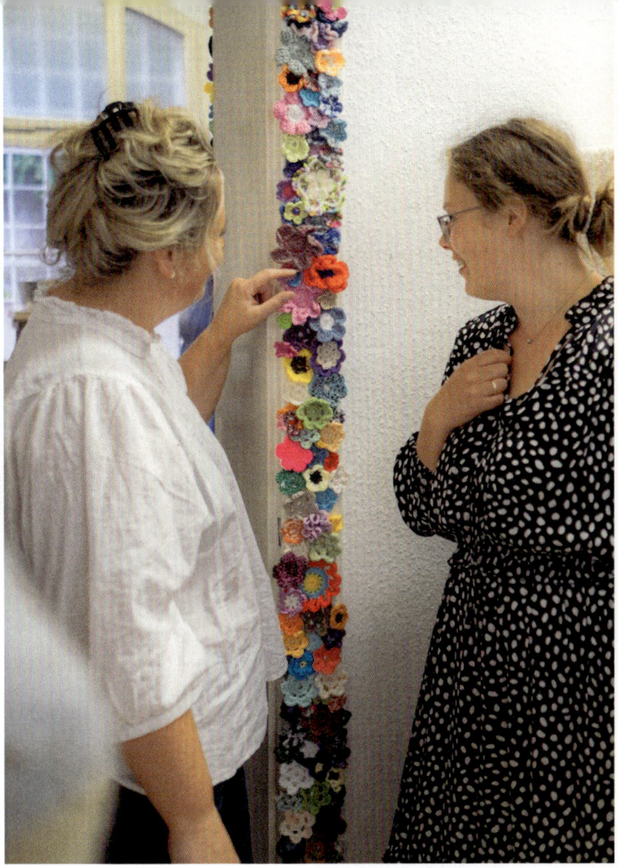

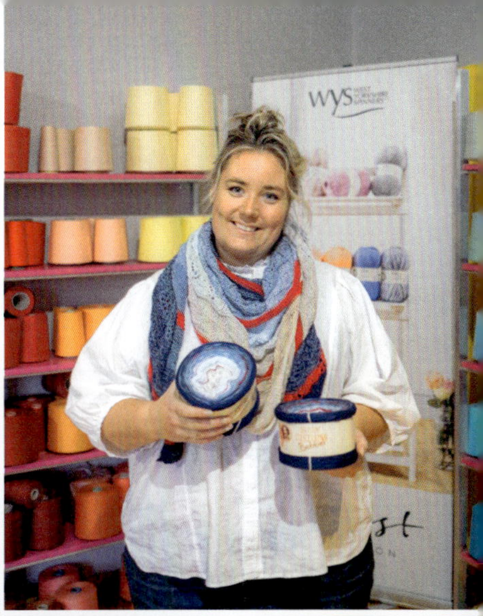

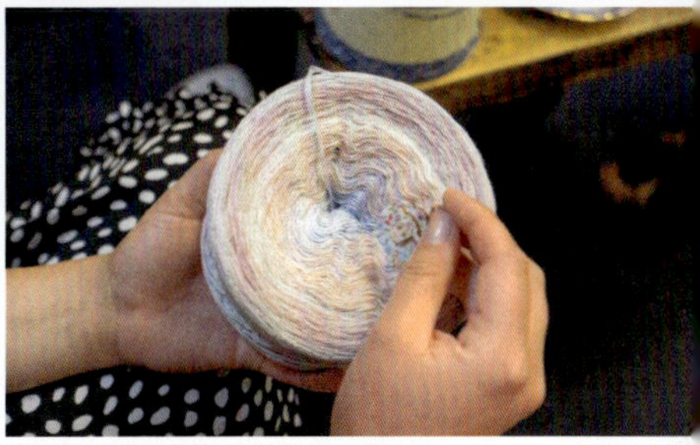

Na, Lust bekommen, auf einen Besuch im Woolhouse? Dann nichts wie los!

Entweder direkt vor Ort:

MHS GmbH
Showroom, Lager & Versand
Weserstraße 7
32602 Vlotho

Oder online:
www.woolhouse.de

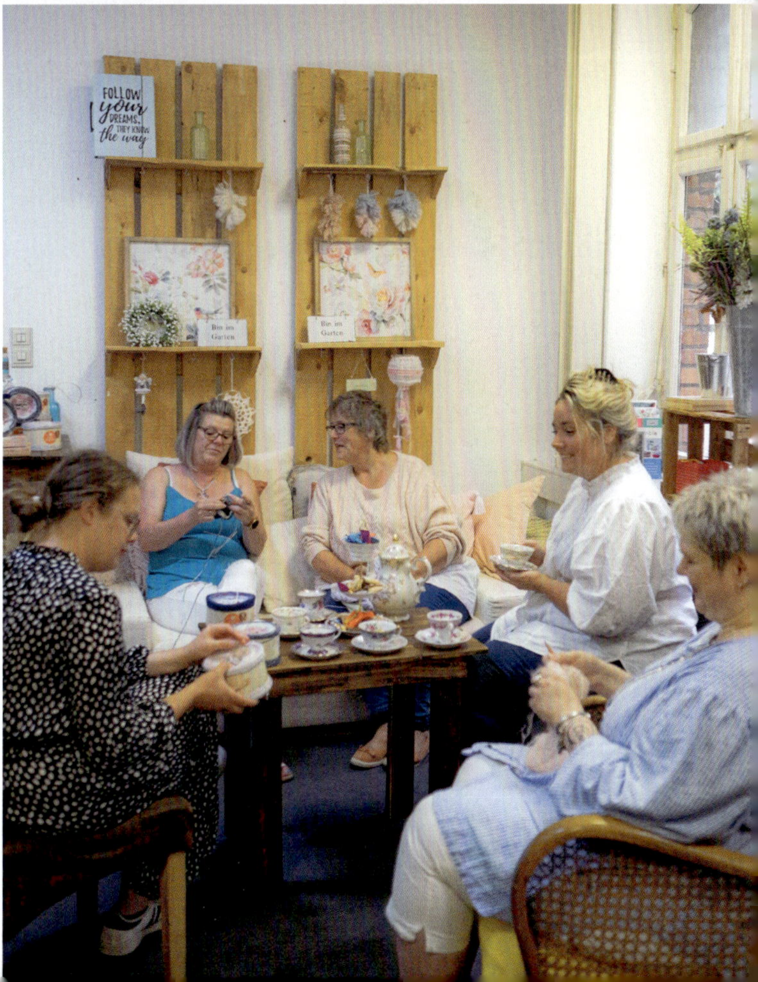

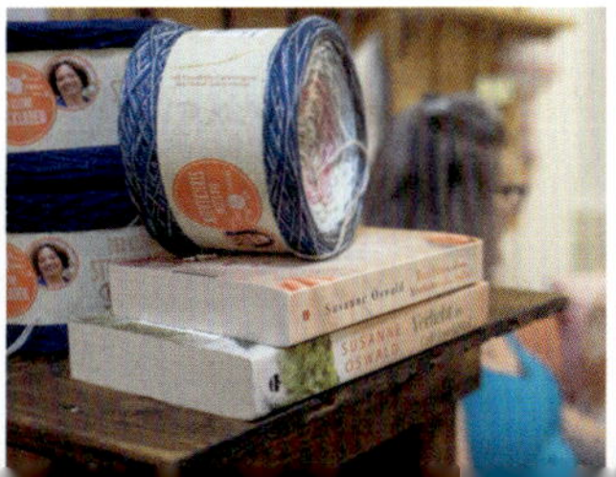

BUCHEMPFEHLUNGEN FÜR DICH

Noch mehr kreative Bücher zum gleichen Thema gesucht?

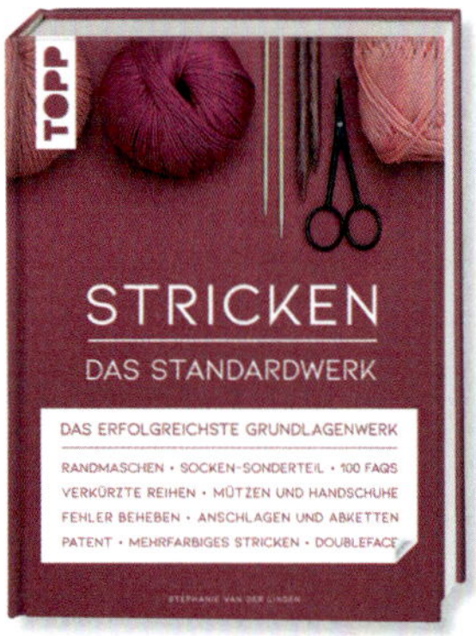

ISBN 978-3-7724-4884-3

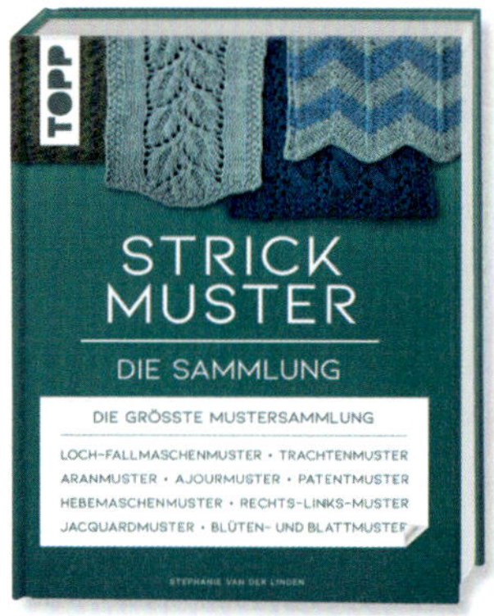

ISBN 978-3-7724-4886-7

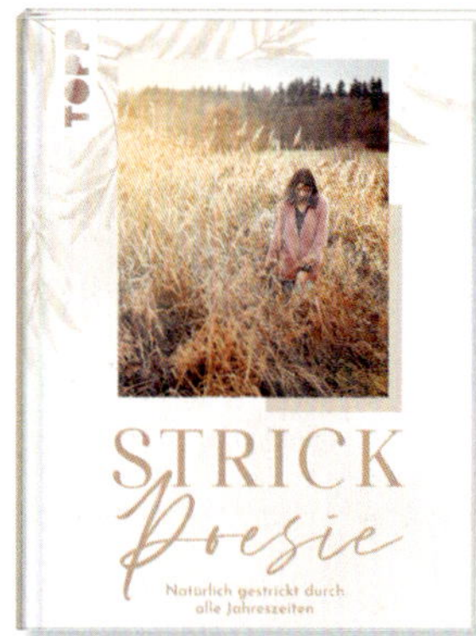

ISBN 978-3-7358-7006-3

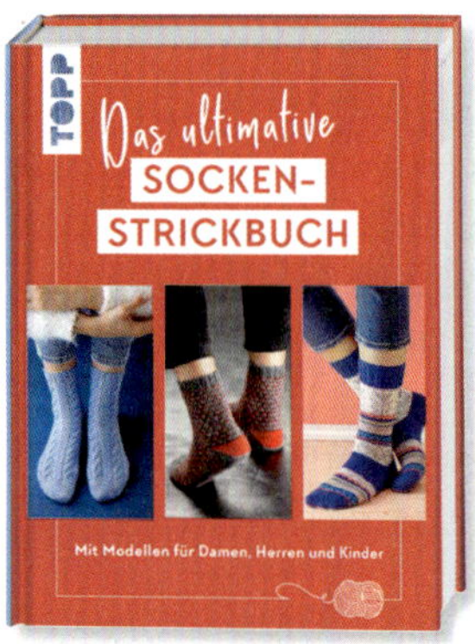

ISBN 978-3-7358-7051-3

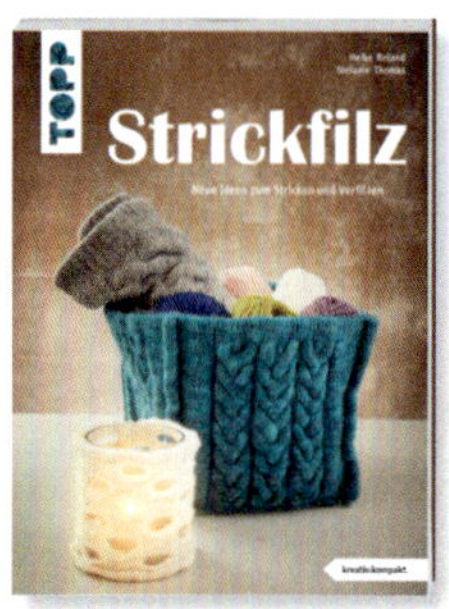

ISBN 978-3-7358-7042-1

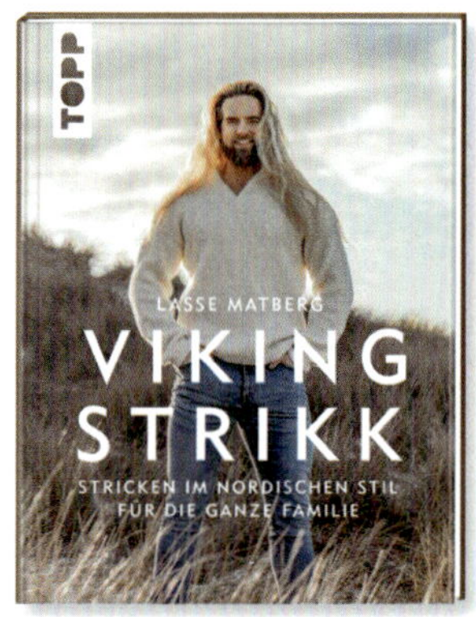

ISBN 978-3-7358-7000-1

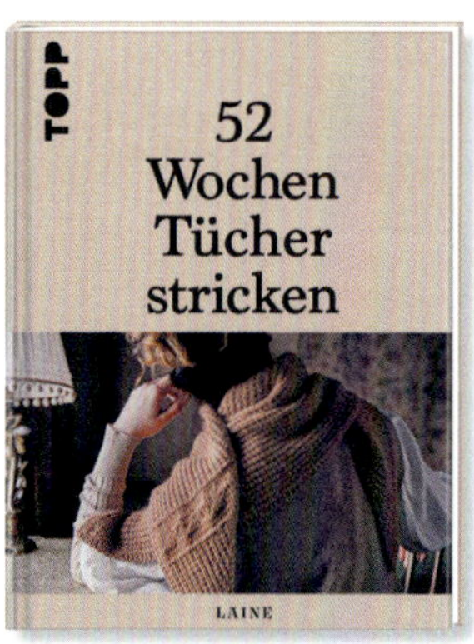

ISBN 978-3-7358-7009-4

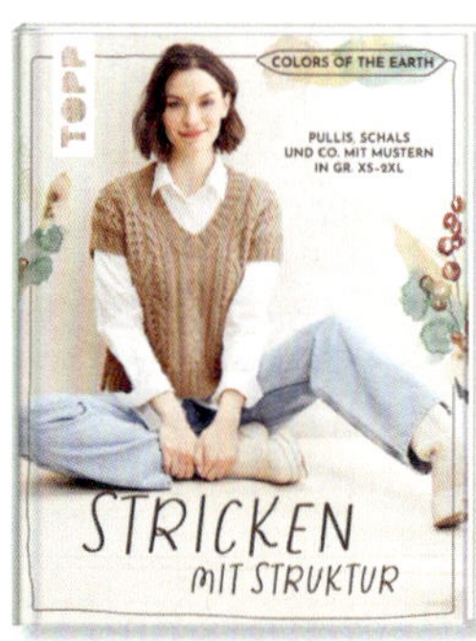

ISBN 978-3-7358-77014-8

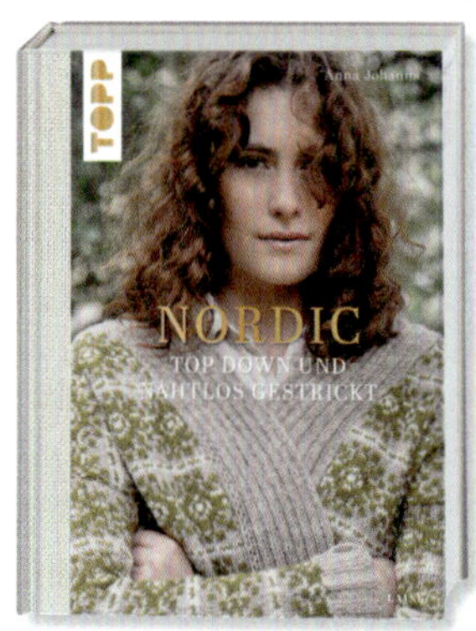

ISBN 978-3-7358-7029-2

Noch mehr Kreativ-Bücher findest du auf www.TOPP-kreativ.de

#TOPPPROJEKT

Die eigene Kreativität zeigen: TOPPprojekt mit anderen Kreativen teilen und Teil der Gemeinschaft werden.

DIY-begeistert und auf Instagram? Dann unbedingt mitmachen! Hier gibt's Tipps und Feedback zu den eigenen Projekten. Außerdem verlosen wir jeden Monat ein Überraschungspaket. Um am Gewinnspiel teilzunehmen, einfach ein Bild vom Kreativ-Projekt aus unseren Büchern mit #TOPPprojekt posten und unserem Account @frechverlag folgen. Mehr Infos auf TOPP-kreativ.de/TOPPprojekt

Mach mit beim

#TOPPprojekt

#TOPPprojekt
@frechverlag

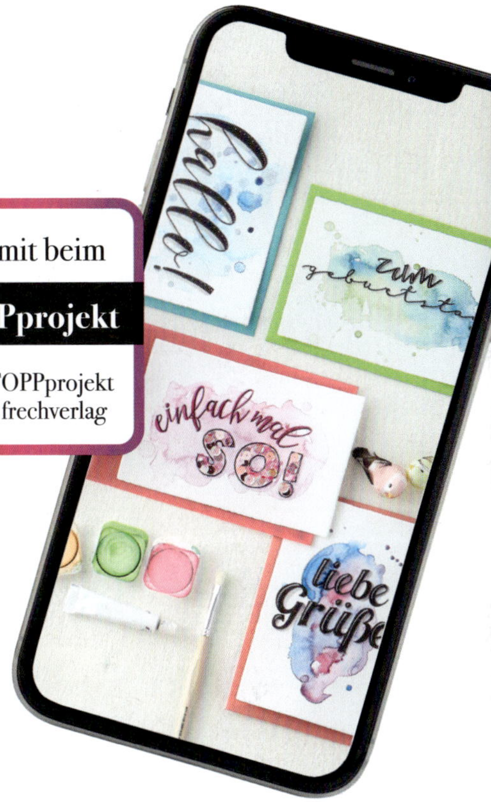

Webseite

Auf TOPP-kreativ.de gibt es ein riesiges Angebot von über 1.000 Kreativbüchern, Sets und mehr zu entdecken.

Newsletter

Immer als Erstes von unseren Neuheiten und Sonderaktionen erfahren: TOPP-kreativ.de/newsletter

Instagram

@frechverlag

Pinterest

pinterest.com/frechverlag

Facebook

facebook.com/frechverlag

DigiBib

Hier gibt es zusätzlich zu einigen unserer Bücher digitale Extras, wie Video-Tutorials, Plotter-Dateien, Vorlagen, Übungsblätter und vieles mehr. Einfach im Impressum eines TOPP-Buchs nachschauen, ob dort ein Code vorhanden ist, und exklusive Inhalte freischalten. TOPP-kreativ.de/digibib

Youtube

youtube.com/frechverlag

Die Romane der Reihe »Der kleine Strickladen in den Highlands« erscheinen bei HarperCollins. Lizenzausgabe mit freundlicher Genehmigung des Verlages.

FOTOS: frechverlag GmbH, 70839 Gerlingen; Fokussiert, Konstantin Werner (Seite 8/9); lichtpunkt, Michael Ruder (Seite 12-144, 150/151); Susanne Oswald (Seite 145-149); Karti, Katharina Uschmann (Seite 152/153)

PRODUKTMANAGEMENT: Mareike Upheber

LEKTORAT: Arnhilt Tittes, Rheinfelden

UMSCHLAGGESTALTUNG: Bürosüd, München

UMSCHLAGABBILDUNGEN: Bürosüd, München

LAYOUT: Petra Theilfarth

DRUCK UND BINDUNG: Neografia, Slowakei

4. Auflage 2023

ISBN 978-3-7358-7032-2 • Best.-Nr. 27032

MIX
Papier | Fördert gute Waldnutzung
FSC
www.fsc.org
FSC® C020353

Penguin Random House Verlagsgruppe
FSC® N001967